海外晋人
HAIWAI JINREN

山西省归国华侨联合会 编

山西出版传媒集团　山西人民出版社

图书在版编目（CIP）数据

海外晋人／山西省归国华侨联合会编.--太原：
山西人民出版社，2016.7
ISBN 978-7-203-09686-3

Ⅰ.①海… Ⅱ.①山… Ⅲ.①华侨—历史—山西省
Ⅳ.①D634.3

中国版本图书馆CIP数据核字（2016）第165655号

海外晋人

编　者：	山西省归国华侨联合会
责任编辑：	何赵云
装帧设计：	张镤尹
出 版 者：	山西出版传媒集团·山西人民出版社
地　　址：	太原市建设南路21号
邮　编：	030012
发行营销：	0351-4922220　4955996　4956039　4922127（传真）
天猫官网：	http://sxrmcbs.tmall.com　电话：0351-4922159
E – mail：	sxskcb@163.com　发行部
	sxskcb@126.com　总编室
网　　址：	www.sxskcb.com
经 销 者：	山西出版传媒集团·山西人民出版社
承 印 厂：	山西臣功印刷包装有限公司
开　　本：	787mm×1092mm　1/16
印　　张：	23.75
字　　数：	300千字
印　　数：	1-500册
版　　次：	2016年7月　第1版
印　　次：	2016年7月　第1次印刷
书　　号：	ISBN 978-7-203-09686-3
定　　价：	68.00元

如有印装质量问题请与本社联系调换

序言 Preface

中共山西省委常委、统战部部长 孙绍骋

省侨联组织编纂《海外晋人》一书，对于大力宣传海外晋人中的代表人士和典型事迹，进一步激发广大华侨华人参与祖国现代化建设的巨大热情，有着独到的意义和非常重要的作用。

山西作为中华民族文化重要发祥地之一，孕育和造就的历史名人不计其数。在全国比较，三晋大地走到海外的华侨华人，数量不多，但名人如炬。本书所收录的47位海外晋人，既有赫赫有名的商业大亨、侨领巨擘，也有享誉全球的专家教授、文化学者；既有跻身于朝的政府高官，也有默默耕耘的为人师者；既有年轻有为的华裔新生代，也有年过古稀的耄耋乡亲。尽管他们所处时代不同、侨（旅）居国不同，但都怀有一颗情系山西、眷恋祖国的赤子之心，展现一种生生不息、奋力拼搏的向上精神，蕴藏一股戮力同心、兴我中华的巨大热情。

习近平总书记指出，中国改革开放事业取得伟大成就，广大华侨华人功不可没。"十三五"时期是我省如期全面建成小康社会的决胜阶段，我们要实现赶超跨越，必须更加善于借助晋籍海外华侨华人这

一平台，用世界眼光、战略思维扩大开放，多维度、多层次提高对外开放水平，推动山西与全球经济的融合发展。《海外晋人》一书正是秉持这一时代主题，通过对海外晋人的真切记录，再现了他们漂洋过海的辛酸奋斗史、百折不挠的顽强创业史、急公尚义的无私奉献史，弘扬了他们身在海外、不忘桑梓、热爱祖国的炽热情怀，讴歌了他们为推动祖国现代化建设、促进祖国和平统一、传播中华文化做出的重要贡献，激励大家进一步弘扬华侨优良传统，继续为助力家乡改革开放和现代化建设，贡献智慧和力量。

作为党和国家事业的重要组成部分，全省各级侨联组织要在中共山西省委的坚强领导下，坚持以人为本，热情为侨服务，充分发挥侨联的桥梁纽带作用，不断增强海外侨胞对中华文化、山西历史文化"三个一"（一座都城、一堆圣火、一缕曙光）的认同，着力营造海内外中华儿女同心同德、齐心协力的浓厚氛围，共同为实现中华民族伟大复兴的中国梦而努力奋斗。

2016年5月

目录 CONTENTS

001　集佛学家、探险家、翻译家于一身的东晋高僧法显

011　潜心研究三晋先贤的美国教授方闻

016　美籍非汉语语言大师李方桂

021　美籍华裔物理学家任之恭

038　成果累累的药理学家张耀德

048　心系华夏的试管婴儿之父张民觉

059　旅美华侨左埏的赤子情

065　心系神州的联合国牧师荆磐石

077　中日文化交流的搭桥人梁綖武

086　德国籍炼油专家郭如屏

089　以弘扬中华文化为己任的张馥蕊

093　竭力把中国工艺品推向海外的成功晋商侯桢瑞

098　美籍华人续淑仙终于圆了返乡梦

104	网坛宿魁、联合国雇员王春葳
111	持美国护照的抗战老兵李效黎
124	英国华侨妇女会首任会长熊文英
130	旅美桥梁设计大师张馥葵
136	旅日企业家、侨领曲学礼
140	闻名日本朝野的太极拳名师杨名时
143	不断创立新"经济王国"的郭鹤年
154	跻身好莱坞影坛的冀朝理
161	美籍知名文史学家朱葆瑢
169	美籍控制系统工程专家侯桢生
175	"国际蕈菌传教士"张树庭
187	美籍分子生物学家张凌
196	美籍公路工程专家彭大钧

199	美国教授李培德的寻根之旅
204	人类学家乔健的事业心和桑梓情
214	美籍科技"多面手"侯承业
223	"太原王氏"的杰出后裔王鼎昌
227	跻身欧洲科学殿堂的阎守和博士
242	国际画坛巨匠丁绍光
252	在史海中矻矻求索的孔祥吉
257	当总裁的名人之后张板桥
267	任峻瑞博士在山西找到了"根"
273	心系桑梓的美籍华人袁振胜
277	海外晋人参政先锋王小选
296	在美国稳扎稳打的钱小东
299	日本山西商会理事长李扩建

305	澳洲山西同乡会首任会长杨晓榕
309	新西兰侨领和志耘
315	奥地利华丽大转身陈安申
322	"黄河的儿子"旅美文学家朱琦
327	蜚声国际的美籍华人科学家张亚勤
330	坚强晋女马世红在美国拼出一片天地
338	深怀山西情结的美国记者李淑珊
342	从山西农民到美国侦探赵伟
346	佛国记
371	后记

集佛学家、探险家、翻译家于一身的东晋高僧法显

一部《西游记》，使唐僧玄奘西天取经的故事妇孺皆知。鲜为人知的是：在中国历史上，还有一位比唐僧玄奘早200多年去西天取经的人。他就是集佛学家、旅行家和翻译家于一身的东晋高僧、山西人法显大师。

法显65岁高龄出发，历时15年，在游历了近30个国家后，在佛教的发源地印度觅得真经戒律。回国后在译经的同时，他还写下了我国首本记述当时中亚、印度和南海诸国山川地理和风土人情的游记《佛国记》。他才是我中华民族赴西天取经的第一人。

法显是并州上党郡襄垣人。他生于晋成帝（司马衍）咸和九年（公元334年），卒于宋武帝（刘裕）永初元年（公元420年），享年86岁。

一代高僧大德法显造像

贫苦身世

法显俗姓龚,故乡在今山西省长治市襄垣县龚家沟。他有3个哥哥,都在童年夭折。父母担心他也寿命不长,在他3岁的时候,把他送到佛寺当了小和尚,祈望佛祖庇荫让他消灾免难。10岁时,他父亲去世了。叔父考虑到他的母亲一人寡居难以生活,便要他还俗。他对叔父说:"我本来就不是因为父亲而出家的,而是要远离尘俗才入了佛门。"叔父看他此时对佛教的信仰已非常虔诚,也就没有勉强他。不久,他的母亲也去世了,他回去料理完丧事后即返回寺庙。他心无旁骛,伴着晨钟暮鼓,潜心研读经卷,对佛学的感悟与日俱进。

襄垣县仙堂山法显像

法显性情纯厚。有一次,他与同伴数十人在地里收割粮食,遇到一些穷人前来哄抢。同伴吓得争相逃奔,只有法显一个人站着未动。

他对那些抢粮食的人说："你们如果需要粮食，就随意拿去吧。只是你们现在这样贫穷，正因为过去不布施所致。如果抢夺他人粮食，恐怕来世会更加贫穷。贫僧真为你们担忧啊！"说完，他从容还寺。那些抢粮的人竟被他的一番话所打动，弃粮而去；而寺庙中的数百名僧众莫不叹服法显。20岁时，法显受了大戒。从此，他对佛教的信仰更加坚贞，行为更加严谨，时有"志行明敏，仪轨整肃"之称誉。

西行动因

魏晋时代，佛教已在中土大范围传播，影响颇深。但仍存在一大缺陷——律藏残缺；而律藏残缺是难以建立僧伽制度的。法显在长期的诵经讲经活动和研读国内佛教经典的过程中却发现，西域流传进来的佛经虽然很多，但大多都是口头传诵，无文字记述，导致了错谬众多，残缺不全，且上层僧侣与官府勾结，欺压下层僧侣，一些僧侣不守佛法，无统一的佛家戒规。为了弥补这个缺陷，解决中国佛教经书的这种残缺混乱状况，法显不顾雪眉霜鬓，决心独辟荒途，远赴佛教的诞生地天竺（古印度）寻求律藏真经。

天竺（古印度）是人类文明的发源地之一，是世界三大宗教之一的佛教诞生地。古印度文明以其异常丰富、玄奥和神奇深深地吸引着世人，对包括中国在内的亚洲诸国，产生过深远的影响，在文学、哲学和自然科学等方面，都对人类文明做出了独创性的贡献。因而古印度成为中国古代僧人崇拜向往和取经学习的目的地。

晋安帝（司马德宗）隆安三年（公元399年），65岁的法显偕"同契"（志同道合者）慧景、道整、慧应、慧嵬等11人，离开长安，踏上了赴西天取经的漫漫征途。

艰难历程

法显取经之旅无朝廷敕令，无经验借鉴，无导游引领，无后勤保障。他的前路绝大部分是陌生的、未知的，甚至凶险的，只能是"明知山有虎，偏向虎山行"，迎难而上，探索行进。

环境关、语言关是他西行所面临的两个基本大关。

环境关。法显取经历程路途遥远，环境极为复杂艰险。例如他自敦煌西行，出玉门关，进入"沙河"（大沙漠），便经历了生死考验。"沙河中多有恶鬼热风，遇则皆死，无一全者。上无飞鸟，下无走兽，遍望极目，欲求度处，则莫知所拟。唯以死人枯骨为标识耳。"又如到于阗途中，须又一次横渡大沙漠，"路中无居民，涉行艰难，所经之苦，人理莫比"。再如法显一行在度葱岭向北天竺进发时，又一次遇到对生命威胁。"葱岭冬夏有雪，又有毒龙，若失其意，则吐毒风雨雪，飞沙砾石，遇此难者万无一全"。再如他们到了北天竺，经过一个叫陀历的小国家。由此西南行15日，又陷入艰难境遇。"其道艰阻，崖岸险绝。其山唯石，壁立千仞，临之目眩。欲进则投足无所。下有水名新头河。昔人有凿石通路施傍梯者，凡度七百。度梯已，蹑悬絙过河。"再如法显一行离开那竭国南度小雪山时，因环境恶劣。"遇寒风暴起，人皆噤战"。他的同伴慧景突感风寒，支撑不住，无法前进，口吐白沫，挣扎着告诉法显："我活不成了，你们赶紧走吧，别都死在这里。"说完就咽气了。丧友的巨大伤痛打击着法显，他抚摸慧景的尸体悲痛号哭。

法显完成取经使命以后，单身搭乘一艘商船东归，在海上航行也是险情不断。他下海不久便遇大风，船只在暴风与海浪中迷航，70多日后淡水粮食断绝，仅以海水为食。"大海弥漫无边，不识东西，唯望日月星宿而进。若阴雨时为逐风去亦无准。当夜暗时，但见大浪相搏，晃然火色鼋鳖水性怪异之属。商人荒遽不知所向。海深无底，又无下石住处。至天晴已乃知东西。还复望正而进。若值伏石，则无活路。"另外，还发生过商船漏水情况。"商人大怖，命在须臾。恐舶水满，即取粗财资掷着水中。法显亦以君墀及澡罐并余物弃掷海中。但恐商人掷去经像。唯一心念观世音及归命汉地众僧。我远行求法，愿威神归流，得到所止。"

如此艰险的环境，如无坚定的信仰，坚强的意志和坚韧的精神，根本无法适应和克服。

语言关。法显本无外语基础，取经前也未接受过外语训练。《佛国记》说到"国国胡语不同""出家人习天竺书天竺语"。可见，他经历的近30个国家都有自己的语言（包括官方语言和地方方言）。语言是人际交流的工具。他要与当地僧侣、士民交流，要了解当地风俗民情，要考察文物古迹，要搜集神话传说，要查阅佛学经典，一定要学习当地语言。到达天竺以后，不仅要学习天竺语，还要学习天竺书（文字），否则取经就无从谈起。要掌握如此复杂的外语，对于年轻人来说都是天大的难事，对于年逾花甲的老人来说，更是难以克服的难关。可是法显闯过来了。回国以后，他还整理、翻译了取回的经本。人们不知道他是如何做到的，但与他天资聪颖和后天的刻苦学习一定有关。

法显取道今印度河流域，经今巴基斯坦进入阿富汗境内，再折返巴基斯坦境内，后向东进入恒河流域，抵达天竺（印度）国境。而后，又横穿过尼泊尔南部，至东天竺，在摩羯提国（即摩揭陀国）首都巴连弗邑（今巴特那）留住3年，学梵书佛律。接着又沿恒河东下到占波国（今印度巴加尔普尔），然后南下到多摩梨帝国（今恒河支流胡里河西岸的泰姆鲁），在此写经画像，住了两年时间。

公元410年冬，法显独自一人从海路踏上归途，航海14昼夜，到

达师子国（今斯里兰卡），继续寻求经律。他求得梵文《弥沙塞律》藏本，得了《长阿含经》《杂阿含经》，还得了一部《杂藏》。这些都是当时中国所没有的。

深远影响

法显自晋安帝隆安三年（公元399年），从长安出发，至安帝义熙八年（公元412年）9月间，漂泊到青州长广郡牢山（今山东青岛东北崂山）登陆，前后经历14年，行程4万余里。他成为我国历史上通过丝绸之路到达中印度、斯里兰卡和印度尼西亚的第一人，也是第一个到达印度巡礼佛迹、求取经律满载而归的名僧。

回到祖国后，他本欲前往长安。因得知宝云等受到长安僧界的排斥而赴建康（今南京），到了建康道场寺住了下来。

在建康（今南京），法显潜心翻译了印度梵本《摩诃僧祇众律》《大般泥洹经》，又翻译了从斯里兰卡得到《长阿含》《杂阿含》《杂藏经》等梵本。翻译佛经、戒律共6部，达100多万字。填补了译经事业中缺少戒律的空白，其中《摩诃僧祇律》成为后世研究佛学的根本经典。

同时，法显还把14余载游历天竺及所到29国的取经见闻，融合着佛学智慧，写成了不朽的世界名著《佛国记》。《佛国记》（又名《法显传》《佛游天竺记》《释法显行传》《历游天竺记》《历游天竺记传》、《释法显游天竺记》等），全文1.5万余字，对行经诸国山川形势、佛教名胜和宗教活动都有真实记叙，为研究南亚次大陆各国古代史地、交通和风情保存了重要资料。是世界宗教史、东方文化史和中外交流史上的传世瑰宝，是他留给后人的巨大而珍贵的文化遗产，在国际上有深远的影响。

首先表现在它的外文译本多。从1836年，自从A.雷谬沙将《佛国记》译为法文后，外邦人士中的汉学家竞相译注，如：1869年，S.比尔把它译为英文；1886年，詹姆斯·理雅各布也把它译为英文；1923年，瞿理斯再把它译为英文。与中国一衣带水的日本，历史学者也积极加入翻译队伍之中。1835年，足立喜六出版了译作《考证法显传》，并于1940年再版；1970年，长泽和俊也出版了自己的译作《宫内厅书陵部图书寮本法显传校注》和《法显传·宋云行记》；此外，日本京都大学人文科学研究所的桑山正进与高田时雄主持编成《法显传索引》。引起史学界的重视与研究。

《佛国记》对印度也有深刻的影响。印度尽管历史悠久，但古代缺少真正的史籍。因此，研究印度古代历史，必须求助于外国的一些著作，其中尤以中国古代典籍最为重要。而在这些古代典籍中，《佛国记》是最古老、最全面和最有参考价值的著作。研究印度古代史的学者，包括印度学者在内，都视之为瑰宝。1918年，印度出版了一部《法显传》印地语译本，并于2001年再版。有一位著名的印度史学家曾说："如果没有法显、玄奘和马欢的著作，重建印度历史是不可能的。"

2000年，尼泊尔出版了《法显传》尼泊尔文译本。此外还有德语翻译的《法显传》全文。

其次，《佛国记》在中国和南亚地理学史和航海史上占有重要地位。法显中作为中国经陆路到达印度并由海上回国，而留下记载的第一人，《佛国记》记述的地域甚为广阔，对所经中亚、印度、南洋约30国的地理、交通、宗教、文化、物产、风俗乃至社会、经济等都有所述及，是中国和印度间陆、海交通的最早记述，中国古代关于中亚、印度、南洋的第一部完整的旅行记。

再次，《佛国记》为中国研究少数民族的历史提供了珍贵的资料。法显一行取经途中经过了干归国、耨檀国、鄯善国、耆焉国、乌

夷国、于阗国、子合国、于麾国等一些国家。这些当时被当作异国（西域）的地方，系当今中国版图内的甘肃、宁夏、新疆等地少数民族聚居的地方。在古代这些被称作"国"的地方，因外人罕至，一直蒙着神秘的面纱。法显和他的同伴进入该地，进行考察、交流，事后还进行记录报道，使中国古代少数民族聚居地的地形地貌、经济文化、风俗民情等等都被更多人所认识。法显的所见所闻亲历亲记，意义仍十分重大：为当今历史学、社会学、人类学、民俗学的研究，提供了珍贵的资料。

历史评价

佛教从印度传入中国，到了法显时代，达到了一个关键时刻，一个转折点：从过去的基本上是送进来的阶段，向着拿进来的阶段转变。

在众多西行求法者中，法显无疑是最突出的一个。从历史学家和佛教学者的研究角度来看，这里所谓"突出"，归纳起来约表现在以下几个方面：

一、法显旅行所到之地最多、最远。

在法显以前，在汉代，中国已经有了一些著名的旅行家，比如张骞和甘英，这是众所周知的。他们到的地方很远；但是法显到的地方，他们却没有到过。法显的经历，对于中国人民对外开阔视野、认识外国，有极大的帮助，其意义之重显而易见。

二、法显真正到了印度，起了先驱者的作用。

既然西行寻求正法，其最终目的地当然是正法所在的印度。然而，在法显之前，真正到了印度的中国求法僧人几乎没有。汤用彤的《汉魏两晋南北朝佛教史》论述说："故海陆并遵，广游西土，留学天竺，携经而返者，恐以法显为第一人。"这件事情本身意义就很重要。法显以后，到了印度的中国求法僧人逐渐多起来了。

三、法显携归翻译的戒律对佛教的发展起了促进作用。

法显到印度去的目的是寻求戒律。他经过千辛万苦，确实寻到了，其中最重要的是《摩诃僧祇律》40卷。归国后，他同佛陀跋陀罗共同译出。这对于中国当时的僧伽来说，宛如及时的春雨，对佛教的发展，起了促进作用。

四、法显对大乘教义发展和顿悟学说的兴起起了作用。

人类中有不少人是有宗教需要的。这并不完全来自阶级压迫或强行灌输，很大一部分是来自人并不能完全掌握自己的命运这个事实。专就印度佛教而论，由小乘教义向大乘教义的过渡就是这个规律的具体表现。小乘讲求渐悟，讲求个人努力，也并不认为每个人都能成佛，也就是说每个人不都有佛性。如果每个人都努力去成佛，生产力必然受到破坏，社会也就不能存在。这是绝对不行的。大乘在中国提倡顿悟成佛，讲虔诚信仰，只需虔心供养，口宣佛号，则可放下屠刀，立地成佛。这样既满足宗教需要，又不影响生产力的发展。佛教凭借了这种适应性，终于得到了发展。法显在这一方面是起了推动作用的。

法显这次取经，没有皇帝的圣旨，没有预设的线路和攻略，只有一颗虔诚而执着的心，只有旅行的最终目的地——天竺。在1500年前的东晋时代，一无车马，二少钱财，一个年逾花甲的老人，决定靠自己的双脚，步行万里，前往印度，需要何等的意志与勇气。在《佛国记》中，他这样总结自己的取经之旅："所以乘危履险，不惜此形者。盖是志有所存，专其愚直。故投命于不必全之地，以达万一之冀。"他的奇特经历和卓越贡献，犹如一部不朽的诗篇，值得人们世世代代永远吟唱。

中央视台曾播放纪录片《佛国记：法显西行》。这部大型佛文化类纪录片揭秘了法显从长安出发，历经千辛万苦西行取经并将其翻译

成汉字,传于后世,为中国佛教的发展做出巨大贡献的动人事迹。全片共分上、中、下三集,每集时长35分钟。

法显回国后落脚翻译佛教经典和撰写《佛国记》的东晋首都建康——南京,也以丝绸之路为切入点,在法显身上大做"文章"。当地学者和官员明确地宣称:法显是将陆、海两条丝绸之路连在一起的高僧。《佛国记》这部法显留下来的著作,可以称之为"海上丝绸之路的文献遗产"。

甘肃也在法显身上做"文章"。2014年7月19日,在兰州"云顶山法显文化景区"举行首届"法显文化暨取经文化学术研讨会"。据说,这里曾是法显西行印度取经途中"夏坐"修行、读经的地方。甘肃省黄河文化研究会会长张克复称,在法显《佛国记》问世1600周年之际,举办此次研讨会,旨在纪念这位伟大的佛学先驱、杰出的翻译家和旅行家。

作为法显的家乡山西,在宣传地方历史文化、弘扬法显精神方面,似乎还有许多事情可做。

> 潜心研究三晋先贤的美国教授方闻

山西是中华民族文化最主要的发祥地之一，古往今来，人才辈出。研究三晋先贤，继承历史文化遗产，对于提高民族素质、发展民族文化，具有重要的意义。在海内外，研究三晋先贤不乏其人，但在数十年中持之以恒而又屡获重大成果的，却为数不多。旅美山西人、芝加哥中国文化学院教授方闻，即是研究三晋先贤的学者中突出的一位。他的研究成果具有很高的价值，引起广泛的注意和重视。

方闻，字彦光，号松岩。1901年出生于山西省五台县。幼年时入本村私塾，读四书五经；而后进入高小、初中，学习成绩均列优等。北伐时，他刚好毕业于山西省法政专科学校，由校长冀贡泉先生推荐给山西当局录用。次年进北京，创办《民言日（晚）报》。1932年返回太原，担任国民政府太原绥靖主任办公室秘书，后任《山西公报》馆长，兼山西书局经理。抗战第4年，方闻升任第二战区司令部秘书处长。嗣后，连任山西省政府驻重庆、南京、广东的办事处主任及中央政府铨叙部司长。新中国成立前夕，方闻随国民党迁往台湾。先是担任行政院参议；接着担任考试院参事、主任秘书；而后，曾担任台湾辅仁大学教授兼总务长。20世纪70年代初赴美，担任美国芝加哥中

国文化学院教授至今。

方闻虽从政多年，但不失学者本色，潜心研究三晋先贤，持之不断。其研究对象，主要是傅山和徐继畬。

傅山（1607—1684），字青主，是明末清初杰出的思想家、艺术家和医学家。他才华横溢，气节凛然，精通书法、绘画、佛道、医学等。著作甚丰，影响较大的有《霜红龛全集》《红罗镜》《傅氏男科》《傅氏女科》《评注金刚经》等等。方闻对于傅山的民族气节和革命精神非常推崇。他在一部著作中说："傅青主先生为明之一诸生，志存匡复，其艰贞亮节，足以警世励俗，乃徒以书画医术见称。……大节潜德未彰，实为中华民族之一大损失也。"为使傅山的事迹流芳百世，早在抗战以前，方闻即着手对傅山的生活时代、家世出身、生平事迹、思想观点、言论著作以及有关他的传说轶闻等等，下苦功夫进行全面细致的研究。在广泛搜集资料的基础上，加以精心的考证。就是在抗战的艰苦的年代里，也没有停止研究。在重庆时，敌军飞机频频空袭，警报接连不断，可方闻依然能够镇静自若，专心致志于学术研究，其学者风度可见一斑。1943年，他完成了《傅青主先生大传年谱》一书的初稿。但他并不急于出版。为使该书内容更加充实、准确，方闻继续听取各方反映，千方百计充实资料，重新进行编纂。直至1970年7月，这部凝聚方闻多年心血的力作，才由台湾中华书局出版发行，深受各界人士的好评。1973年，该书获台湾中华文化复兴推行委员会颁发的"菲华中正文化奖"。《傅青主先生大传年谱》是研究傅山的继往开来之作，对于大陆（特别是山西）进一步开展对傅山的研究大有裨益和启迪。

方闻还珍藏傅山的楷书《千字文》真迹。早年影印出版后备受各界注重。1985年6月，台湾汉华文化事业股份有限公司重新出版发行，使傅山先生的书法艺术珍品，得以在更大的范围内传播。傅山的书法作品，大字易见，小字则十分稀罕。行家评论说："此册无一字平凡，直于魏晋人比肩。郁勃之气，流动豪素，真名贵之至！"方闻将自己珍藏的傅山墨宝发表于世，无论是对于艺术欣赏还是对于学术研究，均是一个贡献。国民党元老于右任先生欣然命笔，用行书为本书题词，更是锦上添花。他的题词是："傅青主先生学问志节皆居上品。终身不事满清，坚持民族大义。其书法擅各体而俱遒，上接魏晋唐诸贤，可谓人书兼尽者，故世人特为宝爱。此册尤极精粹。方彦光君于迭次战乱中独能保而不失，洵可贵也。将印行以广流传，可为书林楷模。三十年前余有题跋，今获重观，特再识之。"于右任先生的题词，既评价了傅山的人品和作品，也褒扬了方闻研究傅山的成绩和贡献。

方闻研究三晋先贤的另一个重点对象是清朝名宦徐继畬。徐继畬字健男，号松龛，山西省五台县东冶镇人。曾任福建省布政使、清朝廷总理各国事务衙门行走以及同文馆总理事务大臣。他与一般官僚不同：思想开明，观念求新，博学卓识，深谋远虑。在福建任职历时5载，深入厦门、漳州、泉州等地，办理涉外事务，与外国人频繁接触。他特别注意调查研究，广泛搜集资料，了解各国国情。同时反复考证，严谨对照，去伪存真，修正舛误。经过数载艰辛，十易其稿，终于完成了洋洋巨著《瀛环志略》，于道光二十八年（公元1848年）初刻本问世。立即引起强烈的反响，世人称这部巨著为"国人言世界地理者最早之宏着"，称作者徐继畬为"维新先觉之士"。

《瀛环志略》对世界各国的地形地貌、风俗民情、历史沿革、物产矿藏等等，均有明确生动的记述。谈及英国，作者写道："英吉利人心计精秘，做事坚忍，气豪胆壮，为欧罗巴诸国之冠。""建都于泰晤士河滨，曰伦敦，居民一百四十万。殿阙巍峨，规模宏巨，街衢纵横贯穿，百货山积。景象之繁华，人户之凑密，为西国第一都会。"光绪二年（公元1876年），郭嵩焘奉命出使英国，到实地考察后不胜惊异，曾对人说："徐（继畬）先生未历西土，所言乃确实如是，且早吾辈二十余年，非深识远谋加人一等诸乎？"

对于美国总统华盛顿，《瀛环志略》评论说："华盛顿，异人也。开疆万里，乃不僭位号，不传子孙，而创为推举之法，几于天下为公，骎骎乎三代之遗意。其治国，崇礼善俗，不尚武功，亦迥与诸国异。余尝见画像，气貌雄毅绝伦。呜呼，可谓人杰矣哉！"这段文字，被认为是对华盛顿为人和功绩最中肯和最精练的概括，至今被镌刻在美国首都的华盛顿纪念塔的石碑上，千古流芳，永传佳话。

方闻对徐继畬这位山西同乡，敬仰之至，并深感荣光。于是，决心将其功德昭彰天下，弘扬光大。他耗费无数心血，穿梭于台湾、美国、日本等地的图书馆，遍览群籍，广罗旧闻，潜心研究，多年不懈，终于编写成一部《清徐松龛先生继畬年谱》，于1982年5月，由台湾商务印书馆印刷发行。书中收录了山西五台县徐氏本支世系表，徐继畬先生始祖至先父14世简介，徐继畬先生年谱、疏文、墨迹、印章、墓表，以及各种史志所刊载的徐继畬传略、事迹等等。扉页附有美国国会图书馆收藏的徐继畬先生像和华盛顿纪念塔的照片。资料丰富翔实，考证认真严谨，堪称全面而系统研究徐继畬的一部力作。对于大陆，特别是在徐继畬的家乡，方闻这部著作填补了学术研究的空白，意义十分重大。

1986年7月，台湾商务印书馆又出版了由方闻提供的徐继畬著作《瀛环志略》原稿。提起这部书稿，方闻念念不忘靳克天贤达的高谊厚德。那是在抗战胜利以后，方闻随国民党政府自重庆迁回南京。有一次会见靳克天先生，谈及徐继畬。靳得知朋友方闻与徐继畬是同乡，并正在对徐进行研究，于是慷慨割爱，将自己珍藏的《瀛环志略》书稿赠予方闻。他说："这真是缘分！这部书稿就送给你吧，更能发挥它的价值。"方闻自着手研究徐继畬那天开始,就希望能找到一部《瀛环志略》书稿;虽多方寻觅,终杳无踪迹。没料到这一次如愿以偿,真是喜从天降,情不自禁!他十分感激朋友的帮助,连声说:"弟研究徐继畬倘有所成,靳兄所赐,功不可没!"经台湾商务印务馆发行人的建议,《瀛环志略》书稿在《清徐松龛先生继畬年谱》出版之后,重印发行,广为流传。一部年谱,一部志略,珠联璧合,相得益彰,使广大读者,特别是研究者,获得更多的方便和教益。

方闻对《瀛环志略》这部宏著在中国的遭遇,深感痛惜。在清朝,不少人妄加非议,明弹暗射,甚至对著作者进行攻击和迫害。而在日本,这部著作却被视为维新变革的舆论武器,大加研究,一版再版。对此,方闻大为感慨。他说:"时不我与,以致中国一切落后,是岂(徐继畬)先生一人之不幸,可胜叹哉!"

方闻在其他方面也有研究。他一生服膺"言忠信,行笃敬"的古训,自觉地以弘扬民族文化为己任。他在蒋阁政权中历任数职,但仍倾心于学术研究。说他是个当官的,不如说他是个做学问的。最后终于选择教授为业,这是他乐意的也是必然的。

方闻的妻子王忱知女士,也是个知识分子。知书达理,家教有方。儿子方预,精通多国语言,曾在"美国之音"担任播音员,在美国新闻总署供职。后来,投身企业界大显身手。据悉现今在美国波音飞机制造公司担任要职,往来于世界各地。他曾代表该公司来中国,与西安飞机制造公司洽谈合作事宜。方闻对儿子的出色表现颇感满意,曾说:"我一生著书立说,不如儿子一榜成名。"

美籍非汉语语言大师李方桂

美籍华人语言学家李方桂（1902—1987），是当代海内外最有成就的优秀学者之一，被语言学界推崇为"语言学大师""非汉语语言学之父"。

刻苦攻读 勇攀高峰

李方桂生于1902年8月20日，祖籍山西省昔阳县李家沟。他的曾祖父李庆昌、祖父李希莲、父亲李光宇，均为清朝官吏。优越的生活环境和严格的家庭教育，为他日后攀登语言学研究高峰奠定了良好的基础。

李方桂

1915年，李方桂进入北京师范大学附中学习。1924年毕业于清华学校医学预科，同年秋天被录取赴美国公费留学。他开始在密歇根大学医学预科攻读。在学习拉丁语、德语的过程中，对语言学产生了浓厚的兴趣，于是插入大学3年级，转攻语言学。1926年大学毕业，获密歇根大学语言学学士学位。后转入芝加哥大学继续攻读语言学，

1927年他获硕士学位，1928年获博士学位，年仅26岁。他连续3年陆续获得学士、硕士和博士学位，这在世界教育史上也是不多见的。

学习生涯告一段落以后，李方桂开始转入语言学的研究。他在哈佛大学从事研究半年之后，于1929年回国。中国拥有56个民族，语言极其繁杂丰富，为语言学研究者提供了广阔的天地。李方桂着重从事汉语音韵、藏语、侗台语和苗瑶语的研究工作。1932年，他开始调查研究广西壮语，并赴泰国研究泰语。

此后，李方桂又转入边教学边研究的阶段。1937年，他第2次赴美国，任耶鲁大学客座教授。1939年回国，调查研究贵州水语。1943年，在成都担任燕京大学客座教授。在日军侵华的兵荒马乱时期，他从未中断过语言学的教学和研究。

1946年，李方桂第3次赴美国，从此定居在那里一直到生命的最后一息。他先后在哈佛大学、耶鲁大学、华盛顿大学、夏威夷大学担任教授和客座教授。

1950年，李方桂担任美国语言学界的权威学术机构——美国语言学会的副会长，并担任美国《中国语言学报》的副主编。1972年，他被密歇根大学授予荣誉文学博士。1976年，他被香港中文大学授予荣誉法学博士。

成就卓著 蜚声国际

李方桂是中国第一位出国留学攻读语言学的学者。他钻研语言学六十余年，取得了卓越的成就，在国内和国际上产生了巨大而深远的影响。他治学严谨，博古通今，善于汲取中西文化的精华作为自己的营养，从而使自己在语言学研究上具有很高的造诣，理所当然地夺取"语言学大师"的桂冠。他对汉藏语系、汉语音韵、印第安语、高山

语、泰语等的研究，往往涉及前人所不曾涉及的领域，提出他人所不曾提及的创见。

李方桂是中国现代语言学的奠基人之一，是中国少数民族语言研究的开拓者和奠基者。他两次回国从事调查研究和任教，培养了一大批语言学研究的专业人才。这些人才以及他们的弟子，后来都成为中国语言学界的骨干力量。特别是在党的十一届三中全会以来，中国语言学研究有了很大的进展。已出版《少数民族语言简志丛书》50余种，编写了80余种语言的"概况"，还破天荒为一些少数民族设计了民族文字。抚今追昔，大家都感到今天语言学研究的繁荣发展与李方桂先生当年辛勤耕耘是分不开的。

李方桂还是西方汉学研究的引路人和导师。"汉学"（Chinese Studies）是研究中国事物的专门学问，在海外颇为流行。研究者多为洋人，至今已有数百年历史。汉学研究处于领先地位的原来是欧洲，特别是法国和英国。但在第二次世界大战以后，美国迅速崛起一路领先。当然，国势强大、财力雄厚是美国汉学研究后来居上的关键。但是，专家们一致认为："许多优秀的中国学者移居美国，像生前任教华盛顿、夏威夷等多所大学的语言学大师李方桂等人，对于提升美国的汉学水准大有帮助。"事实的确如此：李方桂对于汉语和中国少数民族语言的研究成果，为西方汉学家了解和研究中国，提供了"钥匙"，将他们引导入门；李方桂在美国带出了一大批语言学人才，自然而然也就成为美国汉学研究的中坚力量。随着西方汉学研究的发展，屹立在东方的"神秘而孤立"的古老的中国，逐渐显露出它的真实面貌和迷人的风采，被世界所认识，被国际文明社会所接纳。这一切都渗透着李方桂的心血和汗水。

清华大学出版社经过长时间的酝酿筹备，隆重推出了《李方桂先生全集》11卷本，作为"清华大学亚洲研究中心出版项目"中的"重头戏"。堪称"宗师"的李方桂，其多年潜心研究语言学的心血结晶，终于成为中华民族乃至全人类的共同财富而永垂青史！

热爱母国 眷恋故乡

李方桂第3次赴美国，定居至1987年辞世，共四十余年。在海外漫长的岁月并没有改变他的中国心。党的十一届三中全会以来，他热爱母国、眷恋故乡的感情更是如热泉迸发，一泻千里。1978年、1983年他来华访问，在北京大学做学术报告，到山西、广西、四川、云南、湖北、江苏、上海等地访问考察。他向同行介绍自己研究的心得成果，介绍世界语言学研究的动向和最新信息，并表达了对华夏大地沧桑变迁的感慨和喜悦，处处流露出赤子之心的诚挚和热烈。

尤值一提的是，李方桂对中国语言学研究者十分关心并尽力扶持。山西学者赵秉璇对李方桂先生崇敬由来已久，特别是在拜读了李的著作《上古音研究》之后，茅塞顿开，信心大增。在从未谋面的情况下，他贸然给李方桂先生去信求教。李方桂在百忙中给予回信和鼓励。从此，书信来往不断，李方桂总是热情地给予教诲和指点，并推荐赵秉璇参加在美国俄亥俄州召开的第19届国际汉藏语言学会议。在李先生的指导下，赵秉璇的研究很有长进，先后写出了《寿阳方言里的一些语音、语法现象》《太原方言里的复辅音遗迹》等一批有分量的学术研究论文。

李方桂虽然出生在广州，但始终没有忘记自己是山西人。他在给国内亲友写信中，一再表示说"若有机缘，当返乡一游""但愿我能回乡一行"。1987年6月17日，他给国内来信中明确表示"大约9月左右想回山西"。昔阳县人民政府获悉后，及时给李方桂发了邀请信。

谁料到，他接到邀请信后即住进了医院，是年8月21日竟与世长辞！消息传来，语言学界同行和家乡人民深感震惊和痛惜！

李方桂虽然没来得及实现返乡愿望就离开了人世，但他对语言学研究的贡献是不可磨灭、永载史册的。正如一副哀悼他的挽词所写的：

三晋赤子，名扬中外；

一代宗师，学贯古今。

> 美籍华裔物理学家任之恭

物理学是一座深奥而神秘的"谜山"。为了攀登它,揭示它,古今中外数不清的专家学者筚路蓝缕,呕心沥血,付出了大量的甚至是毕生的精力。当人们欣喜地看到这门科学在飞速发展、欢呼一个个千古之谜被解开的时候,没有忘记一个中国人的名字——任之恭(Chih-kung Jen)。

1906年10月2日(农历中秋节),任之恭出生于山西省沁源县河西村。

任之恭麻省理工学院毕业照

沁源县设置于北魏建义元年(公元528年),历代县名未改。它位于太岳山脉的腹地,境内峰峦叠嶂,山道蜿蜒。河西村在县城以北约5公里处,在过去是有名的穷村。附近虽有一条沁河,但非涝即旱,土壤贫瘠,收成微薄。大多数农民一辈子不知道澡堂为何物,过年时能吃上一回肉饺子便认为是"享福"了。

像沁源县这样靠种地糊口的地方,在黄土高原上太多、太普通了。但是,它有吸引世人注目的不普通的地方:

在抗战8年中,沁源县军民中没有出过一个汉奸,抵抗日军十分坚决和壮烈。全县有80%的房屋被日军烧毁,有9153名抗日壮士英勇殉难。为此,被誉为"抗日模范县"。

沁源县出了个国际知名的物理学家任之恭,他是美国物理学会理事,曾任美国哈佛大学教授和霍普金斯大学应用物理实验室负责人,是中国现代电子学的奠基者之一。他的研究及所取得的成果是先驱性的,在物理科学领域产生了很大的影响,获得了世界物理学界很高的评价。

沁源县出抗日英雄和出大科学家,表面看是两回事,实际上有着内在的联系:两者都来源于一种非凡的坚忍顽强的精神。这可能就是沁源县这块土地的"灵气"。

走出小山村

任之恭呱呱坠地时,人们正在向月亮爷爷叩头。大人们认为这是大吉大利的征兆,不仅会给家庭带来好运,而且他个人日后也会非常幸运。

的确,任之恭很幸运。当许多农民子弟因家庭贫困而失学的时候,他却有机会上了私塾。他认真地背诵四书五经,吮吸中华传统文化的乳汁。11岁时,他幸运地成了沁源小学一年级的学生。两年之后,在父亲的支持下,任之恭跳级考入太原的一所中学——山西省第一中学。他发奋学习,课余还向表兄弟学习英语。在他的心里,早已萌发了上清华的念头。这是他下一步的目标,也是父亲对他的殷切期望。

考进清华园

1920年夏天,14岁的任之恭凭着自己的优秀成绩,顺利地通过考试，被北京清华学校录取了。当他在布告栏上看到自己的名字荣登红榜的时候，高兴地蹦了起来。他告别了山西，有生以来第一次乘上了去北京的火车。

当时，任之恭身着一件浅蓝色的破旧长袍，脚穿一双手工制作的布鞋，开口说话是山西的方言土语，既寒酸，又土气。谁也不会想到，这个典型的"土包子"，日后会成为科技界的权威。

任之恭很快就适应了校园生活，在新的环境中如鱼得水。他很努力，在班上成绩一直拔尖。他自选题目的英语文章写得很出色，经常让老师当作范文拿到班上去朗诵。他对物理学情有独钟，于是选修了理科专业。担任物理系主任的叶企孙博士，是很受学生欢迎的教师。他在一次讲演中曾预言"波动力学"将是未来理论物理的主要动力，这个预言后来终于被事实所证明。任之恭对他很敬仰，并在他诱导下，坚定了攀登物理学高峰的决心。

毕业前夕，任之恭参加了1926年3月18日的请愿运动。罢课的进步学生，参加李大钊等人领导的天安门国民大会，抗议日本军舰3月12日对大沽口的炮击，并要求段祺瑞执政府拒绝日、英、美等8国提出的撤除大沽口国防设施的最后通牒。段祺瑞政府甘冒天下之大不韪，悍然出兵对群众进行血腥的镇压。清华学生韦杰三也中弹死在血泊中。这就是震撼全国的"三一八惨案"，它给任之恭留下了永难磨灭的记忆。

攻读花旗下

1926年的一天，在美国西雅图，自中国上海启程的大型客轮"麦金利总统号"，完成了横穿太平洋的辉煌航行，在徐徐靠岸停泊。一群中国学生兴高采烈地走下轮船，踏上这块到处飘扬着星条旗的陌生土地。他们当中，有一位中等个子穿着朴素的青年，这就是任之恭。

当时他的心情十分兴奋,用他自己的话说,是"心中充满着对即将来临的一切的巨大期望"。

随船而来的学监,将学生们送往各自的目的地。任之恭和另一位同学选择了位于马萨诸塞州的麻省理工学院,他将在那里攻读电机工程。该院是享誉世界的第一流工科大学,有不少在研究领域处于主导地位的物理学家和天文学家都曾在这里讲学,这使任之恭获得了许多受益的机会。

第一年,任之恭主要学习直流、交流电路和机械。从第二年起,他扩大了选修范围,包括近代物理、工程数学、机械系统力学、工程热力学、水力学和政治经济学。课程负担十分繁重,学生时刻都感到一种让人喘不过气的重压,于是流行起这么一句话:"Tech(麻省理工学院的别名)简直就是地狱。"

"地狱"虽苦,任之恭和其他大多数同学还是乐意待在"地狱"里拼搏。暑假期间,任之恭还到芝加哥大学去上暑假班,选修近代物

1975年任之恭在芝加哥大学讲演

理学、量子力学和复变函数。这种主动给自己"加压"的做法，不仅锻炼了他的坚韧和刚毅，更重要的是使他在较短时间里获得了大量新鲜的信息和知识，为攀登物理学的高峰铺下了坚实的基石。

1928年，任之恭毕业，靠奖学金进入摩尔电工学院，从事研究工作。第二年秋天，他进入哈佛大学，在无线电物理学分部从事研究。而后，担任大学的研究助理、讲师。1931年，这个来自黄土高原小山村的农民的儿子，终于获得了物理学博士学位，为自己的历史写下精彩的一笔。

纵观20世纪20年代末至30年代初任之恭的研究工作，成果是很突出而喜人的，主要在如下几个方面：高空电离层，电子振荡器的理论与实验，氢负离子（H⁻）亲合性吸收光谱的量子力学理论。他的研究论文，发表在《无线电工程师协会会刊》等刊物上，引起了广泛的重视。

流亡大西南

1933年，任之恭结束了留美生活，回到了祖国的怀抱。先在山东大学工作一年，然后回母校清华大学担任物理学和电机工程教授。当时，占领了中国东三省的日本军队，正虎视眈眈地窥视着华北；师生们对日本侵略者的野心感到愤怒，对当局的不抵抗主义感到失望和不满。北京城笼罩在阴霾之中，整个局面变得十分严峻。

日本人入侵已不可避免，师生们又不愿意当亡国奴任人随意宰割，那么应该怎么办呢？大家一致认为应该调整课程，根据国防需要，开设一些有利于抵抗侵略的应变课程。于是，由任之恭主持，开一门短期课程，讲授军事无线电工程，内容包括无线电收发报机的装配、天线、电力供给等，并进行收发报的实习。

1937年7月7日，日本侵略者制造了"卢沟桥事变"，20天后占领

了北京。8月初,清华大学开始向后方撤退。任之恭携新婚妻子陶葆楏开始了流亡生活。他们先到长沙,但不久即遭到日军飞机的空袭,于是选择昆明作为自己的目的地,开始了非凡的"大学长征"。250名师生步行去昆明,风餐露宿,披荆斩棘,经过60多天艰险的跋涉,行程数千里,终于在1938年4月底抵达目的地。携家眷的人,从长沙乘火车到九龙,然后搭轮船从香港到越南海防,最后顺滇越铁路到达昆明。

　　平时并不繁华的昆明,一时间变成难民的避难所和保存文化和精神财富的圣地。北京大学、清华大学和南开大学合并为一个战时的机构——国立西南联合大学,俗称"西南联大"。当时条件极为艰苦:没有教室,没有设备,没有宿舍,没有餐厅,没有讲义,没有书本……就在这种情况下,任之恭教授被任命为清华大学无线电研究所所长,这真正是"受命于危难之时"。研究所共有4名教授(含所长)、8名副研究员和助教。他们千方百计,东拼西凑,搞到了一些设备,很快开展了教学和研究。敌机空袭的骚扰,通货膨胀的威胁,流行疾病的打击……丝毫没有影响他们研究的决心和热情。

　　在任之恭的领导下,无线电研究所克服重重困难,在国内首次制造出电子管等无线电器件,并开创性地对雷达的使用进行了模拟试验。任之恭教授还亲自撰写了关于"电子学中的感应电流和能量平衡"等方面的一批论文,发表在美国的刊物上。这座战时的研究机构,还培养了一批科学家和工程师,他们在后来都成为各自领域里的学术研究带头人。全国政协副主席、中国科协名誉主席周培源先生在回忆了这段生活以后,感慨地说:"任博士确实是中国现代电子学的一位伟大的先驱和奠基人。"

定居美利坚

第二次世界大战结束后,中国知识界再次掀起"出国潮"。官派和自费双管齐下,政府和民间齐头并进。有识之士认清了一个道理:要使中国免受列强欺侮,必须向发达国家学习强国之道、致富之经。

任之恭便是官派留学的一员。西南联大有4名教授获此殊荣:生物学家张景钺(北大),化学家杨石先(南开),机械工程专家刘仙洲(清华),物理学家任之恭(清华)。他们被认为"战争中贡献最大,表现最好"。

在庆祝抗战8年胜利结束的狂欢之后,任之恭和同事从昆明乘飞机离开中国。马达在轰鸣,任之恭的心潮也在翻腾澎湃。他从窗口望着喜马拉雅山那巍峨的身影,心里默默地说:"再见了,伟大的中国。您的儿女不管走到哪里,都会永远地想着您,爱着您……"

飞机在印度加尔各答着陆。他们转乘美军运输船"帕特里克将军号",再次穿越太平洋,踏上了美利坚合众国的土地。

从1946年至1950年,任之恭在哈佛大学任电子学研究讲师。从1950年开始,他在约翰斯·霍普金斯应用物理实验室工作,先后担任微波物理学组组长和应用物理实验室中心副主席。1977年,他从该室退休。之后被聘为顾问,达10年之久。

在这个阶段,任之恭研究的主要范围和课题是:微波波谱学;电子自旋磁共振;分子转动磁矩塞曼效应;自由磁基共振;微波在生物系统的应用等。他的工作十分出色,他的研究以及所取得的成果,都产生了巨大的影响。美国科学院院士、前美国物理学会主席吴健雄和美国布鲁克海文国家实验室高级研究员袁家骝这样评价他:"从40年代末开始的20多年中,任(之恭)教授在微波波谱领域做出了许多先驱性的贡献。他利用电子自旋共振的方法,研究了由于核磁矩与分子

转动磁矩的耦合而产生的超精细结构。后来,这个方法扩展到用于液氦温度时基块隔离下稳定化的自由基的研究。"

1959年,任之恭被接纳为美国物理学会理事。1962年,当选为台湾"中央研究院"院士。这当然是功有应得,众望所归。

智斗美特工

出于狭隘的种族偏见和所谓的"国家利益",美国联邦调查局、中央情报局和国家安全局一直对华裔科学家持怀疑或敌视态度,千方百计地进行监视、调查、骚扰,甚至罗织罪名横加迫害。任之恭就不止一次遭到这样的"待遇"。在美国特工面前,他大义凛然,坚持正义,一次次挫败了特工的阴谋,表现了中华民族的骨气和"灵魂"。

不怕威胁,参加反战示威。任之恭到约翰斯·霍普金斯大学应用物理实验室后的许多年里,一直是主要专业人员中的唯一华裔。虽然他拥有一个接触保密文件的许可证,但从来没有做过任何保密研究。1965年美国出兵越南后,全国各地纷纷掀起反对越战的示威浪潮。爱好和平的任之恭迅速亮出自己的政治观点:坚决反对侵越战争。平时在许多场合,他公然将著名的"和平纽扣"系在夹克衫翻领上亮相。华盛顿爆发反战示威,他只要有机会就一定参加。1976年10月21日,他携带女儿峻玲、峻瑞,投入10万反战示威者汇成的洪流,到五角大楼与军警对垒,高喊"让士兵回家"等口号。1969年11月15日,美国政府颁布第二次禁止反战令,结果爆发声势更加浩大的示威抗议活动,有25万人参加。任之恭一家不仅为18名示威学生提供了食宿,他还亲自开车带领分乘4辆车的示威者前往华盛顿纪念碑进行抗议、讲演,晚上全体回到任家,妻子陶葆桎为大家准备了可口的饭菜。

实验室的人员同社会上一样,也分化成主战的"鹰派"和主和的"鸽派",平时难免发生争论,任之恭当然是"鹰派"的对立面。于是，任之恭受到警告："你的政治态度对你在应用物理实验室的'政治地位'起了严重的反作用。"任之恭一听不以为然，依然是"我行我素"。他在自己的著作中明确地说："美国在越南打了一场战争，声称这样做对它的国家安全是绝对必要的，我觉得这种说法不能接受。因为越南是一个小国家，在地球上几乎正好在美国的另一端，越南的南北方的冲突，共产主义和非共产主义之间的冲突，似乎不干美国的事。我只能相信美国是在行使帝国主义的霸权，干涉别国的内部事务。美国政府的这些行为，我是极度反感的。"

有一次，一个特工同任之恭"谈话"之后，竟送给任一本恩格斯的著作《论殖民主义》，意在试探任的态度和反应。任之恭泰然自若，不予理睬；特工自讨没趣，灰溜溜地走了。

言正词严，拒绝收集情报。任之恭经常应邀参加一些国际性的科技会议；当这些会议可能有苏联、东欧国家或中国的代表参加时，特工们就找上门来了。他们花言巧语，鼓动任之恭帮助他们收集情报。任之恭斩钉截铁地说："作为一个正直的科学家，我绝对完全拒绝参加任何情报收集活动。"

有一次，任之恭到中国讲学返回美国后，美国国家安全局（NSA）一名特工联系到他，说要安排一次"会面"，向他"询问"一些问题，并说打算将他的谈话内容记录下来，还要求他在记录上签字。任之恭一听，内心感到有些疑惑和不安：NSA的葫芦里到底卖的什么药？于是连忙请教法律顾问，此事如何应付才好。法律顾问建议说："会面时你带上自己的录音机，录下全部问答内容，并且不要在他们的记录上签字。"任之恭依计而行，同特工一见面就说："谈话是可以的，但依照法律我有权对谈话过程录音，我一定要这样做。"特工没想到任之恭会来这一手，一下子显得不知所措，急忙离开房间去给上司打电话。回来时，特工对任之恭说："我的上级不允许对谈

话录音。"任之恭干脆地说:"那么我们就没法谈了。"结果,这次谈话就取消了。

正气凛然,怒斥特工贿赂。中美关系正常化的前几年,美国中央情报局(CIA)等机构一直想通过任之恭的关系,对中国大陆科学家进行收买和策反。其时任之恭已从美国物理学会会员升为理事,并当选为华盛顿科学院院士。而台湾的"中央研究院"早在1962年就将任之恭选为院士,而任之恭也曾应邀到台湾讲学。特工们相信,任之恭经过做"工作"一定会为他们办事。

那是在20世纪60年代后期,任之恭在约翰斯·霍普金斯大学授课。一天,来了个特工跟他套近乎:"你好,尊敬的任教授。听说你准备到日本东京去参加一次国际会议?"任之恭回答:"不错。你的消息很灵通。""你跟中国物理学家×××是好朋友吧?""我们的友谊已经持续多年了。"

特工亮出"底牌":"×××这次也会参加会议,我们想跟他交个朋友。"接着,特工对任之恭勾画了为了达到此目的所要采取的复杂步骤:任之恭抵达东京机场后,要找某个人;而那个人会提前坐在候机室的椅子上等候,手里拿着一份特定的报纸;接近他时,要用"温斯顿"这个名字称呼他;接上头以后,"温斯顿"会给任之恭进一步的指示。……

特工看见任之恭饶有兴味地听他布置,以为已经动心,立即掏出一本支票簿,递给任之恭一张空白支票说:"钱数嘛,你就自己填吧。事成之后还有报酬……"

望着特工那副嘴脸,任之恭胸中立即燃烧起愤怒的火焰。恐惧和震惊互相交织,感到自己的正直清白遭到从未有过的巨大侮辱。他忽地站起来,重重地拍着桌子,厉声地叱责那个特工:"你这个无耻的家伙。想收买我去干那些见不得人的勾当,妄想。你立刻从我的办公室滚出去。"

特工不敢直视任之恭的怒容,什么话也没敢说,收起支票灰溜溜地走了。

类似的"接触"还有几次。尽管特工们的花样不断翻新,但都碰了一鼻子灰。他们意在劝说中国科学家叛逃或以某种方式为美国政府谋利的种种阴谋,终究未能得逞。在谈及如何对付美国特工的纠缠和骚扰时,任之恭曾说:"我坚信对付这些处境的唯一办法,就是彻头彻尾始终如一的光明磊落,直截了当。"

永续华夏缘

任之恭拥有美国国籍,所以他说:"我是一个华裔科学家。"难道身着洋装、持有美国护照,就能与生育他的华夏大地一刀两断了吗?任之恭回答:不能。

定居美国后,任之恭一直关注中国。政局的变化,科技的现状,以及人民生活的情况等等,每一条消息,都会在他心里激起波澜。1949年新中国成立以后,他很想回国投身建设事业,但因种种原因未能实现。他曾多次对朋友表示:"我对回国献身于祖国现代化建设事业的朋友们怀有真挚的敬意。"他在等待为祖国出力的机会,在探索为中美交流做出贡献的各种途径。

组织第一个"美籍中国学者参观团"访华,这是任之恭为推动中美的交流所做出的杰出贡献。

1972年2月,美国总统理查德·尼克松访华,发表了与周恩来总理共同签署的"上海公报",美中关系有了突破性的进展。但两国尚无建交,在美国国内,敌视中国的势力还相当活跃。台湾方面,也有人不乐意看到中美关系正常化而力图加以阻挠。任之恭要组团访华的消息传开了,这个大胆的举措震惊了海外社会,各种"压力"也就随

之而来了。

参观团的一个成员收到了一封自称是他在大陆的童年好友的来信,警告他不要去中国,说:如果你不听劝告,共产党就会大大加害于你。另一个成员也收到类似的来信,是以往与他关系密切的一个中国教授写来的,用真诚、关切和非常严肃的语气警告他:不要到中国去。这些恫吓信件确实在参观团成员及其家属中引起一些惊慌和不安。

任之恭和他的同伴的决心并没有动摇。对于某些人的伎俩,他早已"领教"过了。现在,又有人故伎重演,采取威胁手段,企图迫使他中止访华计划,任之恭当然不吃这一套。他和朋友对那些所谓大陆来信感到蹊跷,于是仔细检查一番,发现有两处破绽:一是"北京邮戳"与平时收到的北京来信有细微不同;二是来信用当时相当先进的IBM打字机打的字,而这个时候,中国大陆的知识分子家庭怎么可能拥有这样的"洋货"呢?诡计揭穿了,他们的中国之行计划也就付诸实施了。1972年6月28日,由任之恭担任团长的"美籍中国学者参观团"一行27人,乘火车自深圳入境,投入阔别几十年的令人魂牵梦绕的祖国母亲的怀抱。

"美籍中国学者参观团"由12名定居在美国的第一流的华人科学家和15名家属组成。它的到来所引起的轰动,从某种意义上说,并不亚于基辛格博士或尼克松总统访华。7月14日晚9时45分至次日凌晨2时15分,周恩来总理在人民大会堂接见了参观团全体并谈话约5小时。任之恭非常荣幸地坐在周总理的身边。周恩来总理对任之恭一行表示热烈的欢迎,并赞赏他们的行动。他说:这一次12位教授和家人进行了勇敢的返乡之行,下次每个人会带12位或更多的开路人回来。他对那些有亲戚在"文革"中受迫害甚至致死的参观团成员表示慰问,他说:你们能够抛开个人的不幸,来到中国目睹解放20多年来发生的革命性变化,这显示了你们的勇敢和宽广的胸怀。

周总理还谈青年,谈苏联。期间,还跟任之恭的小女儿任峻瑞有不少问答谈话,并在众人的欢笑声中热情地与她握手。并夸奖说:"这个姑娘很聪明,有见识。"

这次幸福的会见,给任之恭留下了永远难忘的印象,并深刻地影响着他的一生。

组建美京华人各界联合会,是任之恭为推动中美交流所做出的另一个贡献。

《中美上海联合公报》发表不久,居留在美国的华侨华人欢呼雀跃,纷纷成立各种社团,为促进中美关系而组织政治声援、传播中国信息,兴办文化活动和教育事业。最为突出的组织是全美华人协会,在美国十多个城市成立它的分会。而任之恭则发起并领导了美京华人各界联合会,在活动若干年之后于1984年正式注册登记。任之恭担任第一届主席,副主席是另一位山西籍女科学家张凌女士。在重大节日(国庆、春节等)举行集会庆祝,遇到中国发生水旱地震等自然灾害时则发动捐款赈灾。接待中国高层领导人访问美国,是美京华人各界联合会表示对中国的热爱和支持的重要方式。其中包括:1979年1月底接待军委主席邓小平一行,1984年1月中旬接待国务院总理赵紫阳一行,1985年7月下旬接待中华人民共和国主席李先念一行,等等。作为美京华人社团的领导人之一,任之恭做了大量的工作,付出了辛勤的心血和汗水。

向海外各界人士介绍新中国的真相和成就,这是任之恭为推动中美交流所做出的又一个贡献。

在20世纪70年代,美国社会对中国真实情况几乎一无所知,就是华侨华人对自己的祖国也知之甚少。1972年组团访华之后,任之恭到处讲演,并撰写关于中国的文章,其主题就是"新中国已经站起来

了"。他说：这个国家现在已经相当强大，足以抵抗1840年鸦片战争期间和以后强加在中国的外国帝国主义侵略；而且，新政府能够根除旧社会遗留下来的罪恶，在预防大面积的传染病方面也取得了长足的进展；它取消了地主和商人对穷苦无权无势的人的剥削，它赞颂工人和农民，而且按照它的箴言，每个人都应努力工作，"全心全意为人民服务"。

作为科学家，他还介绍中国科技的进步。他撰写了《中国科技的历史和当代的发展》《中国人对1054年超新星爆发的天文学观察记录及其在近代天文学中的意义》，分别发表在加拿大和香港的刊物上。

从1972年至今，任之恭访华10余次，每一次返美，他都要讲演。朋友们开玩笑说："想知道中国的情况，去问任教授就行了。"任博士结合自己所见所闻和亲身感受，所做的讲演报告和撰写的文章，具有说服力和感染力，粉碎了敌对势力对于中国的歪曲和诬蔑，也澄清了友好人士对中国的误解。

教育下一代要热爱中华，这是任之恭为推动中美交流所做出的永久性的贡献。

任之恭有4个女儿。每个女儿都既有中文名又有英文名。任博士夫妇对女儿自小进行中国传统伦理道德教育，要她们正直诚实，要约束自己，不准她们把学校的铅笔带回家里，不准在办公室里打私人电话……她们没有辜负父母的期望，即使是在美国长大，也没有丢掉中国的传统美德。更令人欣慰的是，她们个个发奋上进，事业有成。大女儿峻明是分子生物学家；二女儿峻玲是生物化学家，1976年获化学博士学位；三女儿峻斐是医学专家；四女儿峻瑞是数学家，1981年获应用数学博士学位。4个女儿都对中国怀有强烈的眷念之情，经常随父母到中国访问、旅行，了解中国的发展情况并亲身感受中国人民改天换地的决心和精神。

任之恭经常对女儿说:"我的'根'在山西,你们的'根'也在山西。山西虽然比较苦,但山西人很有志气,像山一样扎实和顽强。有了这种精神,山西和中国一定能步步走向富强。"

1986年5月,任之恭和夫人携带女儿峻瑞回山西沁源县河边村寻"根"。在父辈出生的土地上,任峻瑞捧起一把土,激动地说:"我终于找到了'根'了。"她像父亲那样,在中国的大学里讲学、交流,把中国建设当作自己的事情尽心尽力。

任之恭夫妇和四个女儿

1988年,任之恭的4个女儿集资1万美元,在山西设立"任之恭数理奖学金",奖励当年高中毕业成绩优秀并考入全国重点大学的理工科学生,至今已有许多学生获得奖励。

为了推动中美交流、促进中国建设,任之恭做的事很多,难以一一列举。他自己总结说:"我在中美之间起'桥梁'的作用。"是的,他是一座牢靠的永不动摇的"桥梁",因为他和他的后代与华夏大地的情缘是连绵不断的。

邓小平同志在一次会见任之恭等华人科学家时说:"我们在十一届三中全会以来,做了不少事情,付出了中华民族的知识和劳动,今天已取得了第一步的成果。这里包含着海外的亲人和朋友提供的知识和劳动,在座的和不在座的,不在座的更多了。今天同你们见面,是对你们的帮助表示感激,同时也希望你们今后提供更多的知识和劳动。"这些话,始终在任之恭耳边回响,在温暖着他,激励着他。

任之恭偕夫人在山西考察

1995年11月19日,任之恭在美国病逝,享年89岁。

1992年4月,任志恭博士在国内曾出版了一部著作《一位华裔物理学家的回忆录》。书中说:"对于将来,我的希望是什么呢?……

我相信文化的根基是足够强壮的，人民的性格是足够坚定的，能够使国家从挫折中恢复过来，并在各方面继续前进，那将使我们骄傲地称她是我们的祖国。"如今，神州大地上所发生的一切可喜变化，中华民族雄赳赳气昂昂的前进脚步声，都在告慰任志恭博士的在天之灵：任先生，你对于将来的希望已经实现了。

> 成果累累的药理学家张耀德

1995年,有一位叫张耀德的美籍山西人、蜚声国际的药理学家在大陆出版了一部中文著作《医药研究五十年》,引起了广泛的关注。在书中,作者不仅忆述自己多年来在药理研究方面(特别是在治疗麻风病的药物的研究方面)的辛勤耕耘和可喜收获,而且满怀深情地叙述童年时在故乡洪洞县生活的情景,大槐树下移民的历史,流传在民间的传说故事……字里行间,浸透着海外赤子对祖籍国和故乡的眷念情思。美籍华裔物理学家任之恭先生在序言中写道:"读了张耀德学长的《医药研究五十年》,深感其研究麻风病的深思策略,工作的伟大成功,钦佩莫名……我要向张耀德祝贺他治疗麻风病的伟大成功,为人类造福。"

"问我故乡在何处?山西洪洞大槐树。"这是流行在神州大地上的两句民谣。明代曾以洪洞古槐树为集散地,有组织地将晋南居民向中原地区迁徙,至今已有五六百年的历史。散布各地的移民后裔,把古槐树当作自己故乡的标志,怀念它,吟诵它,真是:"柳往槐来,到此应生离国感;水源木本,于今犹动故乡思。"张耀德是"正宗"的大槐树苗裔。他在美国已经生活了半个多世纪。这位经常思念祖国故乡的洪洞人，他有哪些动人的故事呢？

根植洪洞

1906年，张耀德（英文名Dr.Y.T.Chang）出生于山西省洪洞县赵村，排行第二。这个村"名不副实"，当时没有一户赵姓人家，而张姓人家却是人口兴旺。他父亲是清末秀才，对农村有感情，原来希望儿子长大后在家务农；后来看见儿子对念书感兴趣，也很聪明，于是就大力支持儿子念书。张耀德兄弟姐妹共4个，人人都得到念书的机会，并在日后都成为有专长有贡献的人，这真应该感谢通达而明理的父亲。

张耀德与家人

11岁那年，张耀德进入洪洞县第一高等小学。他同县长儿子是同学，经常到县衙玩耍。他对县长审官司打犯人的板子很厌恶，但对县

衙的藏书却很好奇有兴趣。

由于离家太远，张耀德感到难以适应，于是在3个月后，转学到离家只有5里地的洪洞县第三高等小学。该校初创，设备简陋，但学生学习十分用功。每天除听教师授课之外，还私下背诵古文。当年对中华传统文化的经典虽不能透彻理解，但日后回想起来却觉得意味深长，颇为有用。

念高小时，张耀德考试老是得第4名。前3名有奖而第4名没有，这使他有点沮丧。后来他得知校长私下对他父亲说："你儿子实际上是考了第1名，我怕他变成骄傲的孩子，所以给他定了个第4名。"哦，原来如此！张耀德从此后把"名位"看得很淡薄，而注重实际，埋头苦干，就是在医学研究获得重大成果之后，也从不炫耀自己。

1920年，15岁的张耀德考上太原第一师范学校。当时阎锡山在山西鼓吹实行军国主义，把学校当兵营，视学生为兵卒，引起学生的厌恶和反抗。在驱逐军国主义分子王学监的学潮中，新生张耀德无辜遭牵连，受记大过处分。1924年，张耀德参加太原学生总会组织的游行示威，抗议省政府发布关于征收全省居民房屋税的命令。学生们蜂拥到督军府，先是伏在地上哭泣不止，继而群情激愤，抛掷石头，捣毁布告牌和栏杆。阎锡山怕事情闹大，终于取消了征收居民房税的命令。学生们忧国忧民的精神，使张耀德深受感动和激励。他认识到：一个人活在世上，总应该为社会为民众做些贡献。

枝发齐鲁

1925年，张耀德考上了齐鲁大学医学院。当时同学中考取省外知名大学的寥寥无几。齐鲁大学是由美国、英国和加拿大3国教会合办的，有文、理、医3个学院，此外还有一个神学院。各科教授均由教会从国外聘请来的。医学院学制（含预科）共7年。根据加拿大国会通过的议案,学生毕业时可获得加拿大学位。张耀德对医学很有兴趣,如鱼得水,全力以赴,结果大小考试总是名列前茅。他还抽时间去打工,弥补学费的不足。由于日本军队进犯济南,企图阻止北伐军北上,齐鲁大学一度被迫停课。但张耀德的学业并没有停止:父亲将他转到太原川至医学专门学校寄读。在齐鲁大学医学院这片良田沃土里,张耀德茁壮成长起来。他在这里所学到的一切,为他日后从事药理研究提供了丰富的知识和无数的灵感。

张耀德在齐鲁大学医学院

花开神州

张耀德本来一心想当医生。看到中国贫困落后,许多国民因缺医少药而被病魔夺去了生命,他感到难过不安,于是立下了"悬壶济世"的志向。但是,有一件意外的事情却使他转轨改行。那是在1934年,张耀德大学毕业,由一位朋友推荐到汉口协和医院当医生(他已了解到该院有空缺),哪知遭到医院的拒绝。原来齐鲁大学医学院在答复汉口协和医院的调查信函时,说他"学习成绩优良",但不安分,是个"闹学潮的领袖"。"领袖"之说当然是天大的冤枉,但谁能给断这个"官司"呢?当医生的梦难圆了,张耀德只好改行,进入国民政府卫生部药物研究所,从事药理研究。没想到这下"歪打正着",此后他在药理研究方面大显身手,取得了举世瞩目的成果。

张耀德进行的国药药理研究,在当时是开创性的。中国的药材极为丰富,但自己的药理学家却奇缺,张耀德可称为国药药理研究的先驱。他通过自己研究,揭开了一些国药为什么能治病的千古之谜。

在卫生部药物研究所初创时期，张耀德和同事们先后研究的国药有：贝母素、万年青、当归油、黄芩、红花、益母草、远志、香附子等。尽管当时研究设备和手段都不先进，但他仍取得了累累硕果。张耀德当时共有25篇论文，发表在中文版和英文版的中华医学杂志上，产生了相当大的反响。

抗日战争爆发后，中央药物研究所几经周折，终于在大后方昆明恢复运作。在当时艰难困苦的环境中，张耀德和同事们开始从事几项与当时形势有关的研究。

一是治疗疟疾药物的研究。国民政府从南京迁到重庆以后，西南后方对于全国至关重要。但当时云、贵一带"瘴气"盛行，非常不利于后方巩固。卫生部派专家前往研究，发现所谓"瘴气"原来是恶性疟疾。但治疗此病的特效药奎宁（金鸡纳树的提取物），来源于印度尼西亚爪哇等地，当时已被日军完全破坏阻断，欧洲所产药物，也因战事危急而难以采购。根本的出路就在于就地寻找有效药物。经研究，云南当地生长的一种名叫"白枪杆"的树木，确有治疗疟疾的功效。1939年夏天，中央药物研究所在昆明滇池附近的南山寺设立门诊，用"白枪杆"治疗了19位疟疾患者，经反复化验，发现用药后症状及血液内疟疾原虫完全消失，于是将"白枪杆"的提取物制剂命名"新灵"，在各地试用，遏制了疟疾的流行。

二是云南白药的研究。抗战时期，云南白药是抗日军民治疗创伤的"神药"。中央药物研究所迁至昆明后，张耀德有特殊机会对这种神秘的药物的成分进行深入的研究。他发现，白药中含有两种剧毒的成分，一种是莨菪，另一种是乌头。中医理论，有"以毒攻毒"之说，但白药如使用不当，也可能发生中毒。张耀德曾在中华医学杂志上发表药理研究结果，提醒国人要妥善使用，注意安全。

在昆明，张耀德还配合国防需要，翻译了英国军部颁发的《毒气伤害治疗》一书，由香港商务印书馆出版。

香飘海外

抗战胜利后，张耀德奉国民政府卫生部的派遣，赴美国深造。

在设于华盛顿的美国国家卫生研究院（NTH）停了半年以后，张耀德到旧金山加州大学医学院的药理系工作。他在设施比较完备的新的环境中，继续对鸦胆子素进行研究（在国内他曾作过此项研究）。鸦胆子是一味中药，是治疗痢疾的特效药，多年来研究人员（包括张耀德在内）不间断地对它的药理、毒性、化学成分等方面进行研究，发表了一些研究成果。在加州大学医学院，张耀德与同行安德逊先生用猴子做实验，研究鸦胆子治疗阿米巴痢疾的效力。以后又用猫、幼犬做实验，均证明鸦胆子的仁及其提取物结晶体，有治疗阿米巴痢疾的功效。8个月之后，张耀德应NTH的药理学主任的邀请，回NTH继续作研究工作，这是1948年秋季的事。从此，他就在华盛顿安居下来。

1951年，张耀德同福建人李宗英小姐结为伉俪。李宗英开朗直爽，擅长英语，有兄、弟各一人，均在美国大学当教授。她专攻图书管理，在美国国立医学图书馆工作多年。不仅在事业上是张耀德的得力助手，而且尽力操持家务，是张生活上的最佳伴侣。张耀德说："遇见李宗英，真是三生有幸。"

1961年，张耀德加入美国国籍。1962年，他成为NTH的正式研究人员。在研究了一段结核病以后，张耀德开始研究麻风病。麻风病危害人类年代非常久远。古代的埃及、印度及中国，均发现有关麻风病的可靠的史料记载。在中国古代，麻风病被称为"疠病"，染上这种疾病的人，毛发脱落，鼻梁塌陷，肌体溃烂，痛苦难以名状。1976年，在湖南马王堆出土的古墓文物中，发现有记载"疠病"症状的竹简，证明在中国汉代就有麻风病的流行。西方《圣经》里也有麻风病

的记载,并被认为是上帝对罪人最严厉的处罚。

由于麻风病症状的恐怖和治疗麻风病药物和手段的匮乏,人们对麻风病普遍存在恐惧心理,甚至达到"谈风色变"的地步。第一个揭开麻风病之谜的人是挪威人汉生医生。他当上医生以后一直对麻风病进行深入研究,最后他宣告:麻风病并非遗传性疾病,而是传染性的疾病。而后,德国学者耐赛尔在汉生研究的基础上进一步探讨,证实麻风病菌为一种抗酸性菌,与结核菌属同一类型。明确了谁是敌人,也就明确了斗争的矛头应该向谁。寻找克敌制胜的"法宝"——能够杀死麻风病菌的药物,这是众多科学家和医务工作者的共同愿望。一支向麻风病开战的大军组织起来了。张耀德便是其中勇敢的一员。

从1950年至1963年,张耀德在美国麻风病基金会(即伍德基金会,英文简写为LWM)担任药理学副教授,并在美国NTH做客座研究员。他的主要精力就放在寻找杀死麻风病菌的药物上。张耀德在动物(鼠)身上做试验。从1950年开始,经过两千多个日日夜夜,不知挥洒了多少心血和汗水,终于在1958年得到一种对鼠麻风病有特效的新药——B663,又名氯苯吩嗪。病鼠给药之后,经过3周、3个月、8个月,体内一切器官均恢复正常,经解剖发现只有少许病菌存在,但不会发病。试验还证明,在给药达到816天时,病鼠体内仍没有抗药性出现。可见,B663确实是治疗鼠麻风病的特效药。随后,专家们在麻风病人身上做临床试验,证明该药对于人类的麻风病,同样有特效,不仅可以杀死敏感病菌、防止抗药现象的发生,而且可以抑制永生菌的生长。

正当张耀德和同事们在庆祝自己的成功时,在非洲G.S.布朗医师于1962年发表一项试验报告,说B663虽有治疗麻风病的功效,但病菌会产生抗药作用。供应此药的瑞士盖吉药厂也听从布朗医师的建议,认为再没有做临床试验的必要,坚决停止供应B663。1966年该厂干脆宣布停止B663的制造。这对张耀德的研究来说，无疑是一个障碍和打击。张耀德没有气馁和退缩，他从各个方面进行努力。他商请伍德基金会在菲律宾的麻风病研究所所长C·瑞赤博士专程赴瑞士向盖吉药厂询问究竟，鼓励该厂继续为麻风病研究者供应B663。他还写信给盖吉药厂的细菌学主任W.费歇尔主任，请他劝说盖吉药厂切勿放弃B663的制造。同时，他加紧研究，再一次拿出成果，证明B663不仅能够保持病菌不发生抗药作用，而且能够抑制永生菌在体内的繁殖，维护自己的正确结论，并澄清了所谓"抗药作用"的误解。各国麻风病专家也纷纷向盖吉药厂索取B663，以便做更多的临床试验。在这种形势下，盖吉药厂终于恢复了B663的制造和供应。"山重水复疑无路，柳暗花明又一村"，张耀德的研究在经历了曲折之后，又进入了新的境地。

1968年，第9届国际麻风病会议在伦敦召开。22个国家的麻风病专家提供了700多个病例，再次证明了B663的特殊疗效，确认了张耀德的研究成果。1982年，世界卫生组织公布了麻风病多药疗法，将B663列入治疗麻风病的多药疗法中

张耀德做学术报告

重要的一种。世界麻风病协会会长W.迈斯感慨地说："犹如一块石头，多次被人抛弃，一旦时来运转，竟成为一块巨厦之奠基石，欣喜何似！"

张耀德还是研究巨噬细胞的杰出先行者。鼠及人类的麻风菌，在身体以外不能生长；而在体内，只能生长于巨噬细胞内。张耀德经过千辛万苦，研究终于获得成功，使巨噬细胞可以随人意进行繁殖（在

以前均认为此细胞不能在体外生长），而且可以使它在实验室内作无限制的生长。1964年，张耀德公布了巨噬细胞的培养法。从此后，有关巨噬细胞的研究论文，犹如雨后春笋。

统计资料表明，世界医学卫生界向麻风病开战的大军，多年来的战果是十分辉煌的：1982年，世界各国的麻风病患者总数为537万人。至1991年，已减少到320万人，有141万名患者已完全被治愈。在长期而艰苦的斗争中，张耀德立下了汗马功劳。

名载史册

在50年的研究生涯中，张耀德的开创性研究和发明，主要体现在下列几个方面：

他经艰苦研究筛选出的B663（氯苯吩嗪），有治疗麻风病的特效，雄辩地证明麻风病完全可以治愈；

巨噬细胞的长期培养获得成功；成功地进行了鼠麻风病菌在巨噬细胞内繁殖的研究；

通过研究证明鸦胆子有治疗猴子阿米巴痢疾的特效；

通过研究证明贝母素有抑制副交感神经末梢的作用；

通过研究得知云南白药内的红色保险子，其主要成分为莨菪，有剧毒等等。

50年来，张耀德共发表英文论文100多篇，中文论文25篇。他的事迹被列入《国际WHO'S WHO名人录》和《美国男女科学家名人录》。他曾担任世界卫生组织麻风病顾问、比利时大学医学院客座教授，并曾得到比利时国王的接见。

1986年，张耀德退休以后，仍被美国国立卫生研究院聘为退休科学家，为他保留一间实验室，可以继续进行科学研究。他是获此殊荣的第一位华裔科学家。

1997年6月3日,张耀德因突发心脏病抢救无效,在美国贝塞斯达市郊区医院不幸去世,享年91岁。美国《世界日报》《美华商报》《华盛顿邮报》等新闻媒体均作了报道。

张耀德一直关心中国建设和医药事业的发展,生前曾慷慨解囊,帮助赴美访问和留学的中国学者,并向家乡学校捐赠教学用具。根据张耀德的遗愿,他生前研究麻风病的录像带及有关资料,均由家属捐献给山西医科大学;遗孀李宗英女士还出资在山西设立"张耀德教育基金",用于发展家乡教育事业。

2013年,中国华侨历史博物馆派员到山西征集华侨华人历史文物,张耀德赐赠给一位侨务干部的《医药研究五十年》,被中国华侨历史博物馆收藏。中国侨联主席林军签名颁发了收藏证书。

＞ 心系华夏的试管婴儿之父张民觉

沉思中的张民觉

世界闻名的生殖生理学家、美籍华人张民觉,是山西省岚县人,1908年10月10日生于岚县敦厚乡(今王狮乡)艾蒿沟村。尽管张民觉不承认自己从小聪明过人,但岚县的父老乡亲还是认为他从小勤钻研肯动脑筋,至今还流传一个故事:说他小时候在野外逮到青蛙,就带回家用小刀进行解剖,了解它的体内结构。

1933年,张民觉毕业于清华大学本科,留校担任助教。1938年9月,他通过中英庚子赔款留学考试,赴英国留学。1941年冬,获剑桥大学博士学位。1945年春,应美国麻省伍斯特实验生物学研究基金会邀请,离英赴美,担任研究员,从事哺乳类卵子体外受精的实验研究。1990年4月,当选为美国科学院院士。在半个多世纪的研究生涯中,他在世界权威刊物和国际研讨会上发表了350多篇科学论文,荣获许多高级别奖项,3次荣获诺贝尔奖提名。

张民觉(中)与清华校友裴丽生(右)等合影

由于张民觉以及他领导的科研小组在哺乳动物进行体外受精方面

的开创性实践和成功经验,使日后实现人的体外受精和试管婴儿问世,奠定了良好基础。1978年7月25日,世界上首例试管婴儿——女婴刘易斯·布朗在英国曼彻斯特一家医院诞生。新闻界在报道此项重大消息时,还以醒目的标题称她是"张民觉的女儿"。完成世界首例试管婴儿实验的英国医生斯蒂伯托和爱德华,在回忆完成这一医学史上奇迹的过程时,数次提到张民觉的名字。张民觉从此有了"试管婴儿之父"的美誉。

张民觉在数十年的研究生涯中,直接承担、参与和指导了多项重要研究,取得了具有广阔应用前景的重大成果。例如在20世纪50年代,张民觉通过大量而巧妙的实验证实:大多数哺乳类动物的受精过程,实际上是精子在输卵管里等候卵子,而不是人们想象的卵子等候精子;精子在雌性生殖道里是经过了一定的生理变化,才能与卵子结合受精。这就是"精子获能"现象。同年澳大利亚学者奥斯汀博士,也在兔子和老鼠的实验中发现相同的现象。国际生理学界将他们俩的研究成果命名为"张-奥斯汀原理"。这一现象的发现,不仅有助于解开精卵受精之谜,而且对实现精子体外获能和试管授精有明显指导意义。

又如1961年美国正式批准厂商以Enovid商品名上市首批口服避孕药(5年后引入中国推广使用),就是张民觉和美国科学家品克斯在二战结束之后在世界人口剧增的形势下合作研究、发明的。几十年来,数以亿计的妇女服用过这类口服避孕药。即使是当今市面销售的口服避孕新药,也大都是在当年开发的药物基础上不断改进所取得的结果。张民觉因此获得"口服避孕药之父"的称誉。但是,淡泊名利的张民觉没有申请过一项专利,而是广施爱心,完全无条件地将自己的科研成果奉献给全社会,造福于全人类。

作为一个科学家,张民觉忠于科学,淡泊名利,深受科技界钦佩。而作为炎黄子孙的一员，张民觉心系华夏，故国情深，更是令无数同胞敬仰。

抗战爆发曾萌生从军念头

抗战爆发以后，在清华大学担任助教的张民觉随校迁往长沙、昆明。看到敌军践踏中华国土、同胞惨遭奸淫烧杀，血气方刚的张民觉曾产生弃教从军的念头。他的导师孙国华先生劝阻这个1933年就已经在美国《解剖学记录》杂志发表有影响论文的助手："任何人都可以成为士兵，但不是任何人都能做研究，希望你安下心来。"

张民觉放弃从戎的念头，转而支持胞弟张民权参加子弟兵抗日行列。张民权自太原平民中学肄业，后报名参加八路军，在120师358旅7团担任测绘参谋、指导员等职。可惜在1939年10月下旬突患急病去世，遗体在家乡安葬，部队专门为他召开了追悼会。

张民觉出国留学前夕，曾回一趟岚县。有一天，同结发妻子李民淑一同上街购物。李民淑看准了一块质优价廉的布料有心购买，一问才知道是日本生产。张民觉当场义愤填膺地说："我宁可赤身裸体，也决不买日货！"

张民觉的仇日情绪也曾经带进家庭关系中来。定居美国以后，儿子张板桥娶了个媳妇叫金·李瑟丽，有一半日本血统。张民觉开始并不同意这门亲事，但又不能干预，心情很不痛快。儿媳进门5年多，张民觉对她一直很冷淡。直到长孙张承先（乳名考考）诞生，张民觉对儿媳才热情起来。他对儿媳说："我以前对你不好，因为你有日本血统。"金·李瑟丽回答说："我心里清楚。"从此后，彼此之间消除了成见，关系友好起来。

经常自责:"未能回国出力,该打屁股!"

张民觉到美国担任麻省伍斯特实验生物学研究所研究员以后,原计划只做一年研究就要回国。但由于研究的深入不可中断,加上同行科学家的挽留,而未能成

张民觉(右)与中科院院士张香桐合影

行。1956年挚友张香桐离美回国,他也表示:"我也真想回去,我的根在中国。"张民觉因为自己学成后未能回国服务,一直抱有负罪感。经常在各种场合公开自责:"几十年来,流落海外,未能回国出力,该打屁股!该打屁股!"

1972年,张民觉参加任之恭为团长、林家翘为副团长的"美籍中国学者参观团"来华访问,亲自向周恩来总理提出回国工作的请求。周总理语重心长地劝解他:"你是搞科学研究的,在美国环境、条件挺合适的嘛。你有心帮助中国搞四化建设,渠道和方式有很多很多。"

1988年,张民觉的长女张燕林经过自己的联系,赴美国夏威夷大学解剖系做访问学者,在著名生殖生理学家、美国科学院院士Dr.Yanagimachi的实验室做生殖生理研究。张民觉唯恐她滞留美国,催促她说:"时间到了你就赶快回国,报效祖国。"就这样,张燕林按时回到国内。可见,张民觉是把对中华的"大爱",置于对家人的"小爱"之上的。

同周总理探讨人口生育问题

1972年7月14日,周恩来总理在北京人民大会堂会见"美籍中国学者参观团"全体成员。其间,周总理向张民觉询问他所发明避孕药的效用和新近的发展,张民觉回答说:"这种药非常有效。我和我的同事正在做进一步改进,使它更加完善。"周总理听了很满意。他将话题引申到国家的计划生育问题,说:"毛主席指示我们,要把计划生育作为国家的头等大事来抓,我们将坚持这一基本国策。预计到了2000年,即使实行了计划生育,中国人口也将达到10亿以上。这样的人口增长,当然要加剧食品、住房、教育、医疗等方面的问题。也许会超出了国家处理这些问题的能力。"周总理还和张民觉、任之恭谈起山西的一些民间习俗。他说:"你们都是山西人。山西有个传统旧习对妇女是不近人情的,也是残忍的,就是妇女在生了孩子以后一个月之内,只能喝小米汤。尽管小米的营养挺高,但对产妇来说太不够了!这种旧习,应该彻底改掉它!"

张民觉和任之恭连声称是,对周总理说:"您说出了我们的心里话,那种不合理的旧习一定要坚决取消!"

曾被美国特工怀疑为共产党

张民觉是1938年离开中国负笈异邦的。对于旧中国官场的腐败、社会的动荡和民众的贫穷,是有深刻体会的。他盼望变革现实,期待一个新的政权出现。1949年10月1日,中华人民共和国宣布成立。张民觉由衷高兴,在许多场合表露自己的欣喜之情和欢迎新政权的政治倾向。

20世纪50年代,在美国正是"麦卡锡主义"横行的年代,当局大肆迫害共产党人及所谓"亲共分子"。张民觉的表现自然引起联邦调

查局的注意。他们怀疑张是共产党人,但又找不到证据;再说张在美国是鼎鼎有名大科学家,他们有所顾忌,不敢以莫须有罪名加以逮捕。于是,特工人员频频"光顾"张家,找张民觉"谈话",企图找到"通共证据"。

当时,在美国的另一个山西籍科学家任之恭博士也有类似的遭遇。任之恭采取的是"热"的办法,把特工人员叱责一顿,甚至勒令那些人"滚出我的办公室!"而张民觉则采取"冷"的办法,不管那些人说什么,都不予理睬。他泰然自若,旁若无人,独自斟酒举杯,或泡一杯咖啡,慢慢地品尝。有一次,特工人员临走时"无意"地遗留下一个公文包,停了一会又回来取走。张民觉当然不会随意去翻动它,他嘲弄那个家伙说:"你这样漫不经心,当心你的上司处罚你!"事后,张民觉曾对朋友说:"他们怀疑我是共产党,可惜我不是。要是我还留在中国,可能会申请参加共产党。"

通过多种方式报效中华

张民觉身在异邦,心系中华。居住在美国旧金山的长子张板桥说:"在我们小的时候,父亲经常对我们讲中国的事情。在我们长大独立之后,父亲还经常把报刊上有关中国的文章剪下来寄给我和我的妹妹。"有些报纸刊登了重要文章,张民觉阅读后还加以珍藏。在张民觉珍藏的图书资料中,人们还发现了两份《人民日报》。一份是1982年9月9日的《人民日报》,头版刊登中国共产党第十二次全国代表大会1982年9月6日通过的《中国共产党章程》;另一份1982年12月4日的《人民日报》,头版刊登中华人民共和国第五次全国代表大会第五次会议通过的《中华人民共和国宪法》。显然,只有时刻关心神州大地的变化的海外游子,才会搜集和保存这样的资料。

张民觉通过多种方式报效中华,还做了许许多多的实事。

首先，自1938年考取英庚款公费留学出国后，他数次访问中国，或讲学或作学术交流，把自己的研究经验和生殖生理学的最新发展动向介绍给国内学者，推动中国科技进步发展。他第一次回国在1972年的6月，应周恩来总理邀请，参加"美籍中国学者参观团"访华。第二次回国在1975年9月，受中国科学院北京动物研究所邀请回国讲学。第三次回国在1978年9月，受中国科学院上海生理研究所、上海药物研究所、上海实验生物研究所联合邀请，在上海讲学并做示范实验。第四次回国是在1980年9月，北京开国际生育与调节会议，张民觉受WHO（世界卫生组织）之邀，以WHO官员的身份在大会上作专题报告。按当时的规定：应邀者每次入境后，国内只负担食宿费用，报告、实验是不付酬劳的。而境外的旅费、生活费需应邀者自己负担。张民觉为此贴进去不少钱，但对此毫无异议，觉得能为国家尽一点力量是应该的。

其次，张民觉想方设法邀请大陆学者到他的实验室工作、做研究，或介绍到其他科研机构去工作、做研究，帮助中国培养科技人才。例如他第四次回国，还特意聘请药物研究所的助理研究员顾芝萍到他实验室工作。他说："日本人、英国人、美国人、印度人、中国的台湾人和香港人，都在我的实验室工作、学习过，唯独没有大陆学者去。我一定要完成最后的夙愿。"这是他在1982年退休前、在研究经费相当拮据的情况下，聘请顾芝萍到他实验室工作的。

在张民觉的悉心指导下，顾芝萍刻苦努力，科研水平提高很快，回国后勇挑重担，发挥了科技带头人的骨干作用。为中国科学院上海药物研究所研究员，博士生导师。并兼任南南生殖健康协作组织国际常务委员会委员（1987年至今，系该组织的创办人之一），国际计划生育委员会科学和技术专家委员会委员，卫生部新药审评委员会委员，卫生部进口药品审评委员会委员，新药研究国家重点实验室和计

划生育生殖生物学国家重点实验室等学术委员会委员。

再次，张民觉多次捐款给清华大学、山西大学，资助故乡岚县设立"张民觉奖学金"、创办"张民觉小学"；给山西雁北地震灾区和山西三晋文化研究会捐款等等。他虽是美国鼎鼎有名的科学家，但薪酬并不高，虽多次获奖，但精神和荣誉奖励多于物质奖励，加之发明创造没有申请专利，所以经济收入有限。他在20世纪70年代购买的一辆沃尔沃轿车，一直开了近20年，都舍不得更换。朋友劝他买一辆新车，他说："不用，不用，这就挺好的。"但他对于祖国抗灾筹赈和家乡兴办教育却表现得十分慷慨大方。美国的亲属一开始对他的捐献行为既不知情也不理解。儿子张板桥在《父亲留给我们的财富》一文中这样说："过去，父亲对家乡予以多次热情的帮助，我们都不甚清楚。在美国，父亲的积蓄都到哪里去了？给我们的为什么会越来越少？我们感到非常疑惑。当我们长大成人，了解到中国当时的政治背景和经济状况，才理解了父亲寄钱给家乡是多么的重要！我们还了解到，他的部分寄款是用于资助家乡岚县教育事业和创办艾蒿沟小学时，我们才真

张民觉（右）在获奖仪式上

正感悟到：父亲的举动是那样的雪中送炭，那样的难能可贵，那样的让人钦佩！父亲是想让家乡的人民和美国人民一样受到同等的教育，过上同等富裕的生活。父亲还要我们以他为榜样，日后更多地热爱祖国，关怀亲友。"

最后，张民觉把自己珍藏的图书和期刊资料，捐赠给上海计划生育研究所和山西计划生育研究所。张民觉捐赠给国内的图书资料，是

分3批从美国发回的。第一批是在1981年由张民觉亲自发回的，共有20包，因为当时赠予的单位没有接受，暂时寄放在长女张燕林家中。第二批是在他去世的前一年发回的。81岁的他请人帮忙，亲自参与打包，填写包裹单，用航空邮件寄回上海，捐赠给上海计划生育所。上海计划生育所还举行了隆重的捐书仪式，给他的长女张燕林颁发了捐书证。第三批是在张民觉去世以后由美国亲属发回的，共有19包（美国书商估价6.5万美元）。于1994年连同第一批20包，一起捐赠给山西省计划生育研究所。时任领导十分重视这些珍贵的图书资料，专门筹措经费购置服务器、电脑等设备，指定专人进行整理分类、扫描输入、编辑排版，然后在网上发布，供广大科技界人士查阅，发挥了应有的作用。

言传身教，子女对华友好

张民觉有两段婚姻。原配夫人李民淑是岚县人，于1922年与张民觉结婚，1937年在北京生育一个女儿（即长女张燕林）。张民觉出国留学以后长期居留海外，李民淑母女留在国内生活。张燕林大学毕业以后继承父业，从事生殖生理研究，颇有成就，退休前为上海计划生育研究所副研究员。李民淑终生未再改嫁，与女儿相依为命，于2010年在太原辞世，享年102岁。

二战结束以后，美国因支持蒋介石发动内战而与中共交恶，身居美国的张民觉无法与大陆联系，遂于1947年结束独身生活，与美籍华人陈川宇（伊莎白）结婚。婚后二人生育一子二女。儿子张板桥，生于1948年，博士，律师，现任加州沃尔特约翰逊斯加森基金会总裁。女儿张乐地，生于1956年，大学古生物学教师，夫婿为美国人。女儿张品梅，生于1959年，加利福尼亚大学硕士，建筑工程师。

张民觉子女受家庭熏陶特别是父亲影响，均对中国友好。特别是

儿子张板桥，对家乡感情深厚，曾两次访问山西。第一次在1994年7月，偕夫人金·李瑟丽（美籍韩日混血），护送先父骨灰回山西岚县安葬，受到刘泽民副省长的接见。第二次在2004年10月，来山西参加"张民觉魂归故里十周年纪念大会"和"纪念张民觉先生暨生殖医学进展研讨会"。受到山西人大常委会原副主任李玉明的接见。

在岚县，张板桥捐款给张民觉奖学基金会，并发表热情洋溢的讲话，说："父亲交往的人，大多是专家学者，而不是大款富豪。父亲的科研成果造福全人类。父亲留给家庭的最大礼物，是巨大的精神财富，包括对知识和教育重要性的深刻认识，对未知世界孜孜不倦的探索精神，对一切工作严肃认真一丝不苟的敬业态度，对他人长处善于学习从而获得启迪的宽阔心胸，等等。这就是父亲留给我们的宝贵遗产。……我们希望，岚县的教育和本地的好食品——醋和面条，将培育出更多像张民觉这样的人才，他们可能是男孩，也可能是女孩。"

旅美华侨左埏的赤子情

左埏（中）与家人

1979年夏天，美国旧金山侨界增添了一位来自中国大陆的山西乡亲。他叫左埏，是繁峙县城关镇人。这时，他已经是71岁的古稀老人了。

20世纪70年代末，美国有80余万华侨、华人，约20万人居住在旧金山，其中许多人来自台湾、香港。"文化大革命"结束以后，有些大陆同胞也陆陆续续赴美国定居。在蒋阎政权机构里做过事的人，许多都知道左埏的名字。国民党政府迁台之前，左埏曾任少将参事、绥晋两署合作联社总经理，曾为阎锡山管过后勤。新中国成立后被捕，被判处10年徒刑，刑满释放在陕西华县就业。1976年获特赦，被选为陕西省政协委员。1979年，左埏获准赴美定居，其夫人杨爱莲女士于当年冬天自台湾赴美，夫妻分别30余年终于得以团聚。这是党的十一届三中全会给左埏

的生活带来的变化。

当时,从大陆赴美定居的人员中,有些人因为在国内受过挫折或打击,心存怨气,在一些场合公开抨击共产党。但坐过共产党监狱的左埏却没有那样做。到美国以后,不管是在公开场合还是在私下场合,他从未说过共产党一个"不"字;相反,他还经常称颂"共产党英明""有能力领导中国这样一个大国走向繁荣富强"。有些人议论说:"左埏这老头让共产党洗了脑子了。"左埏表现得十分坦然,说:"我不过是明白了一些事理,看清了历史发展的潮流罢了。"

左埏的确是个与时俱进、追求进步的开明人士。他并没有因为自己过去在旧社会的经历而谨小慎微,也没有因为自己年迈力衰而自我封闭。他对局势的关注、观察与思考始终没有停止,他的爱国思乡之情始终没有减少。他特别注意了解美国的对华政策、中国的四化建设及和平统一进程。他一旦发现美国当局的政策有损中美关系和中美两国人民的利益时,便会毫不犹豫地站出来,通过写文章等形式发表感想,进行批评。1982年2月28日,他在《一只看不见的隐手》一文中,批评美国里根政府向台湾出售先进武器,使中美两国关系一度变得紧张起来;他还呼吁"祖国的政府和人民更应加强斗志与信心,继续为主权的独立战斗到彻底胜利"。同年3月20日,他又在《美国现行政策的透视》一文中,批评美国的政治是党派的政治、富人的政治,"看不见也不愿看见,25万游行者所代表的3000万贫民的生活",说政府的做法"使多数人陷入绝境,少数帝国主义者、大财阀独受其惠"……左埏的勇敢和直率,令人赞赏!而他思想之敏锐,感情之充沛,也不像是古稀老人,同样令人佩服!

作为从旧政权营垒中走出来的人,左埏对于民族分裂更能感受到心灵的伤痛!他愿意为祖国的和平统一大业做任何事情,他这样想,也这样做。繁峙县政府和群众也惦记着这位旅外乡亲,时常给他写信、捎话，报告家乡的建设成就和人民生活改善的情况，去台人员和亲属也向他表达了渴望联系的迫切愿望。对于这些越洋信息，左埏既高兴又焦急：高兴的是家乡各项建设蒸蒸日上，人民大众逐渐摆脱了贫困走上了致富之路；焦急的是海峡两岸人民长期不能自由来往，许多家庭还经受着骨肉分离痛苦的煎熬。"我就当一座'桥梁'吧！"左埏下定决心，为两岸的沟通竭尽全力。1985年底，他给繁峙县有关部门写信，索要30名去台人员的名单及相关资料；然后，通过自己在台湾的亲朋故旧，一一进行查找、联系。功夫不负有心人，终于有21名去台人员同家乡亲人沟通了信息，建立了联系，其中有11名是由左埏直接给办理的。据繁峙县政协报告，至1986年2月，左埏先后为全省100多名去台人员牵线搭桥，使之与家乡亲人建立了通信联系。繁峙县横涧村李靖，原任国民党军统驻太原站少将站长，迁台后几十年杳无音信，在左埏的帮助下，几经周折，李靖终于在1985年与家乡的妹妹通了书信。梁化之的儿子梁安仁，定襄县师家湾人，是美国纽约晋美公司总经理，经常来往于美、台之间从事商贸活动，同台湾上层某些人物也有一定关系。左埏与他有交情，在会面时经常向他介绍大陆和家乡情况及共产党的政策。梁安仁受了影响，不仅产生了到大陆观光探亲的念头，还热心地与一些在台湾的乡亲联系，筹建旅台同乡会，以便联系更多乡亲共谋福祉。为了当好"桥梁"，左埏不辞辛劳，不计得失，耗费了大量心力、财力。许多骨肉相聚的乡亲对他表示感谢，他回答说："不必！不必！这是我应该做的，也是我高兴做的。有朝一日祖国统一了，那才高兴呢！"

左埏的夫人叫杨爱莲，是五台县人，据家谱记载系杨家将后裔。他们膝下有5男3女。长子左中奇、次子左中秀、四子左中强、五子左中虎和长女左菊红、三女左菊华均定居美国（后左中虎回国居住在北京），三子左中杰定居大陆，次女左菊英定居台湾。子女8个定居在

两国三地,见面团聚虽然难一些,但均有自己的事业,能够施展自己的专长和才干,生活过得也不错。

对于子女,左埏觉得没有什么牵肠挂肚的事情;但对于家乡的莘莘学子,他却有许多事情放心不下。家乡有两所中学,一所是繁峙中

左埏夫妇与晚辈

学,一所是砂河中学,都属重点学校,教师都不错,学生也努力,但办学条件和教学设施还是欠缺,影响教育质量的提高,这些真正令远在美国的左埏牵肠挂肚!

左埏深知发展教育的重大意义。为了家乡和国家的未来,他不顾年事已高,主动为自己"加压"。省吃俭用,四处筹措,寄钱资助家乡发展教育。1985年,他寄回人民币700元,作为繁峙、砂河两所重点高中高考前5名的奖金;1986年,他又继续寄钱,将此项奖金的数额提高到1000元。他在美国的女婿王建寅先生在回国探亲期间,亲自参加繁峙县有关部门召开的左埏奖学金颁奖大会。返回美国后,向左埏汇报了返乡的见闻和感受,特别提到捐资办学在当地引起的巨大

影响。左埏听了很感欣慰，心情十分激动，当即决定再捐资10000美元。其中5000美元存入银行，作为永久性的奖学基金；另外5000美元用于修建繁峙中学理化实验室。他给家乡的信中这样说道："为共产党的政策开明，家乡的变化巨大，教育事业迅速发展而高兴！""愿为家乡发展教育竭尽绵薄，以期为国家多多造就栋梁之材。"《山西政协报》在报道左埏捐资助学的义举时，用了这样一个标题："一片乡情关不住 解囊兴学育后人"。

报刊上曾报道说左埏"在美国有一定经济实力和政治影响"。说他有一定政治影响符合事实，说他有一定经济实力却不准确。他离陕赴美定居时，已年逾古稀，再没有工作，夫妇俩只靠每月500美元的养老金生活，日子过得并不宽裕。家乡人开始根本不知道：他捐献给家乡办学的每一笔汇款，竟是靠省吃俭用和捡废品一分一角地积蓄起来的！

左埏的侄子左中英在太原重机厂工作，1986年访美，曾到旧金山看望伯父左埏，亲眼看到他的生活状况。左中英讲述："左埏是我的伯父。父辈弟兄三个，左埏排行老大，我父亲叫左墀，排行老二，还有个老三，叫左垲，在北京中科院工作，是搞研究的。我父亲去世得早，我与伯父见面机会很少。1986年4月，我因公访美，经过旧金山看望了伯父。伯父伯母住的是一室一厅的公寓，约50平方米，离市区比较远。伯父的二儿子、我的堂弟左中秀也住在旧金山，平时经常过来照顾老人。我们相聚，在一起吃了两顿饭，第一顿由堂弟掏钱，第二顿由伯父掏钱。大家都很高兴，交谈得很热烈。伯父很关心国内的情况，我尽自己所知一一告诉了他，他听了心情非常舒畅。在伯父那里，我发现了一个'秘密'：他一直在捡废品！他寄给家乡的10000美元，就是靠捡易拉罐一点一点积攒起来的。为了存放捡回来的废品，中秀专门为他买了一辆旧汽车，因为在公寓区里面私人不允许随

便添置垃圾桶。捡回来的易拉罐就堆放在汽车车厢里,捡满了一汽车,中秀就会过来帮他送到废品收购公司去出售,得了钱交给父亲积蓄起来。我到伯父家的时候,看到伯父捡的易拉罐已经满满装了一汽车了。正准备拉去卖,汽车却发动不起来,一个热心的邻居立即过来帮忙……

"1989年,我因公第二次赴美,到旧金山只见到住进了养老院的伯母。她因病瘫痪坐着轮椅,但意识还清楚,能叫出我的乳名。而伯父已经在1988年10月去世了。1994年,我第三次出访,到旧金山只见到堂弟左中秀,伯母也不在人世了。……"

左埏在世时,对家乡经济发展也十分关心。繁峙县黄金的储量十分可观,仅义兴寨一处储量就达5~6吨,可开采20年之久。1987年全县黄金产量达2994两,居山西省首位。左埏希望家乡的宝贵资源能够得到科学有序的开发,让乡亲们尽早富裕起来。当家乡政府把开发矿藏资源的情况告诉左埏以后,左埏立即给在内蒙古赤峰市任黄金公司总工程师的三子左中杰去信,让他为家乡的矿藏资源开发尽力。1986年8月中旬,左中杰总工程师受其父亲委托,专程回到繁峙,艰苦跋涉,仔细考察了义兴寨、耿庄、马家岔、唐家峪、麻峪沟等6座金矿,对各矿的贮量和类型作了测量分析,最后提出了5条合理化建议。此外,左埏还通过其在台湾的亲属,买到一套台北出版的《山西通志》,寄回大陆捐赠给山西省图书馆。为了家乡的发展,左埏可说是痴心不改、鞠躬尽瘁。

左埏因病于1988年10月1日在美国旧金山去世,享年80岁。按照他生前的嘱咐,他们夫妻俩的骨灰于1991年由四子左中强、长女左菊红护送回老家繁峙县安葬。在海外飘泊了近10年的老人,终于实现了落叶归根的愿望。

> 心系神州的联合国牧师荆磐石

荆磐石在樱花树下

他是一位虔诚的基督教徒,自称是"上帝遣使的仆从",数十年如一日地投身于和平与宗教事业。他的理想——靠主的福音让一切不幸的人都摆脱苦难。为此,他孜孜不倦地传道、游说,而再三宣称:"我没有什么,我不奢望什么!"

他又是一位颇有造诣的法学家，精通法律，追求法治。把目光投向复杂的人间，希望世界变成井然有序的、人人能够安居乐业的大家庭，并大声地宣言："世界是不能容忍无法无天的！"

他是一位忠于美国的归化公民，同美国各界人士，从政府官员到平民百姓友好相处，为美国的繁荣进步做出了自己应有的贡献。

他又是一位热爱故土的龙的传人，持有美国护照和身着洋装并没有使他失掉了中国心，脚踏美利坚合众国的土地却不曾脱离博大精深的中华文化的根基。

对主的虔诚和对人的尊重，对天国的向往和对红尘的关注，对所在国的忠诚和对祖籍国的热爱，对理想的追求和对现实的重视，这一切都在他身上得到和谐的统一。

他，就是名扬中外的美籍山西人荆磐石，曾任国际基督教议会议长、美国归化公民总会会长、中美文化商务促进会会长、国际文化与科学大学校长、联合国牧师。

（一）

1910年12月29日，荆磐石出生于山西省猗氏县（今临猗县）城关东街。他的父亲是律师和报刊出版商，母亲是家庭妇女。由于父母都很忙碌，荆磐石从小得到身有残疾的老祖母的更多关照和爱抚。在家乡念完小学以后，在12岁那年他赴省城太原，先后进入尚志中学、青年中学、新民中学3座学校学习。接着，赴北京考入长老会所属的崇实高中，于1931年毕业。

对于一个青年人来说，报考大学选修什么课程，往往体现自己的理想和志向。荆磐石选择的是法律。他当时痛感到"国家政治不良""必须有良好的法律基础，方可治国救民"。于是在1931年报考北京朝阳大学法律系（该校以法律系最为著名），从此与法律结下了不解之缘。1934年，荆磐石大学毕业，即赴日本留学，先后在东京日本大学法律学系和东京帝国大学法学院继续攻读法律，主修国际法。

1937年，日本军国主义者悍然发动"七七事变"。留日学生争先恐后离开日本返回祖国，荆磐石也不例外。是年11月28日，荆磐石抵达上海，受到上海法律界一些知名人士的欢迎。第二年，他接受教育部的安排，赴陕西安康任中小学教师服务团委员。几个月后，接国立西北联合大学校长电邀，前往该校法商学院任国际法教授。

1944年，荆磐石第2次出国留学。在美国哥伦比亚大学研究院攻读国际法及国际关系，获法学博士学位；又在纽约神学研究院钻研神学，获神学博士学位。1947年9月，他告别妻子，携女儿罗丝回国，担任国民党政府粮食部顾问、总务司长，后改任教育部与司法行政部顾问。1950年，他得悉爱妻生病，遂偕女儿由香港辗转赴美定居。

（二）

荆磐石出生在一个基督教徒家庭，父母和祖母都信奉耶稣，在他幼小的心灵中灌输耶稣拯救世人的信念。尤其是祖母对他的影响特别大，并预言他"将来会变成一个与众不同的人，不只是传布福音，还将服务于我们的国家和整个世界"。1928年，中国一些地区流行霍乱。其时正在北京长老会崇实高中读书的他，参加一个国际红十字会救护队，担任翻译，前往灾区抢救病员。他亲眼看到当时农村的贫穷、落后，以及许多人在霍乱袭击下死亡的惨状，心情既焦急又沉重。作为一个通晓英语的基督教徒，他除了当好翻译并参与抢救患者以外，还根据基督教的教义，为不幸罹难的死者祈祷，"使他们的灵魂能够进入天国"，为遭受病魔折磨在痛苦中挣扎的人们祈祷，给予他们精神上的抚慰。

为加强中美两国宗教文化的交流，1946年，荆磐石创办了"中美

基督徒联合会",亲任会长,并聘请冯玉祥将军等担任荣誉会长。自1947年起,他还被选为华盛顿世界基督徒领袖理事会副主席,兼远东理事会主席。

定居美国后,荆磐石的社会活动更趋频繁和活跃。1948年,他曾被推举为中国方面的联合国宪章起草人。1955年,他参与创办世界基督徒协会。而后,又曾担任国际传道人协会会长和世界基督教议会议长。

荆磐石四面布道,八方传教,不惮艰辛,不遗余力,其足迹遍布亚美两大洲。他曾步行到监狱为罪犯说教,企望感化他们,改邪归正,重新做人。1960年,他首先倡议在每年的2月2日,举行总统早餐祷告会,竟得到美国官方采纳,一直延续至今。自1968年开始,他被推举为联合国礼拜堂的牧师,直接服务于笃信上帝的各国驻联合国的代表。作为虔诚的基督徒,他酷爱和平,力图"用主的圣灵去匡正世道的不公,洗刷人间的罪恶。"

美国朝野的基督徒对于荆磐石牧师非常信赖和崇敬。美国议员约翰·斯巴克曼(John Sparkman)是荆磐石的亲密朋友,曾撰文这样说:"我于40年代中期第一次认识荆磐石博士。那时他作为中国的访问学者来到美国。在美国,荆博士立即献身于宗教事务活动,会见牧师和信徒团体,作讲演和进行传教。……荆是一个精力充沛、忠于事业主张、特别是那些关系到和平事业主张的人。在美国数十年中,他无论是工作在联合国还是在其他什么地方,始终积极地推动和平与宗教事业。他在中国和美国经历的回顾,会作为有趣的史证。"美国牧师哈罗德·布利森(Harald Bredsen)说:"由于荆教授创建了世界基督徒协会和国际传道人协会,他一直被称为'世界公民',但他自己宁愿被称作'上帝的天国的臣仆'。""我认为荆教授应该被授予诺贝尔和平奖,他是联合国秘书长的最佳候选人之一。"

（三）

中美两个大国的关系，对于世界局势有着重大的影响。对此，荆磐石有着深刻的认识。他对美国政府对新中国进行封锁，在中国的邻国越南发动战争等等做法，深感不满和忧虑，曾对新闻媒介坦率地陈述自己的意见：

"美国政坛上所谓的'中国问题专家'，对中国缺乏真正的认识，仅凭一己之见而'胡作妄为'，影响到美国及世界之文化政治，导致许多不幸的事情发生。"

"我们不能再容忍那些从未真正了解中国的'专家学者'们，去左右中国及亚洲地区的命运。"

这些观点是何等的直率！何等的尖锐！足见荆磐石非凡的气魄和对于中美关系问题的关切，其反响之热烈，是可想而知的。

为了改善中美关系，荆磐石做了不懈的努力，他利用自己在美国的地位和影响，通过各种渠道，频繁地活动于美国政界一些要员之间，上下游说，左右斡旋。1969年2月的一天，他往美国哈佛大学发表讲演《中美关系的过去、现在和将来》。他侃侃而谈："中国人民酷爱和平。由于她始终不渝的努力，对世界和平已做出了不可磨灭的贡献。以现在全球环境而言，唯有中美携手，才能稳定大局，进而趋向世界的持久和平。"当谈到"美国如何从越战的泥潭中自拔"时，荆磐石一针见血地指出："美国总统应到中国向北京表示歉意，必可结束越战，中美即有走向关系正常化的希望，世界和平才有可能！"

这番宏论犹如一颗炸弹，在美国朝野引起强烈震动。当天下午5时，美国国家安全主持人克森杰自华盛顿打长途电话给荆磐石，他先解释说："我本拟参加哈佛大学的聚会，听您的讲演，适逢当晚总统要召开紧急会议而未能亲临。"接着又说，"当局对您的讲演非常重

视,请您将讲题内容再简要重复一遍。"荆磐石意识到自己的观点可能要"通天",对日后改善中美关系必将发生影响,于是抑制住兴奋的心情,费时35分钟,将讲稿内容叙述了一遍。挂上长途电话以后,才长长地舒了一口气。他预期的"掀起舆论,发挥群众的民主力量,敦促政府"的目的总算达到了!

以后的事情发展得相当迅速。1972年2月,应周恩来总理的邀请,美国总统尼克松率团访华,双方签署、发表了《中美上海联合公报》。中美两个巨人握手言和,两国关系进入发展的新阶段。程思远先生在一次越洋长途电话中,称荆磐石是"中美关系正常化进程中的拓荒牛"。对此,荆博士甚感欣慰,并认为自己当之无愧!

(四)

作为炎黄子孙的一分子,荆磐石对源远流长的中华文化十分热爱,自觉地以传播和弘扬中华文化为己任,耗费了不少的精力和财力。

早在第二次世界大战结束时,中国旅美学者胡适之、冀贡泉、胡焕庸、张伯伦等,每次在荆磐石教授家中聚会时,经常讨论的一个话题,就是如何将中国文化介绍给西方。但因一些挚友返回中国,宏愿未得实现。一直到1966年,在各界人士的资助支持下,由荆磐石牵头,创办了中国文化语言研究院,正式开展校务,招收学员。1970年改名为"国际文化与科学大学",下设中国文化语文研究院、日本文化语文研究院、一般亚洲文化语文研究院、各国留学生英文学校等等,并设硕士学位,招收大专毕业生。

以荆磐石为校长的"国际文化与科学大学",把介绍中华文化列为办校的宗旨。根据侨界的实际需要,增设了一系列文化教育项目:

中国儿童青年班。在教授中国语言文字的同时,向华裔青少年灌输中国传统的伦理道德,如"孝悌忠信礼义廉耻"等。有识之士认为:与其遗留给子女百万财产,不如在子女幼小时就引导他们学习中文,接受中国伦理美德。

另外,还有易经讲座、太极拳科、健康操科、烹调学校贩卖部、移民入籍服务部、职业介绍部、图书资料室等等。从各个方面,展示中华文化的璀璨风采,使各阶层的人士亲受其益。

华侨界对荆磐石的作为非常欢迎,青少年的家长们更是感激不尽。他们对子女遭受美国社会不良风气的熏染,颓废堕落,数典忘祖,甚至吸毒犯罪,十分忧虑!他们希望"国际文化与科学大学"有助于扭转这种局面。1971年2月,台湾《艺文志》第85期刊登了由国民党元老于右任先生题写标题的《荆磐石生平的故事》,赞扬说:"荆校长是位热心宗教、社会服务、并栽培人才的人,所以他在美国多年的工作,总未曾离开过这几个范围。……对于在美国的华侨大众,劳动界国人,如学生、海员、妇女等,有不少可歌可泣的事迹,实非笔墨所能形容。"

荆磐石的夫人刘月恒女士(英文名葛蕾丝),是辽宁人。年轻时是体育运动员,曾在上海万国运动会上获女子跳高亚军。定居美国以后,荆博士一直支持她向社会各界传授中国太极拳。别看她年纪不小,做起示范动作来仍是那么熟练轻盈,充分显示出她的深厚功底。这种中国式的健身活动已得到大面积的普及,带出了许许多多的徒弟,大家都尊敬而亲切地称呼刘月恒女士为"刘师母"。

荆磐石还亲自出面在一些公众场合发表讲

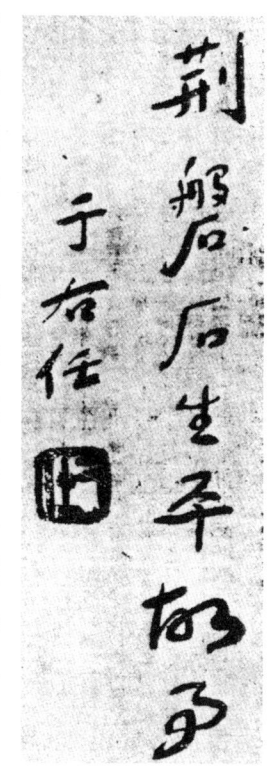

于右任为报刊栏目题名

演，介绍中华文化。如曾在纽约一家全美最大的艺术家俱乐部讲演《中国铜器、玉器、瓷器及服装五千年之演变》，配合放映幻灯片100余幅，收到了理想的效果。

1978年6月，纽约州召开全州文教图书代表会议。荆磐石是由州长遴选委员会选出的亚洲裔代表。他一出现，立即受到大会全体的重视。在这次大会上，他提出了两项引人注目的有关弘扬中华文化乃至亚洲文化的提案：

提案之一（编号168号）："咨请纽约州政府教育局负责，在全州各大小城市，凡有各国归化公民集中的地区，成立各个不同民族的文物中心，以资保管各民族任何具有意义之历史文献、艺术作品等对象，予以陈列储藏。"

提案之二（编号169号）："创建一个中国图书馆及文物资料中心，由拉飞乙街89—91号提供馆址。该址原系救火会著名建筑之一，近在华埠咫尺。即刻着手组织一个顾问委员会，与州政府主管图书馆单位，商讨此一中国图书馆及文物资料中心之组织与管理。经周密研究后，以书面呈报该中心之管理单位，并向州立法机构提出预算与创办基金及管理费用。"

上述两个提案提出后立即引起轰动，州长和华侨均表示大力支持。美国《纽约日报》、《华美日报》和香港《星岛日报》均作了报道。为什么要在美国这么下大气力去宣传和弘扬中华文化呢？荆磐石对此有更深层次的认识，他曾对记者说："我们来美后所努力的工作目标，是要栽培对中国问题有兴趣的新一代美国青年，向他们灌输正统的中国文化，以作为下一代美国政府的中国问题顾问。"换一句话说，就是要用中华文化去影响美国政府的对华政策。这里，我们不难看出荆磐石作为一个社会活动家所显示出来的深谋远虑。

还有一件事情充分体现荆磐石对中华文化的深情和热爱，那就是他对陕西唐代梨园的钟情。唐代梨园是唐玄宗于开元二年（公元714年）创办的，是中国历史上第一所"皇家艺术学院"。著名的诗人兼学者李尤白先生经多年的研究考证，确定唐代梨园遗址在今陕西省西安市未央宫乡大白杨村。他的学术专著《梨园考论》发表后引起国内外广泛的关注。荆磐石获悉后曾先后9次给李尤白先生写信，对李的研究成果和建立"中国唐代梨园纪念馆"的倡议表示赞赏和支持。他还建议：聘请黄镇同志为纪念馆名誉主席；组织文物巡回展出，弘扬盛唐文化，并为纪念馆筹措经费。在美国，他还联系了一些热心中华

荆磐石（前排右四）考察唐代梨园遗址

文化的人士，襄助这一盛举。1989年4月，他偕夫人访问陕西时，专程赴未央宫乡大白杨村考察唐代梨园遗址，并合影留念。他畅谈梨园在历史上的价值、对外影响以及现实意义，再次发表关于筹建"中国唐代梨园纪念馆"的高见，表示愿为弘扬中华文化出力。作为炎黄子孙的一员，如无对"国粹"的赤胆忠心，焉能如此！一位中国诗人曾赠诗一首，褒扬荆磐石：

垂卅年间保国粹,近八旬老护梨园。

德高久已馨北美,盛举今朝播长安。

（五）

荆磐石身居异邦,心念故土。家乡的一切,常使他梦萦魂牵。在同内地亲友的通信往来中,他经常询问家乡的情况,从工农业生产到文教卫生,他都十分关心。有时在信中,他还提到:"幼年时曾到盐池参观过,不知今昔同样否?""我记忆,50年前在运城见过一种柿霜制成的方砖,上面注有'御用'字样,不知今日仍有出产否?如有可否购到?"……字里行间,洋溢着对故乡的眷念之情。

荆磐石对中国共产党十一届三中全会的路线、方针和政策非常拥护。1986年2月17日,他给运城行署侨务办公室来函中,表白了自己的心迹:"我认为党和政府今天的对外开放、对内改革的政策,是自全国解放以后数十年所走过的曲折道路的宝贵经验教训的结晶,决非凭空而来,这就是党的政策只有向前不会倒退的根本根据。""溯自党的（十一届）三中全会至今,祖国的变化确是巨大莫测的,各条战线惊人的胜利消息频传,鼓舞着我这个侨居海外40余年的华人,精神焕发,心情舒畅。今年虽已七旬有余,但仍不服老,一心为了振兴中华贡献绵力,争取光荣。"

为了帮助中国商品打入美国市场,扩大中国的对外贸易,荆磐石于1978年创建了"中美文化商务促进会",亲任会长。当时担任文化部部长的黄镇先生曾发去电报以示祝贺。该会联络了350个单位,包括20多个行业,经常举行茶话会、座谈会,联络感情,交流信息,并研讨共同感兴趣的问题。从而使大多数成员对中国的丝绸、茶叶、中草药、瓷器以及其他工艺品等等,有了进一步的认识和兴趣,进而积极参与与中国的贸易。

在美国，荆磐石还热情接待山西省访美团组。1985年5月，山西省长王森浩率团访美，荆磐石怀着对家乡"父母官"的崇敬心情，共同进餐并亲切畅谈合影留念。1986年，西北大学友好访问团赴美，荆磐石夫妇盛情款待，并联络旅美的西北大学校友会面座谈。山西省教育代表团访美，荆磐石主动牵线搭桥，介绍代表团与美国一些政要和专家会晤并交流。1988年12月，山西省政协代表团访美，荆磐石见到家乡人，听到家乡话，知悉家乡发展的信息，感到格外的亲切和兴奋，特意偕夫人在酒店里设宴款待代表团成员。

飞鸟恋树林，游子思故乡。荆磐石早有回乡观光的意愿，并向亲友及有关部门写信表达；但他又担心自己有比较复杂的经历和历史，回国会遇到麻烦。有关部门的领导明确地答复他：党和政府不会计较过去，欢迎他回来走一走，看一看。1989年4月15日，荆磐石偕夫人刘月恒女士，在参加了陕西黄帝陵祭祖活动和游览了北京之后，回到了阔别40余年的故乡。侨务、外事、宗教等部门对他表示热烈的欢迎并提供了诸多方便。荆氏夫妇先后在太原、运城、临猗、临汾等地参观游览、探亲访友。保存完好的文物古迹、风光壮丽的旅游景点、生机蓬勃的厂矿企业……这一切无不使他眼界大开，激动不已。在省城，他还出席了山西省第二届国际经济技术洽谈会、进出口商品交易会和民间艺术节（简称"两会一节"），受到了省政府白清才副省长、省政协王西副主席等领导的会见。

荆磐石目睹家乡的巨大变化，思绪万千，赞叹不已，动情地说："我在美国常想：家乡好，但家乡苦。没想到现在建设得这么好，一切都这么随心、方便！"夫人刘月恒女士说："原来我们担心回国后，叫辆'的士'都很困难，没想到这里一切都很方便，出乎我们意料之外。"荆磐石索取了大量的宣传资料，表示返美后要向美国各界人士介绍山西的资源和建设成就，吸引更多的美国人到山西旅游和投

资。他还表示,愿为海峡两岸进一步交往出力,在有生之年为祖国统一大业做一些贡献。离别前,他向省政协,教委和侨办分别赠言。在给省侨办的牌匾上写道:"海外赤子,心系祖国。"给省国际文化交流中心题的字是:"文化交流无畛域,弘扬辐射仗中心。"

> 中日文化交流的搭桥人梁綖武

阎锡山堂妹阎慧卿的前夫梁綖武，是山西省近代史上的风云人物。他的生平经历颇为曲折、复杂，甚至带有某些传奇色彩。本文仅介绍他在旅居日本时期，从事中日文化交流方面的一些事迹。

梁綖武别名梦回，出生于清末宣统二年（公元1910年），山西省崞县人（其故乡北社村今划归定襄县）。他出身于当地颇有名气的大户人家。

梁綖武

祖父梁善济，字伯强，清末翰林，曾任山西省咨议局议长，是清末民初山西省君主立宪派的代表人物；父亲梁上楣，字莱芝，是当地的地主士绅，但手头并不十分宽裕；二叔梁上栋，字次楣，曾留学英国，担任过国民参政会参政员；三叔梁上椿，字西樵，留学日本，娶日本女子为妻，回国后依附阎锡山，在大同经销煤炭，生意兴隆。梁上椿为了梁家的前程，大力主张梁家与阎锡山家族联姻，于是从中周旋撮

合,让侄子梁綖武与阎锡山的堂妹阎慧卿(五姑娘)结为夫妻。梁綖武对这桩没有感情基础的"政治婚姻",内心当然不太乐意,但由于他留学日本的费用全靠三叔供给,所以只好勉强从命。特殊的家庭出身和社会关系,注定了梁綖武的一生,不可避免地要卷入变幻莫测的政治漩涡。

梁綖武第一次赴日本居住5年,是为了求学深造。1938年,他以优异的成绩毕业于清华大学,随同一帮热血青年,东渡日本,就读于著名的东京商科大学。戏剧是他最主要的业余爱好。当时在日本的中国留学生中,掀起了一股"戏剧热"。旅居日本的文艺大师郭沫若先生,对于青年同胞的戏剧爱好甚为赞赏,经常给予谆谆诱导和热情扶持。在这种环境中,梁綖武如鱼得水,很快成为留日学生戏剧团体的一名积极分子。

当时,留日学生成立了一系列戏剧团体,主要有"中华同学新剧公演会""中华戏剧座谈会""中华国际戏剧协进会"等等。1936年春,上述3个团体合并为"中华留日戏剧协会",统一部署,统一行动。为了使中华文化在异国他乡得以弘扬,并声援祖国人民的爱国斗争,他们公演了一系列进步戏剧,如曹禺的《雷雨》《日出》,田汉的《洪水》,洪深的《五奎桥》,李健吾的《这不过是春天》,袁牧之的《一个女人和一条狗》,马彦祥的《打渔杀家》,久米正雄的《牧场兄弟》,山本有三的《婴儿杀戮》,高尔基的《孩子们》,易卜生的《娜拉》,果戈理的《视察专员》(即《钦差大臣》),托尔斯泰的《复活》(由田汉改编)等等。尤其是曹禺的《雷雨》和《日出》,当时在国内尚未公演,留日学生就率先将它搬上舞台了。梁綖武和林林、任白戈、陈北鸥、叶文津、颜一烟等,都是从事进步戏剧活动的骨干分子。曹禺的《日出》,就是梁綖武亲自翻译的。梁綖武不仅参加演出活动,还从事戏剧创作。在日本留学期间,他曾创作了一个叫《岛》的剧本，描写的是在东京附近的一个小岛上，穷困百姓遭受官吏欺压的故事。新中国成立后，这出戏曾在中国舞台上演过。

留日学生的戏剧团体，是以"团结就是力量"为旗帜的进步文化组织。其成员中，有共产党员，有国民党员，有少数民族，有台湾学生，也有"满州国"的学生。大家来自祖国的四面八方，走到一起来了，为中华文化的进步与繁荣，为祖国的命运，在舞台上呐喊呼号。当时最流行的一句口号是："为了我们祖国的自由而劳动，是最大的幸福，最大的快乐！"所有的劳动都是义务的，一切演出费用都由会员们自己负担。不少穷学生连饭都吃不饱，也要挤出一些钱来支持演出活动。有的同学为了演戏，甚至把心爱的手表、小提琴、衣物也送进了当铺。

1936年，中国戏剧家袁牧之访问日本。梁绽武随同其他会友，约袁牧之先生座谈，并在"东瀛阁"设宴招待。日本戏剧家田雨雀、山川幸世也应邀参加。大家还摄影留念。

1938年，梁绽武毕业于东京商科大学，离开军国主义统治下的日本，返回祖国。

梁绽武第二次赴日，是在1950年，这次是定居，一直到他生命的终点。是年10月24日，他偕第二任妻子张馥卿（福青）自香港乘飞机抵达东京羽田空港，踏上这片熟悉的土地，开始了新的生活。而他的前妻阎慧卿已在太原解放时和梁化之等人自杀身亡，成为阎锡山政权的殉葬品。

梁绽武定居日本后，主要从事文化方面的工作。开始在近畿大学任教；1959年至1965年在NHK国际广播部担任中国语播音工作；接着，在东京亚非语言学院担任中文讲师。中国人民的老朋友、日本知名人士清水安三在东京创办樱美林大学，特聘请梁绽武去教授中文。在日本各界人士心目中，梁绽武既是"中国通"，又是"日本通"，

请他来为日本人讲授中文,最合适不过了。到20世纪70年代日中邦交正常化以后,出自同中国交往日益频繁的形势需要,日本外务省加强对外交官的中文培训,特地成立了中文研修所,首先聘请的中文教师,就是梁綎武。梁綎武欣然应允,在教学中尽心尽力,颇受学员的敬仰。有不少当年研修所的学员,日后成为日本国的高层人物。

梁綎武(左一)出席国际会议

至20世纪70年代,旅日华侨文化工作者已有数百人之多。一些有识之士深感到有成立统一的社团的必要,于是做了一些前期准备工作。1973年4月,以廖承志为团长的中日友协代表团访问日本,在东京会见了华侨代表并进行亲切的座谈。在座谈中,提到了华侨文化工作者如何加强联系、发挥作用的问题,认为成立旅日华侨文化工作者联谊会势在必行。于是当场推举9位筹备委员进行筹备。至11月下旬,筹备工作宣告完成。

1973年11月25日，在日本东京都中央区银座八丁目的东京华侨会馆里，来自日本各地的华侨文化工作者代表欢聚一堂，抱着"通过文化媒介，推动中日友好"的宗旨，推心置腹，共商大计。大会选出了15名理事，并推举山西籍的梁綖武先生为旅日华侨文化工作者联谊会会长。从此，梁綖武凭借自己的才华和名望，广泛团结旅日华侨文化工作者，为弘扬中华文化和推进中日友好做出了卓著的贡献。

梁綖武对戏剧有浓厚的兴趣和深入的研究，便在这方面大显身手。他翻译了多部中国戏剧并加以指导，一一将它搬上日本舞台。这些中国戏剧是：《雷雨》《日出》《屈原》《原野》《关汉卿》《刘三姐》《年轻的一代》等等。这些中国名剧在日本舞台演出，每次都引起很大的反响。其中，由日本演员山田五十铃主演的《关汉卿》、叶珊主演的《刘三姐》等均引起不小的轰动，在日本大众中传为美谈。

梁綖武还致力于文化著述，通过自己的作品，介绍中国戏剧的源流、风格、流派，评介名家名作，使日本人民从戏剧方面了解中华文化的璀璨风采，进而了解创造了伟大文化的中国人民。据夫人张馥卿女士说：梁的作品很多，去世以后，亚非语言学院的校长曾搜集梁的遗作，打算出版梁綖武的个人文库；遗憾的是这个校长不久便辞世，出版文库的事也就搁浅了，其作品也不知所终，真是可惜之至！据《日本人名大事典》介绍，梁綖武曾编撰一部《戏剧表演百科大事典》。而现在，我们能够看到的，只是梁綖武的一些戏剧评介文章，另外还有一部《中国现代戏剧》。从文中我们可以看到梁綖武对戏剧的透彻了解和深入研究。其研究虽然多属于"业余性质"，但与专门家的潜心研究相比，同样具有丰富的内涵和永恒的价值。

梁綖武同日本的进步文化团体交往甚密，成为他们的好朋友。早在1957年，梁綖武就把日本著名的戏剧《马五郎一座颠末记》翻译成

中文，介绍给中国人民。此剧由戏剧家欧阳予倩领衔，在北京中央戏剧学院实验剧团上演。1962年，中国《剧本》月刊发表了这个剧本。日本著名的松山芭蕾舞团对中国态度友好，想访问中国，首先找的梁綖武，由梁从中牵线搭桥，使访问得以成功。到中国后上演什么剧目呢？梁綖武向他们建议：上演中国名剧《白毛女》。松山芭蕾舞剧团采纳了梁的建议，经过积极的筹备，到中国访问演出了《白毛女》，结果一炮打响。这出叙述中国故事而又带着日本格调的舞剧，倾倒了中国观众，一时间赞誉交口，佳评如潮。在北京演出时，全国人大常委会副委员长邓颖超、国务院副总理王震、对外友协会长王炳南、中日友好协会会长廖承志等中方高层领导人，观看了演出，会见了全体演职员并合影留念。返回日本前夕，松山芭蕾舞团还加班加点，学习排练，带回中国现代舞剧《红色娘子军》，在日本公演也大受欢迎！郭沫若先生特吟诗一首颂扬，梁綖武撰文专门介绍。松山芭蕾舞团非常感谢梁綖武的帮助和指点，称他为"在促进中日文化交流中一位难得的架桥人"。1972年8月上旬，中国上海舞剧团到日本访问演出，梁延武配合这次访问活动，多次在日本报刊杂志发表文章，评介上演剧目《白毛女》和《红色娘子军》。他甚至还介绍戏剧舞蹈中的"跑步""探海""亮相"等具体程序动作，使日本人民了解现代的中国艺术家们是如何继承传统而又古为今用的。

旅日华侨文化工作者联谊会成员，有音乐家、戏剧艺术家、画家、翻译家、针灸师、教师、厨师、美食家、拳师、律师等等，人才济济，阵容强大。梁綖武团结大家，调动各自的积极性，在各方面施展才华。祖籍山西五台县的杨名时先生，曾任东京中华学校校长，现任日本大东文化大学教授，兼任杨氏太极拳友好会会长。他是山西省杨氏太极拳的传人，同女儿杨慧女士一起，在日本传授杨氏太极拳，深受日本大众和旅日华侨的欢迎。一些患有慢性病的老年人习练了太极拳后，病体得以康复，重新鼓起生活的勇气。他们感谢那些孜孜不倦将中国太极拳传播到日本的热心人。梁缵武的妻子张馥卿女士，是一位多才多艺

妻子参加烹饪比赛，梁缵武亲任翻译

的女性，尤其精通中国烹调艺术。梁便支持她举办各种类型的料理教室，向日本妇女传授北京名菜和山西面食的制作技艺，日本的报纸、杂志和电视台经常组织专辑给予报道。张馥卿推出的"家庭菜谱"在日本妇女中影响极大，可说是妇孺皆爱，深入人心。除了卤鸡蛋、拌粉皮、酱牛肉等凉盘以外，辽有苜蓿肉、辣子鸡丁、葱爆羊肉、清蒸鱼、牛肉炖萝卜等热菜，都是色香味俱全的美味佳肴。这些都是张馥卿女士的"拿手好戏"，使日本人痴迷倾倒。1973年，世界料理比赛在东京希尔顿大饭店举行。张馥卿女士现场表演，着重向各国美食家和烹调师介绍山西面食。美食家梁缵武亲自为妻子担任翻译。两人配合默契，珠联璧合，使表演锦上添花，获得成功。

梁缵武作为专家学者的社会地位，在日本早已得到确认。日本平凡社出版的《日本人名大事典》（现代）收录了梁缵武的条目，称他是"中国文学、戏剧表演艺术研究家"。

1977年3月5日，梁缵武在东京都目黑区的友爱病院与世长辞，享年67岁。他的直接死因是脑血栓，威胁他生命的还有严重的胃溃疡和不断吐血。自2月18日发病入院以来，医生采取了各种抢救措施，但最终无法从死神手中夺回梁缵武的性命。梁缵武的妻子张馥卿女士守护在病榻前，送他走完人生的最后旅程。

消息传出来，华侨界和日本友好人士均感到震惊和痛惜！旅日华

侨界失去的是一位杰出的社团领导人,一位坚持不懈在异国他乡传播中华文化的耕耘者;日本各界友好人士失去的是一位博学多才的师长,一位可以推心置腹长久交往的高朋挚友。67岁的生命,虽说是"年过花甲",但在现代社会仍属于"英年早逝"。在吊唁仪式上,敬献花圈哀悼的有:中国驻日本大使馆、东京华侨总会、旅日华侨文化工作者联谊会、横滨山手中华学校、日本华侨经济合作社、留日华侨北省同乡联合会、日中文化交流协会、日中学院、亚非语言学院、"松山芭蕾舞团"、"新制作座"、"剧团阿香车"、"剧团俳优座"、"前进座"、"新国剧"等单位和文艺团体,另外还有一些中日两国的知名人士。

梁绥武的遗体火化后,骨灰暂时在当地保存,待日后送回祖国。

梁绥武第二次赴日,定居了27年。他对祖国和家乡的思念,是时刻未曾去怀的。但由于种种原因,他只在1975年11月回国观光一次。病重时,他对妻子说:"我活着是中国的人,死了是中国的鬼。一定

梁绥武骨灰在北京万安公墓安放

要将骨灰送回北京安放，以遂我落叶归根之愿。"

1984年5月底，梁綎武的遗孀张馥卿女士偕女儿张富元，遵嘱将梁綎武的骨灰送回北京。6月1日，在万安公墓举行了安放仪式。梁綎武生前好友张香山、王云等参加了骨灰安放仪式，并对梁的家属表示亲切的慰问。

1984年6月3日，《人民日报》发表了新华社的电讯：《梁綎武先生的骨灰安放仪式在京举行》。电讯说："梁綎武先生曾担任过旅日华侨文化工作者联谊会会长，积极从事爱国活动。"同年7月15日，日本东京《华侨报》也报道此事，并对梁綎武的事迹作了详细介绍。

> 德国籍炼油专家郭如屏

定居德国柏林的郭如屏,是德国籍化学工程博士、资深炼油专家。祖籍山西中阳县,1913年12月出生于山西定襄县河边村。

郭如屏6岁入学,先后就读于山西省立模范小学校、太原成成中学校、山东齐鲁大学医学院预科、清华大学化学系。1936年大学毕业,继续留在清华大学读研究生。

1937年,郭如屏考取了山西省留学德国公费生,赴柏林科技大学化工系深造。他治学勤奋,对石油化学的兴趣和造诣尤深,因发表页岩炼油方面的论文而名噪一时。1946年获化学工程博士学位,随后成为闻名遐迩的炼油专家。

第二次世界大战结束后,当时任山西大学校长的徐士瑚先生系郭如屏在清华的同窗好友,曾两次函邀他返晋担任山西大学工学院院长。郭如屏也希望为桑梓建设贡献,可惜因种种原因,未能成行。

1945—1949年,郭如屏曾担任中国驻德代表团科技调查组负责人,从事引进德国先进科技工作。后迁任东柏林煤焦油加工厂工程师。

1951年,山西籍的将军姬鹏飞改任外交官,首任新中国驻德意志民主共和国（东德）大使。临行前，周恩来总理接见他嘱咐说："你到马克思主义的发源地工作，任重道远啊！要重视调查研究，多做友好工作……"姬大使到任后，通过调查研究，一下子就发现了郭如屏这位在化学理论与实践上均有杰出成就的山西老乡。于是，亲自会见，以同乡之谊，一再动员郭如屏回国为新中国化工企业建设做贡献。郭如屏本有爱国爱乡之心，经姬鹏飞大使一动员，便诚心应允。于是，在1954年携带其捷克夫人与混血儿女自费回国，担任石油化工部总工程师。

郭如屏毅然放弃优越的工作和生活条件，在祖国石油战线上，兢兢业业，艰苦奋斗，贡献自己的力量。他一度兼任锦西低温炼油厂副厂长，悉心规划，艰苦工作，带领广大职工连

郭如屏（左二）与乡亲合影

续奋战，终于使这座当年日伪统治时期建起来而未开工的工厂，迅速开工投产。他曾协同德、捷专家，选好山西平朔煤矿炼油厂址，制定年产30万吨提炼石油的方案。后来，因发现了大庆油田，平朔煤矿炼油方案未能付诸实施。

1961年，郭如屏的捷克夫人不习惯国内生活，决定离华。郭如屏再三劝说无效，只好携妻儿忍痛离京，返回德意志民主共和国。他仍返原厂工作，担任东柏林煤焦油加工厂研究室主任。1969年，他提前退休，后移居西柏林。

郭如屏虽身居异邦，仍心系故土。1985年5月上旬，郭如屏偕两个妹妹回故乡中阳县寻根谒祖。他对祖国与家乡面貌的巨大变化赞叹

不已,并以自己未能回来工作而深感遗憾。但他的爱国爱乡之心仍诚挚依旧,通过各种途径继续为振兴中华出力。他曾介绍留德同窗王运丰博士为中国引进德国的先进尖端技术与资金,推动工矿企业发展,并且大力促进中德大学学术交流。1987年5月,联邦德国驻华大使曾代表其政府授予王运丰博士大十字勋章。郭如屏对于王运丰博士有举荐之功。另外,郭如屏还曾对山西开发和建设提出过许多值得参考的意见。

郭如屏(右二)访问故乡

> 以弘扬中华文化为己任的张馥蕊

在海外,有不少华侨、华人,潜心研究中华文化,并通过各种渠道,将它推向世界。他们以弘扬中华文化为己任,尽心尽力,不畏艰辛。法国高级研究院博士论文导师张馥蕊博士,就是其中出类拔萃的一员。

张馥蕊博士是山西省运城市盐湖区安邑东王村人,生于1915年。新中国成立前,毕业于中法大学文学系,曾在邮局等部门做事。他对中国文学有浓厚兴趣,决心进行深入的研究,于是同许多有志向的知识分子一样,负笈出国,踏上留学的道路。他在法国巴黎大学攻读文学,获博士学位。继而在巴黎大学任东方语文系教授,边教学边进行研

张馥蕊

究,并著书立说。1981年9月,他到法国高级研究院(培养博士的机构)担任导师。望重士林,誉满国际。在数十年的学者生涯中,他孜孜不倦地从事中国文学、历史、哲学等方面的研究,硕果累累,堪称权威。他把光辉灿烂的中华文化,在国际范围内传播、弘扬,从而扩

大了中国的影响，促进了中外文化交流。

从研究的范围看，张馥蕊博士把中国古典小说作为研究的重点，推出了大量的著述与译作。

我国唐代，古典小说获得重大的发展，开始成为一种有意识的文学活动，参与创作的人也逐渐增多，内容更加接近现实生活，作品主人公也由人取代了鬼神。白行简创作的爱情小说《李娃传》，是一篇出色的代表作。作品描述名妓李娃与荥阳公子的恋情，表现李娃忠于爱情和舍己为人的崇高品德，揭露封建思想特别是门第观念对纯洁爱情的压制。1976年张馥蕊将《李娃传》译为法文，在法国出版，使李娃美丽而动人的形象被法国人所熟知和传颂。

同年，张馥蕊博士在法国还出版了自己编著的《宋代小说》，系统地向海外读者介绍了中国文学史第一次出现的白话小说——"话本"。散见于《京本通俗小说》《清平山堂话本》《警世通言》《喻世明言》《醒世恒言》诸书中的宋代话本，以曲折动人的故事，尖锐地抨击贪官污吏，热烈地赞颂市井小民。突出地表现女性的忠贞和勇敢。《碾玉观音》《闹樊楼多情周胜仙》《错斩崔宁》、《宋四公大闹禁魂张》等话本的故事和人物，逐渐被法国人所悉知并折服。

1986年，张馥蕊博士在法国出版了法文译作《剪灯新话》和《剪灯余话》。前者系明代瞿佑所著，后者系明代李祯所著。这两部传奇小说在当时和对后世都产生过较大影响。《剪灯新话》中的爱情小说尤为动人。如《翠翠传》《爱卿传》反映元末动乱中人民家破人亡、妻离子散的不幸遭遇，缠绵悱恻，凄婉动人。《剪灯余话》中的《凤尾草记》《秋千会记》写得也颇为生动、感人。这两部传奇小说是唐宋传奇到清代《聊斋志异》之间的桥梁，在中国小说发展史上起承先启后的作用。张馥蕊博士将其译为法文正是看到了它的价值。这两部译作于1988年在法国再版。

对于清代小说的研究，张馥蕊博士动手更早。1969年，他就将《聊斋志异》翻译为法文在法国出版。蒲松龄自己用心血写成的短篇小说集《聊斋志异》，是中国文学史上的光辉篇章。尖锐地暴露了社会的黑暗，政治的腐败，官吏的昏庸，人民的悲惨；抨击了以八股取士的科举制度的罪恶和弊端；反映了封建婚姻制度的不合理，颂扬了青年男女追求爱情、向往自由的愿望和行动。法国读者有幸阅读到如此辉煌的杰作，不能不归功于张馥蕊博士这个热心的媒介。1976年，张馥蕊博士在法国又出版了另一部法文译文《儒林外史》。这是清代吴敬梓写的长篇白话小说，从剖析封建社会不同类型的知识分子的生活和精神面貌入手，揭露豪强劣绅的贪婪、蛮横和愚蠢，无耻文人的虚伪、迂腐和卑劣，进而抨击封建社会道德风尚的黑暗沉沦。法文《儒林外史》的出版，使法国读者从另一个视角了解中国的过去。

对于魏晋南北朝时期的小说，张馥蕊博士也有深入的研究。近年来，他经过艰辛努力，将张华的《博物志》和干宝的《搜神记》译成法文出版。张华是晋代有名的文学家，所著《博物志》记述异境奇闻和古代琐闻杂事，为后人研究古代文化和古典文学提供了宝贵资料。干宝是东晋时期的文史学家，他用笔记体裁编写的志怪小说集《搜神记》，是志怪小说的代表作。书中有相当一部分富有现实意义的民间传说和世俗故事，这是本书的精华。如《干将莫邪》《李寄》《韩凭夫妇》《董永》等代代流传，脍炙人口，对后代文学创作影响很大。如鲁迅的《故事新编》中的《铸剑》，即来自《干将莫邪》，电影黄梅戏《天仙配》即来自《董永》。张馥蕊博士翻译这两部志怪小说，产生了积极的影响，对于中外文化交流的贡献是不可低估的。

张馥蕊博士弘扬中华文化，不局限于向世界介绍中国古代小说，在文学领域中的其他门类和历史、哲学等方面的研究，也有很高造诣。1969年，他在瑞士出版了《中国历史情诗选译》，1962年在法国

出版了《中国名家诗选》；1969年在法国出版了《中日战史》；1964年在意大利出版了《夷坚志论》，1975年在法国和台湾地区出版了《夷坚志通检》；1971年在法国出版了《中外历史年表》；1977年在法国出版了《五四运动史》等等。

  从研究的时代看，张馥蕊博士对宋代的研究投入了很大的精力，因而成果也特别丰富。1962年，他在法国出版了《宋代职官》；1968年，他在法国出版了《宋代社会》；1976年，他与友人合编，在联邦德国出版了《宋代小说》；1978年在香港出版了《宋代书录》等等。说他是研究宋代社会和文化的专家和权威，完全当之无愧。

> 竭力把中国工艺品推向海外的成功晋商侯桢瑞

侯桢瑞

侯桢瑞是海外的一名成功晋商，1915年生于灵石县静升镇崇宁堡。

侯桢瑞的父亲是早年就走出娘子关的一名晋商。13岁时经亲戚介绍，到北京著名的元顺木材厂做事。由于诚实聪慧、刻苦勤奋，最后升任经理，53岁时不幸因病去世。木材厂一次性给予500块银元的抚恤金。大哥侯桢祥从北京取回了父亲的抚恤金，征得家人同意，花了350元在家乡创建了一所私立学校——育英小学。学校学生多数来自当地的贫困农民家庭，免交学杂费用，很受民众欢迎。为了维持学校正常运作，母亲又拿出丈夫的抚恤金50元（此款本留作生活费用），并卖掉了祖辈遗留下来的一块好地，解决了学校的经济危机。育英小学男女兼收，打破了男女不同校的封建旧俗，在灵石县教育史上开创了文明先例。

侯桢瑞（前排右一）与家人合影

1932年，17岁的侯桢瑞为了减轻家庭的经济负担，到天津给一家钱庄当学徒。一年之后，因患病不得不回家疗养。1939年末，他应朋友之邀到石家庄去加盟朋友的钱庄。他毫不犹豫离开灵石直奔石家庄，在"美孚钱庄"担任副经理。1942年，侯桢瑞和三弟侯桢生来到陪都重庆，与大哥侯桢祥相聚。侯桢瑞开始在一家银行工作，后来又担任边区战时物资采购组的组长。

抗日战争胜利以后，侯桢瑞凭着自己独有的商业眼光和几年来积累的商海经验，迈出自己当老板的创业第一步：1946年在天津创建他的首家企业——建新贸易公司。1948年，又在香港和上海创办了两个分公司。可惜由于内战，他不得不抛下发展很好的所有生意，在大哥侯桢祥的安排下，来到台湾。

在宝岛台湾，侯桢瑞重新起步。他独特敏锐地捕捉到了一个商机：从大陆撤到台湾的许多北方人，喜欢吃面食，但在市面上几乎买不到。于是，他果断地开了一家"山西面条店"，生意一直不错。等有了一定积蓄和名气之后，他决定扩大经营。于是卖掉了面条店，在同一地段开办了一家五金商店。哪知他雇用的张姓助理经常滥用职权以特价销售五金材料，从中捞取高额回扣，导致五金店月月亏损，经营不到一年即宣告倒闭。侯桢瑞赔光了从大陆带来的所有积蓄，面对挫折，他没有消极气馁。

1954年侯桢瑞携全家迁居香港，寻找发展机会。妻子郭文琪女士的一项特长给家庭带来了转机！

原来，郭文琪女士自幼喜欢绘画，平时经常拿起画笔消遣娱乐。亲朋好友建议说："你画得这么好，为什么不去为教堂画圣诞卡呢？"郭文琪女士抱着试试看的心情，画了一批圣诞卡送到教堂去。人们一看爱不释手！从此，郭文琪女士画的圣诞卡总是供不应求，名气也越来越大。于是，侯桢瑞果断地听从朋友的建议，于1958年在香港注册了专门经营圣诞卡的"吉羊工艺公司"。结果生意兴隆,佳评如潮。到了60年代后期,吉羊工艺公司扩大经营范围,开始生产、经营富有东方特色的工艺品,如中国手工绘画、硬木家具、陶瓷等等,远销世界各地。

1966年12月,美国纽约举办国际艺术节,邀请吉羊工艺公司参加。侯桢瑞携带了一批别具特色的商品(产品)参加,主要是手工制作的墙纸、屏风、绘画,传统的中国卷轴,以及古董陶器等等。他还带了自己聘请的画师,为观摩者当场绘制中国画。从此众多国际友人知道了吉羊工艺公司。

1971年,侯桢瑞在美国夏威夷州首府檀香山开设了吉羊工艺公司的第一家分店。在此期间,吉羊工艺公司两次获得殊荣:一是在香港被评为中国最好的工艺公司之一;二是参加了在法国巴黎举办的国际艺术展,荣获了金奖。吉羊工艺公司终于跻身于国际知名企业行列。

不久,侯桢瑞一家搬到檀香山定居。同时,在波士顿开设了吉羊

侯桢瑞在吉羊工艺公司办公室

工艺公司分店。

事业的成功,并未冲淡侯桢瑞对祖国和家乡的思念。1979年2月底,侯桢瑞受到祖国大陆的邀请,开启了他的首次商务之旅,先后参观了北京、天津、上海等地。虽然没有会晤到亲人,但目睹祖国翻天覆地的变化,还是十分开心。1981年3月,侯桢瑞第二次访问大陆,见到了期盼多年的亲人。由于国家实行了改革开放政策,社会安定,经济繁荣,侯氏家族人人安居乐业,心情舒畅。这使他倍感欣慰。

侯桢瑞秉承乐善好施的家风,把吉羊工艺公司大部分的收入,通过教堂资助给一些低收入的贫困家庭。他的捐献从不公开,只有教堂的牧师知道真相。

1985年7月,侯桢瑞因突发心脏病在美国檀香山辞世,享年70岁。当地华人"信义会"为他举行了一场盛大的葬礼,数千教友为他送行,可谓极尽哀荣。

> 美籍华人续淑仙终于圆了返乡梦

续淑仙和她的两个孙子

美籍华人续淑仙女士，乳名爱香，是阎锡山的堂弟媳妇。她原籍山西原平，生于1915年。"七七事变"前曾任定襄县宏道镇女子学校校长。

续淑仙是旅居海外的阎锡山同辈亲属中，第一个也是唯一的与大陆来往、返故乡观光谒祖的人。这与她的思想、性格大有关系。

续淑仙本来就是一个思想开明、性格开朗的女性，能够顺应历史潮流，跟上时代前进步伐。1949年1月31日，北平宣告和平解放。而此时，阎锡山仍在山西太原部署兵力与解放军对抗，妄图作最后的抵抗。续淑仙果敢地站在人民立场，与阎氏亲友10余人，在北平联合致电阎锡山，劝其"悬崖勒马，顺天应人，切勿自绝于人民"。但阎锡山依然坚持反共立场，在1949年3月29日逃离太原之前，指定梁化之、王靖国、孙楚、赵世铃、吴绍之组成临时班子"五人小组"，指挥部队继续进行顽抗；并狂妄地吹嘘"以一城复全省，以一省复全国"。阎锡山此举并未能挽回蒋家王朝覆灭的命运。1949年4月24日，太原被解放军攻破，阎锡山老巢土崩瓦解，灰飞烟灭。续淑仙的小姑子阎慧卿（又名"五姑娘"）与梁化之等人服毒自杀，充当了殉葬品。出任国民党反动政府行政院长的阎锡山，在解放军的隆隆炮声中，于1949年12月8日，自四川成都仓皇飞逃台湾。当阎锡山拒绝一切忠告以后，续淑仙就预料到最后必定有这种结局。当时，她还能对阎锡山这位既顽固又疯狂的堂兄说些什么、做些什么呢？

大陆易帜前夕，续淑仙跟随丈夫阎锡圻去了台湾。20世纪60年代初，她随长子阎志洪赴美国定居。

"故国梦重归，觉来双泪垂"。续淑仙在美国儿孙绕膝，衣食无忧，但内心总感到缺憾：何时才能回故乡看看？她常说："骨肉情，乡土情，是人类所有情感中最纯洁的情，最高尚的爱。"但是，由于长时间两岸对峙，中美交恶，她的返乡愿望不能实现。每当除夕之夜，她只有空吟"故乡今夜思万里，霜鬓明朝又一年"。

中国实行改革开放以后，阻隔在海外游子和祖国故乡之间的有形及无形的藩篱障碍，渐渐地消除了。1987年上半年，华北区5省市侨

务部门联合举办"华北地区华侨华裔青年夏令营",发请柬邀请续淑仙的孙子阎树柏、阎树果来华参加。续淑仙十分高兴,坚决劝说孙子参加。阎树柏说:"我一点也不想去。"他的朋友也说:"不要去中国!那里太穷,没什么好玩的。"续淑仙对孙子说:"我认为你们必须去!山西也是你们的故乡,如果你们回去看看,就会发现那里也是很有魅力的地方,你们一定会有意外的惊喜。因为我就是从那里出来的,我至今怀念山西。……"续淑仙的儿子阎志洪是美国希顿·霍尔大学图书馆教授,也坚持儿子应该参加夏令营。他对儿子说:"不管咱们生活在哪里,咱们都是中国人,这一点你们应该记住。中国政府邀请你们回去看看,这是咱们家庭的光荣。你们一定要回去。"

1987年7月21日,"华北地区华侨华裔青年夏令营"在北京开营。7月27日至8月1日,夏令营在山西境内活动了6天。包括阎氏兄弟在内的全体营员被山西的悠久历史、壮丽风光以及当地民众的淳朴热情所吸引和打动。7月31日,在山西省政府为夏令营举行的招待会上,阎树柏代表山西籍营员发言说:"我们已经来中国两个礼拜了。我们亲眼看到中华民族同胞勤奋地工作,看到中国土地肥沃、风光优美,经济在发展进步,有很多的地方确实值得一游。我的朋友说错了。他们不是中国人,他们不了解中国。我已经喜欢上中国,今后还要来中国。我回美国以后,如果他们问我为什么喜欢中国,我就说:'中国有悠久的历史和令人向往的文化。'如果他们问我为什么还要来中国,我就说:'朋友们,有些事是你们永远不会理解的!'……"

看到第3代对祖籍国、对家乡已经产生了感情,续淑仙自然是看在眼里,喜在心头。她原来就担心在海外出生的后裔会忘却自己的根基,变成黄皮白心的"香蕉",现在可以放心了。

同时,续淑仙也圆了自己多年的返乡梦。她趁孙子参加"华北地区华侨华裔青年夏令营"的机会,回山西观光探亲。在省城太原,她特意拜访了阎武宏副省长，专程到东缉虎营省政协大院看望亲友，受到省政协秘书长王瑞生等的热情接待；并参加政协举办的座谈会，客主双方互赠了纪念品。续淑仙心情激动地说："看到家乡的一草一木，我心里都感到十分亲切。当今祖国到处是一片繁荣景象，与旧中国形成了鲜明对比。作为在海外的一名中国人我感到非常骄傲和自豪。我衷心盼望祖国早日和平统一，更加繁荣富强。"

8月2日，续淑仙偕国内亲属一行7人回定襄县宏道镇探亲谒祖。他们先回北街故里，邻里亲朋空巷欢迎，亲切地呼唤续淑仙的乳名："乳香，你可回来了！我们都想你哪！"她用地道的宏道话和大家畅叙。亲友们问她："你走了那么远，走了那么久。口音咋一点都没改呢？"她说："我永远都不想改。"

续淑仙看望了两位年迈的本家嫂子，会晤了几位高小同学。话匣子打开就滔滔不绝，有说不完道不尽的沧海桑田离情别意。想当年，她还是个20来岁的年轻女子，在外漂泊了半个多世纪，如今返乡时，已是个75岁的老妪。她想起过去在家乡的时光，不禁激情涌动，两行热泪夺眶而出。

接着，续淑仙一行到先父续汉先生坟墓前祭扫。续汉生前是当地著名的开明士绅，年轻时投身辛亥革命。膝下有5男2女，3个儿子任国民党将军，女儿续志先和孙子孙女多人参加八路军，如今是厅局级以上干部。1939年续汉去世，当时日军盘踞，子女未能回来尽孝。现在，在父亲逝世近40年之后，续淑仙和妹妹续志先第一次来到父亲坟前，百感交集，悲情难抑。她心里在默默祷告："父亲，我们看您来了，您就安息吧！……"

8月3日，续淑仙一行离开宏道镇，到河边村回访阎氏故居。还在车上时，她就急着问这问那："当年阎家巷口有棵槐树还在不在？……"进了巷口，她看到老槐树依然郁郁葱葱挺拔繁茂，喜不自禁，

即在树下摄影留念。

进了阎家老宅,续淑仙兴奋地跑来跑去,指点说:"这正房是阎锡山的父亲(阎书堂)和我的公公(阎书洪)兄弟俩住过的。我结婚时在南房,那时才13岁,老想回娘家。……"整个阎府经历了世代沧桑,现在仍存有庭院18座,房舍575间,建筑面积达18 000平方米。80年代末,当地政府将它开辟为民俗博物馆,经过精心修葺,保存得相当完好。这很使续淑仙感到意外,她感慨地说:"这和原来的差不多。想不到这么多年了,还保存得这么好,真不容易啊!"

最后,续淑仙一行游览了五台山。五台山是闻名中外的佛教圣地,虽然离她的娘家和婆家都不远,可是她却从来没到过。久慕多年,今朝如愿以偿,她兴奋不已。在南山寺的客堂,她看到一块石匾,上面镌刻着"为善修德"4个字,落款为"阎锡山书,民国二十四年三月十五日"。住持慈音和尚告诉她:"这是你阎家老大(锡山)花1500块大洋修的。修佑国寺时,他还出过30 000块大洋呢。"续淑仙听了说:"给后人留下一点东西,这就是'为善修德'啊!"她下榻在栖仙阁宾馆,遇见许多来自欧美国家的游客。一位加拿大青年赞叹:"五台山真美丽啊!"续淑仙自豪地告诉他们:"这是我家乡的山。我居住在美国,老家就在五台山下。"

续淑仙一行所到之处,均受到当地领导人的热情接待。整个日程安排得紧张有序,充实温馨。她看了她向往的地方,见了她思念的亲友,办了她牵挂的事情,尝了她喜欢的小吃。忻州行署和河边镇政府分别向续淑仙女士赠送地方名特产台蘑和澄泥砚,并请她将其中的一部分转送给阎锡山兄弟在美国的子女。续淑仙说:"我这样吃上喝上又拿上,真格是回娘家了!我一定要把乡亲们的转达给侄儿侄女们,让他们有机会也回家乡来看看。"

带着圆梦后的欣慰,带着故乡人的祝福,续淑仙女士心满意足地

返回美国。离开家乡前,她给忻州地区有关部门留下了一封信,深情地写道:

"我此次从美国返乡探亲、扫墓。蒙各级父母官与亲友们的盛情招待,我今生永难忘怀这次愉快的旅游。此次回国,我有几个想不到:一是想不到祖国变化之快如此令人称奇。二是想不到各级领导盛情招待,开怀畅谈,平易近人,如此可亲可敬。三是想不到自家的房子保存得这样完整。四是想不到宏道镇的乡里亲朋争先恐后相见,亲切叙谈,此情此景,使我回忆起童年的生活,激动得流出了眼泪。五是想不到五台山的历史文物古迹保存得如此之多,对五台山的修建花费了那么大的人力财力,使五台山可以与世界一些著名的旅游胜地媲美。

这些都是由于有了祖国改革开放的政策。这要感谢各级政府和邓(小平)主席。将来有机会时再图后报。淑仙返美后,定将祖国改革开放的政策,祖国建设的繁荣,人民生活的富足和安居乐业的事实,一一告诉亲朋好友,希望他们和我一样回国观光,为祖国的统一和家庭的团圆做出贡献。"

> 网坛宿魁、联合国雇员王春葳

孙中山领导辛亥革命推翻清朝统治、建立中华民国的第4年（1915年），在山西省平定县，一个可爱的女婴呱呱坠地了。当年，降生到这个世界上的小生命有许许多多，但这个女婴与众不同：她是一个山西青年男子与一个英国姑娘爱情的结晶。

这个女婴就是本文记述的主人公王春葳。当时谁也没有料到，后来她和姐姐王春菁会成为威震中国体坛的网球名将，会定居美国进入联合国工作。

网坛姐妹花：左王春菁，右王春葳

书香门第 开明家庭

王春葳的父亲王宪,是山西省宁武县人。宁武县虽然地处山西北中部,境内多山,地势高峻,交通比较闭塞,但王宪的家庭却是知书达理的开明家庭。王宪原是山西大学堂西学专斋的学生(该斋由庚子赔款中的山西地方赔款为基金创办)。1907年,山西大学堂保送25名学生赴英国留学,王宪就是其中的幸运者之一。山西和中国的矿藏十分丰富,王宪想多学习一些与矿业有关的知识,日后好为祖国和家乡服务。因此,他上的是英国伦敦皇家理工学院,学习矿冶工程7年,并成为皇家冶金学会会员。黄土高原造就了他坚韧朴实的性格。孜孜不倦的求学精神和出类拔萃的优异成绩,使他博得了导师的赞赏和异性的青睐。在一场网球活动中,英国姑娘爱伦·帕克被他的气质风度所吸引,向他敞开了爱情的心扉,王宪也爱上了这位美丽纯洁的异国少女。经过一段热烈而甜蜜的爱恋,他俩在伦敦结为伉俪。

王氏姐妹与父母

  1913年，王宪学成回国，爱伦·帕克毅然跟随丈夫来到她多时向往而又感到陌生的国度。王宪先是在阳泉保晋煤矿公司担任工程师，而后又出任山西大学工学院院长。1914年，这对异国伴侣幸福爱情的第一个结晶——女儿王春菁在太原降生了。次年，王春葳在平定县诞生。

  网球是王宪和爱伦·帕克共同喜爱的一项体育运动。在英国，网球成为他们缔结良缘的媒介。1913年回国后，王宪和留英同学常子成、武尽杰等在太原发动、组织起"万国网球会"，有中外50多人入会，会员在太原南门附近辟设6个网球场，开展网球活动，由此网球运动引进山西。王宪夫妇每次打球，必定要带上一对宝贝女儿。

网坛夺魁 巾帼显威

  王春葳和姐姐春菁在父母的影响下，从小就偏爱上网球。父亲的留英同学武尽杰先生对网球尤为精通，对菁葳姐妹悉心指导，使她们的体力和球艺都有很大的长进。那时太原的网球场设在南门外，会员们每天下午4点以后来到这里打网球。球员中洋人居多，男人居多。但在球场上，人们也经常可以看到两个混血小女孩，趁大人们休息的空儿，走进球场，自动练习，姐妹对阵。

  其时，山西的妇女大都还在裹脚，而女孩走进球场，自然是很稀罕的事了。所以，在她们练球时，场外常常有许多人围观。两个小女子竟然在球场上抛头露面，尽情奔跑，大显风采，这是多么稀罕呀。

  "国际网球会"的外国会员们用的球拍，一般都是从英国进口的洋货。王氏姐妹用的则是国产球拍。有人讥笑她们用"土家伙"，但一经交手，便哑口无言了。因为用"土家伙"的人球技确实厉害，使他们这些用洋拍子的人都感到相形见绌。经过长时间的训练，王氏姐妹的网球水平已相当高超，足以与各地高手一比高低了。

1933年10月10日至20日，第5届全国运动会在南京举行。当时，网球虽被列入运动会比赛项目，但还被视为"贵族运动"并未普及，许多省份还没有开展此项运动。体育事业比较落后的山西，却派出了一支女子网球队，这引起了广泛的关注。山西首次派出女子网球队参加全国比赛，把夺冠希望寄托在王氏姐妹身上。对于王氏姐妹来说，是她们第一次外出参加正式比赛，母亲爱伦·帕克女士随行照顾她们俩的饮食起居，也是对孩子的鼓励。

此次网球比赛有14个省市的代表队，王春葳、王春菁代表山西省参加角逐。第1场，山西省对广东省，两个单打山西都获胜了。第2场山西省对南京市，山西队的单、双打又获全胜。第3场山西省对北平市，为半决赛。王氏姐妹对手也是一对姐妹，姐姐叫黄淑懿，妹妹叫黄淑清。新闻媒介以《王氏姐妹对黄氏姐妹》为题进行报道，格外引人注目。结果还是王氏姐妹技高一筹，胜券在握。第4场是决赛，对手是四川队，这是受过正规训练、实力较强的团队，教练是澳大利亚华侨。结果王氏姐妹竟然大爆冷门再次获胜，成为本届运动会轰动一时的新闻。当时南京报纸以醒目的标题报道：《山西得女子网球锦标——全胜四川，连得三组，王氏姐妹打遍天下》1934年，华北运动会在天津举行，王氏姐妹又夺得女子网球冠军。1935年秋，她俩又赴上海参加全国运动会，在女子双打中，她俩一共胜了36局，以绝对优势荣获全国女子双打冠军。从此，王氏姐妹的名字便深深地印在山西乃至中国的网球运动发展历史上。

1935年5月，在菲律宾马尼拉举行第10届远东运动会。王春葳姐妹代表中国队，参加女子网球角逐，受到菲律宾官员、市民和华侨的欢迎。由于不适应东南亚环境和热带气候，她们的比赛未能发挥出最佳水平；但她们那种不畏强手、奋力拼搏的精神，仍受到普遍的赞许。

身体力行 勇破旧俗

特殊的家庭环境和中英血统的融合,使王春葳姐妹在思想观念和处世哲学等方面,兼有中西文化的特色:勤奋刻苦而又大胆果敢,善良贤淑而又开朗热烈,遵循优良传统而又反叛不良习俗,爱恋父辈故土而又向往外部世界……这一切都在她们身上得到和谐的统一和充分的体现。

她们成长的年代,在中国,特别是在内陆省份,封建礼教对于妇女的束缚和压迫是极为严重的。具有开放意识和民主精神的王春葳姐妹,从来不把禁锢妇女的恶劣习俗放在眼里。她们不顾封建遗老遗少的评头品足,大胆地走向社会,昂首挺胸驰骋体坛。这在当时,是对封建礼教大胆的挑战。她们那双大脚,四处奔跑,洋溢着青春的活力,是多么的健美。可是那些主张妇女缠脚并以"三寸金莲"为美的人,对于王春葳姐妹的所作所为却大为不满,屡屡发出"世风日下"的哀叹。王春葳姐妹才不在乎别人怎么说。她俩还应太原"天足运动会"的邀请,多次作专场表演,并发表讲演,鼓励更多的妇女同胞挣脱封建枷锁,参加"天足运动",争取自身的自由解放。

热爱中华 留恋故土

日军进犯中国期间,王春葳一家颠沛流离,备受战乱之苦。为支援抗战,姐妹皆举行过募捐义赛。她们痛惜大好河山遭敌军践踏,同情处于水深火热之中的华夏同胞,盼望中国早日强大昌盛,1948年姐姐王春菁和丈夫施正信大夫赴英国考察公共卫生事业,不久进日内瓦世界卫生组织工作。王春葳则随丈夫到了台湾。1956年她丈夫因病去世,她移居美国纽约,在联合国总部工作。在繁忙的工作之余,她仍坚持自己的业余爱好,参加了联合国的网球会。在多次比赛中,她获得过女子单打、双打、混合双打的冠军。1976年，王春葳退休，迁居夏威夷，后来又移居美国亚利桑那州。

岁月蹉跎，转眼间王春葳女士已年近八旬，她经常思念中国和山西。在东方这片古老的热土上，毕竟有她的"根"，有她的辉煌足迹。1988年金秋，王春葳和姐姐王春菁一道飞越太平洋，踏上山西这块令人魂牵梦萦的热土。她俩观摩了在太原举行的全国第8届老年网球邀请赛。新中国网球运动的快速发展，使王春葳激动不已，她说："这次回国到了几个大城市，发现国内网球运动相当普及，网球运动的设施建设以及运动员的培训条件，不知比过去强了多少倍。我内心感到十分兴奋。新中国对发展体育运动是多么重视，就拿培训这一项来说，现在是有计划地科学地进行，从打基础到全面发展。而我们那个时候，没有系统的训练计划，没有全面的身体锻炼，更不讲什么战略战术。父辈们的指导，只是要求把球打得低打得深，打大斜角。一套拉锯战术，打来打去拉来拉去时间很长。最大的弱点是不敢也不会上网拦截。现在国内男女网球运动员大多能将打底线、打大斜角同上网拦截结合起来，加强了攻势，增加了得分机会。中国的网球运动是大有前途的。"

1992年10月，王春葳和姐姐王春菁集资人民币50 000元，在太原工业大学设立"王宪夫妇子女奖学金"。王宪先生在担任山西大学教授和工学院院长期间，对山西的教育事业、特别是工学院的发展，做出了不可磨灭的贡献。奖学金的设立，是对他最好的纪念。10月7日，在太原工业大学举行了隆重的基金会成立大会，校党委和行政领导以及省教委、省水利厅、省侨联等部门的负责人出席大会。定居北京的姐姐王春菁特地赶到太原参加盛会。她满怀深情回忆了70年前在太原生活的往事。她说：奖学金主要是为水利和环保而设立的，水利和环保对我们的生活非常重要，相信年轻的大学生们一定能够取得

优异成绩。她还代表姐妹俩为太原工业大学题词:"水利为生活的基础,环保是幸福的源泉。"

1993年10月,全国第八届老年网球比赛在太原举行,这对网坛姐妹,又回到太原,坐在观众席上,聚精会神地观看了比赛。她们为祖国网球运动事业日益发展而感到无比欣慰,同时寄语祖国年轻一代男女网球运动员,要抓紧时间,刻苦锻炼,打出更高水平,冲向世界,为祖国争光。

王春葳于2011年在美国去世,享年97岁。姐姐春菁于2012年在北京去世,享年99岁。姐妹俩对于祖国和家乡的深情厚爱,对中国的网球运动事业的贡献,是永远不会被遗忘的。

> 持美国护照的抗战老兵李效黎

李效黎

李效黎原名李月英,生于1916年,山西离石人。她生长在城关一个大户人家。

父亲李文祺在辛亥革命后投笔从戎,考进保定陆军军官学校,毕业后在国民革命军中带兵征战,负伤后以上校军阶退休,带着战利品——两匹黑马返回故乡。

哥哥李效民,1901年生。1917年考入清华大学,1926年考入美国西北大学商学院(公费),1928年考入美国哈佛大学商学院(公费),获得商业管理硕士学位,1930年考入美国哈佛大学研究院。与山西同乡、中共秘密党员冀朝鼎是要好的朋友。1934年回国后任山西大学法学院教授。后在中国银行天津分行、重庆分行、上海分行等部门任职,新中国成立后先后在中国银行管理处和中国国际贸易促进会任职。"文革"中下放到河南五七干校劳动,1971年,病逝于河南。

被蒋阎当局追捕的进步青年

也许是由于她的家庭多一些接受了新思潮,李月英从小就不"安分":活泼大胆,热情奔放,敢于冲破封建礼教的束缚。小小年纪,竟然就学会骑马,纵情驰骋,引来乡亲们一阵阵惊叹声。后来,她随家人到太原,进入当时颇有名气的太原女子师范学校。这所学校早在1927年就秘密建立了中共地下党支部,组织和领导校内外的学生运动。在革命气氛的熏陶下,李月英的革命热情焕发出来。特别是在1934年夏天震惊全国的"反会考"斗争中,她被推举为女师的学生代表,勇敢地随同进步学生一道走上街头示威游行,发表演说,揭露当局阴谋,向教育部门和省政府请愿。

这场斗争震撼了全国。当时,北平《世界日报》报道说:"晋中学毕业生反对会考,与军警发生冲突。""一日间三处混战,双方各有多人受伤,并有生命危险者。""前后捕去学生共37人,均解警备司令部讯办。"

活跃在"学潮"第一线的李月英,很快引起反动当局的注意。一天,担任教育厅长的冀贡泉先生(冀朝鼎的父亲)突然派人送来一信,说李月英的处境危险,详情面告。李月英立即随父亲赶到冀公馆。冀先生一见李月英就说:"黑名单上有你的名字!他们说你是共产党,很快就要逮捕你。我相信你是无辜的,但你必须马上离开太原,越快越好!"当时李月英已被太谷铭贤学校录取,正准备入学,现在情况危急,只好放弃了。回到家里,李月英迅速改变一下装束,提了一点简单的行李,买了一张去北平的火车票,便混在旅客人流中离开了太原。为了防备当局的通缉追捕,她放弃"月英"这个名字,取名李效黎。

在火车上,18岁的李效黎望着窗外闪现远去的田野、树木和房舍，心里百感交集：想到有贵人（冀贡泉先生）相助，自己得以脱离魔爪，感到庆幸与兴奋；想到从此离开了熟悉的故乡和疼爱她的家人，感到留恋与痛苦；想到前途渺茫凶吉未卜，则感到忧虑和迷惘。不过有一点是谁也料想不到的：当局的迫害，把李月英（效黎）从太原"赶"到北平，竟促成了后来的一对异国姻缘！

第一个嫁给外国人的燕大学生

1937年，李效黎考入美国人办的燕京大学。北平陷落后，日军虽然到处横行霸道，凶焰甚烈，但他们还不敢涉足燕京校园，因为日美两国尚未开战。中共组织乘机在燕京大学发展，领导师生开展抗日活动。不"安分"的李效黎重新感受到浓郁的革命气氛，蕴藏在心中的革命热情又一次被激发起来。她在努力学习的同时，关心国家安危和政局变化，积极投身革命洪流。

李效黎、林迈可结婚照

不久，一个异国男子悄悄地闯进李效黎的心扉，他就是燕大的经济学导师、英国人迈克尔·林赛。迈克尔是同白求恩大夫同船来华的。对法西斯的厌恶憎恨和对中国人民的同情热爱，使他到燕京大学后就同中共地下党组织"交上了朋友"并积极参与一系列的秘密抗日活动。他还听从冰心的建议，为自己起了个中国名字：林迈可。李效黎看在眼里，佩服在心里。一个外国人，竟能把中国的事业当成自己

的事业，并不顾生死为它奋斗，他那潇洒外表包容的是一个多么高尚的灵魂呀！1938年暑假和1939年暑假林迈可在我地下工作者的陪同下，两次穿越日军封锁线，到晋察冀边区和晋东南抗日根据地考察和工作。"失踪"期间，李效黎寝食不安，牵挂之至！

林迈可对李效黎这个来自山西黄土高原的女学生，自然也是怀有超越师生关系的特殊感情。喜欢她的美丽、聪颖，喜欢她的纯真、热情，更喜欢她对事业的关注和热爱。每次辅导、补课之后，他总要留她多待一会，一起喝咖啡、听音乐，海阔天空地畅谈。特别是他谈及赴抗日根据地考察、工作的见闻和感受，他发觉眼前这个姑娘完全着迷了。他觉得，他俩虽然分属两个国家，但两颗心是靠得那么近。

有一次，李效黎问林迈可："你这样做太危险了，你太太知道吗？"林迈可说："我还没有结婚呢。"李效黎指着夹在书本里的照片："那跟你照相的这个女人……"林迈可说："那是我母亲呀！"

有一天晚上，林迈可打电话给李效黎，说他有要事急需她帮忙。几分钟后，李效黎来到林的书房，只见房间里摆满了各种各样的药品。林迈可把门锁上，表情严肃地说："这是准备给大山里的八路军游击队送的，需要换上中文标签。这可能是世界上唯一的一支在根本没有正常物资供应的恶劣环境中作战的军队。如果英国对日本开战，我想我也会去参加八路军的。"李效黎恍然大悟，立刻动手干了起来。她觉得，眼前的异国导师正是她等待很久很久的人，她愿意跟随他去干任何危险的事情，去迎接光明同黑暗厮杀的未来。

1941年6月25日，李效黎和林迈可在经过几年的相知相爱之后，终于结为伉俪。燕京大学师生们闻讯无不感到惊奇和兴奋。校长司徒雷登先生说："中国学生嫁给外国教授，这在本校还是第一次。"朋友们鼓励他俩出去度蜜月，他俩说：兵荒马乱的，蜜月旅行就免了吧。其实林迈可是工作太忙无法脱身，他要为3个不同地区的八路军部队安装无线电收发报机；而李效黎作为妻子，是他缺少不了的助手。

经受抗日烽火洗礼的八路女兵

1941年12月8日，即"珍珠港事件"爆发的第二天，李效黎同丈夫林迈可清晨起床后从德语广播中得知日本和美国、英国已处于交战状态，估计日军很快就会开进燕京校园。于是迅速收拾好生活用品、收发报机零件及手枪、子弹，借用校长司徒雷登的小汽车驶离燕京大学，绕过日军哨卡，直向城外奔去。不一会儿，一队日本兵包围了南大地63号林迈可的住所，只见人去房空，只剩一些家具和一台搬不动的大型收发报机。顿时火冒三丈，大打大砸。日军头目咬牙切齿地大骂："这个该死的英国佬！下次逮住他非送他上军事法庭不可！"

李效黎和丈夫林迈可在抗日根据地

从这天起到1944年3月初，林迈可夫妇一直转战在华北各抗日根据地之间。一次次反"扫荡"急行军，一次次通过日伪封锁线，山高水险，枪林弹雨，死亡的威胁经常笼罩着他们。有一天，他们通过敌人封锁严密的拒马河，由山民担任向导，摸黑走进一条峡谷。在河床最为狭窄和险要的地方，找到一条秘密通道。用两根粗大的木头架在河上当桥，然后一个紧跟一个小心翼翼地过河。李效黎踩在木头上晃动了一下，差点跌进河里。身后的法国人当舒急忙扶她一把，自己身体失去平衡，一条腿滑进了冰冷的河水；幸亏身体没掉进去，挣扎着爬了起来继续行进，从北平带出来的拐杖却被湍急的河水冲走

了。过河后又爬山，所经之处根本没有路。他们摸索前进，不知摔了多少跤。大家真想停下来休息一会，领队告诫说："停下来有危险！大家坚持住早点到安全地方。"还有一次，他们行军多时又累又渴，在一个刚被日军洗劫过的小村庄里稍事休息。护送他们的游击队长认为此处不安全，催着动身。李效黎连水也来不及喝，就同大家动身赶路了。走了大约3刻钟，日本兵和伪军就从山后摸进那个村子。几个抗日干部正在那里开会，一个侥幸逃脱，一个被当场用刺刀捅死，其余全部被抓走了。大家听了逃脱出来的同志的叙述，个个惊得目瞪口呆。在一次遭遇日机空袭中，怀有身孕的李效黎又一次同死神擦身而过。当时她正在一条村旁小河边洗衣服，头上传来日本飞机的轰鸣声。李效黎抬头见只有一架飞机，认为是侦察机，就没有理睬它。在村里的林迈可一见情况，大喊："效黎！危险！"冲过来连抱带拖把李效黎拉进一个石头洞里，接着就听到几颗炸弹的爆炸声。事后，他们得知在这次日本飞机的空袭中，村民共死了8个人，其中就有同李效黎在河边洗衣服的妇女。李效黎不禁庆幸自己"命大"，并感激林迈可果敢地救了她和她肚子里的孩子的性命。

1942年元旦前夕，林迈可、李效黎一行在游击队的掩护下抵达平西抗日根据地肖克将军的司令部。1938年暑假林迈可曾到这里考察和工作，老朋友重逢格外高兴。安顿妥当后，夫妻俩立即投入工作。林迈可动手帮助电台人员修理收发报机；李效黎则作些调查研究，了解敌后根据地人民如何抗敌和生活。

春节后，他们继续前进，一路经历的险情仍是不少。不多久终于抵达晋察冀军区司令部。军区专门召开欢迎会，欢迎来华抗战的国际友人。聂荣臻司令同第二次来军区工作的林迈可先生进行长谈，介绍了当时的形势和任务，并真诚地说："你的知识和特长对我们很有用，我希望你能留下来工作一段时间，帮助我们重建电台，并训练一

李效黎（左三）林迈可（左四）与晋察冀军区领导人合影

批电台工作人员。"林迈可说："能为抗日出点力，我非常乐意，不过我得跟太太说一下。"李效黎一听丈夫的话，十分赞成，说："你能留下来帮助这里的军队和人民抗日，我很高兴！因为这是我的祖国，我更应该这样做！"根据聂荣臻司令的安排，李效黎在电讯学校负责教英文。进入4月份以后，天气逐渐转暖，夏季军装发下来了。林迈可穿上军装，成了地道的"洋八路"；李效黎穿上军装，把头发剪短，打上绑腿，成了英姿飒爽的八路女兵。有一次去电讯学校途中，遇见一队人马，走近才认出是聂荣臻司令和军区政治部朱良才主任等人。他们向这位八路女兵敬礼；李效黎一时激动，竟傻乎乎地站在那里，不知该如何回礼。

1942年10月15日，李效黎在根据地一个小山村产下了第一个孩子，取名艾丽佳（林海文）。这个中英混血的女婴，成了根据地军民人人喜爱的"战地之花"。

革命圣地延安的尊贵客人

1944年3月初，李效黎和丈夫林迈可接到动身赴延安的通知，于

是恋恋不舍地告别根据地军民，跟随一支骑兵营部队向革命圣地延安进发。一路上依然是险象环生。在山西五寨县境内，日军早在远离据点的路边设下埋伏，准备来个"一网打尽"；但八路军李营长识破了日军的诡计，偏偏选择距离五寨县城较近的黄土岭神不知鬼不觉地越过封锁线，使日军在雪地里白白冻了几天几夜。在晋绥军区司令部休整期间，林迈可主动向吕正操司令员请求工作，将司令部的电台设备全体检修好，并训练了一批技术人员。4月23日，林迈可、李效黎一行渡过黄河，5月下旬终于抵达日夜向往的延安。

中共中央、中央军委专门在杨家岭设晚宴招待林迈可夫妇。李效黎在现场充当翻译。毛主席亲切地问候："你们长途旅途很辛苦，现在已经恢复体力了吧！"接着转过去看看艾丽佳："她过得惯吗？她会喜欢这里的！延安是小朋友生活的好地方，这里比前方安定得多。"话题转到林迈可来中国之前的生活，毛主席问："那时候你对中国的情况了解吗？"林迈可坦率地说："不了解，确实一点也不了解。"

毛主席说："不管你是什么原因来中国的，你能帮助我们打日本人，我们是很高兴的。我们感谢你的努力。你还能和我们一起过艰苦的生活，这是很不简单的。"

一天不干工作心里就发慌的林迈可问毛主席："在延安我们应该做些什么事？"毛主席回答说："莫急，莫急，多休息几天，以后再谈这个问题。"

几天后，林迈可接到八路军总部的正式任命书，任命他为八路军总部通讯顾问，并兼任新华社对外广播顾问。朱德总司令还附了一封信："如能得到你的有力帮助，我军将深感荣幸。"

新的战斗生活开始了！林迈可每天步行20多里到通讯部去上班。他极大地发挥自己的主观能动性，运用自己的专业知识和特长，克服种种困难，为八路军设计和装配新的收发报机。有一次，阎锡山部下有两个官员到陕北考察，看到林迈可设计的新式便携式收发报机，大为惊讶，说：这里的无线电设备比我们的先进，比国民党地区的也先进。他们对李效黎做"工作"："你是山西人，为什么不和林先生一起到山西来？阎锡山先生有更好的物质条件，可是找不到像林先生这么能干的人。"从重庆来的一个客人则对她说："为什么你丈夫不去重庆工作呢？在那里电台工作很多，他有高超的技术，肯定能赚到不少钱。"林迈可夫妇对此总是一笑置之。

在新华社对外广播部，林迈可的事情也是很多。他不仅要编发英文的每日新闻，还要翻译、编印一些重要文件、包括毛主席的讲演等等。工作虽然很忙，但干得很愉快。在这里，林迈可同4位同事相处得很融洽，工作配合得很默契。可惜后来有两位同事在空难中牺牲：一位是博古（秦邦宪），任中共谈判代表，于1946年4月8日从重庆乘飞机返回延安，途中在山西兴县黑茶山失事遇难；另一位是沈建图，新中国成立后任新华社记者，于1955年4月11日乘坐印度国际航空公司"克什米尔公主号"客机赴印尼采访万隆会议，遭国民党特务暗算，中途飞机爆炸坠海，不幸遇难。提起他们，林迈可夫妇总是痛惜不已。

在革命圣地延安，环境安定，生活条件也不错，林迈可夫妇用不着颠沛跋涉和担惊受怕了，他们以高度的热情投入工作。他们的心灵，已被正义、崇高的事业全部占据；至于说金钱和物质享受，在他们心中已不值一提。他们已经把自己的命运，同延安、同中国紧紧地联系在了一起。

为了给革命事业培养更多的外语人才，以适应当时和未来的需要，中央决定除俄语学校和法语学校之外，在延安再建立一所英语学校。林迈可夫妇都应邀参与筹划，开学时李效黎应聘担任英文教师。

她一方面竭尽全力培训学员,一方面担任党中央开展外事活动的辅助英语翻译。她的月薪是2斗小米。工资多少并不重要,能用自己的知识为革命事业服务,她心里很高兴也很满足。1944年6月中旬,中外记者参观团21人访问延安。7月下旬,驻华美军司令部派遣美军观察组到延安。在这些重大外事活动中,李效黎自始至终参与接待工作。她还负责教6名美军官员学习中文,给他们讲中国的历史和文化,讲延安的新鲜事,帮助他们了解中国抗战的真相。在轰轰烈烈的"自己动手丰衣足食"运动中,李效黎不仅向女同志学习纺纱,并熟练地掌握了这项技术,还在空地上开辟小菜园,种植西红柿、甜玉米、四季豆和烟叶,都长得很茂盛,大家心里都充满了喜悦。

1945年元月底,林迈可夫妇第二个孩子在延安诞生。这是个男孩,起名詹姆斯(林建悟)。他同艾丽佳一样,也是人人喜欢的"宝贝"。聂荣臻夫妇送了一块当地手织的绸布给孩子当内衣,聂夫人还专门看望了李效黎。艾丽佳在前方出生时,她曾送给一件亲手做的小斗篷。

促进中外友好交流的幕后英雄

日军投降后,经中共中央同意,林迈可、李效黎携子女于1945年11月7日乘坐美军观察组的飞机离开延安,先到重庆,后赴英国,同父母家人团聚。

离开延安前夕,毛泽东主席和夫人江青设宴饯行。李效黎最后一次担任翻译。

席间,一直同中国人民并肩战斗、患难与共的林迈可,询问毛主席说:"抗日战争时期,

李效黎全家福(摄于英国)

你和蒋介石至少有一个共同的目标,就是打败日本人。而现在,蒋介石想按《中国之命运》里的计划来统治中国,而你想搞'联合政府',实现新民主主义,这可怎么办呢?"

毛主席反问林迈可:"你认为现在中国应该怎么办才好呢?你跟我们一起生活了那么久,可你又是一个局外人,或许你看问题会更清楚一些。"

林迈可说:"我想,在现在中国的社会里,国共两党的主张是两个水火不相容的概念。"

毛主席诚恳地说:"林先生,你比其他外国人更多地了解我们。中国共产党是不想再打仗了,我们打仗打够了!我们为了自己的祖国,已经牺牲了那么多人的生命。现在我们所希望的,只是想安宁地生活下去,希望不要再有人来消灭我们。我们没有更多的要求,只要求国民党政府承认我们的合法地位,让我们参加这个国家的政府。"

毛主席有些激动:"决定战,还是和,就看蒋介石了!未来的中国历史,会判断他是不是一个真正的爱国者。"

林迈可问:"如果蒋介石坚持要打呢?"

毛主席斩钉截铁地说:"现在他们不可能消灭我们!在我们更弱、力量更小的时候,他们消灭不了我们,更何况是现在。"

林迈可返回英国后,一直受到怀疑和冷遇,知识才华无法施展,原因是英国官方获悉:林迈可妻子李效黎就是在太原闹"学潮"的李月英,是"中共党员"(实则不是),他们一直"领中共的津贴"(更是无中生有)。几年后,他们遇到英国政府外交国务大臣肯尼思·杨格,李效黎同他交谈时说:"我不曾参加中国的任何党派。"肯尼思·杨格大为惊奇,说:这项情报是国民党驻英使馆发来的,我们都以为是确实的。

林迈可、李效黎非常思念和向往中国,撰写大量文章,并通过报告、讲座等形式,向国际社会介绍中国的真实情况及共产党的方针政策。翻译成中文并在中国出版的著作有:林迈可的《八路军抗日根据地见闻录》,李效黎的《延安情》等。他们多次访华,曾受到周总理的亲切接见。

1961年,林迈可和李效黎移居美国,并加入美国籍。他们原被聘请到联合国经济总署工作,因台湾国民党驻美机构散布谣言(还是"李效黎是中共党员"那一套),所以计划未能实现。林迈可长期在美利坚大学任教,并在耶鲁、加州、西雅图等大学任客座教授。李效黎辅助丈夫工作,处理各种秘书事务。他们依然是一如既往通过各种方式,向各界人士介绍中国,特别是改革开放后的巨变。随着年龄的增大,他们思念和向往中国的愿望愈加强烈,并多次向中国有关部门提出。中国政府和人民没有忘记在危难时期同生死共患难的挚友。中共中央很快批准了他们的请求,并在住房等生活条件方面作了妥善的安排。不曾料到,林迈可不幸于1994年2月13日在美国病逝。李效黎不再拖延,随即回到"娘家"——她日夜思念的祖国。于是,北京方庄芳古园住宅区从此住上了一个持美国护照的年迈的抗战老兵。

李效黎比起其他住户,确有一些"特殊"之处:她获准在这里长住,却没有北京户口,持的是美国护照;她是地地道道的中国血统,儿孙们却长得是金发碧眼,高鼻子白皮肤;她看起来与普通的知识界人士相差无多,结识的人中却不乏党和国家的革命元老。

李效黎和林迈可的亲属和学生分布在英、美、澳、日、韩等国家,在教科文部门和军政机关任职。对于中国和山西,他们怀有特殊的情愫。在延安出生的儿子詹姆斯起了个中国名字林建倡,曾任澳大利亚驻肯尼亚副大使,还拨冗沿着母亲当年的足迹访问了太原、离石和延安。外孙女(艾丽佳的女儿)叫李淑珊,曾留学北京大学,是常驻中国的美国记者,曾专程来大寨采访郭凤莲,随记者团采访山西的世界银行贷款项目。1998年11月上旬,李效黎、李淑珊祖孙二人,再次回到山西这片令他们魂牵梦绕的土地。在省城举办的"抗战见闻座谈会"上,李效黎讲述投身革命的经历以及国际友人、爱国华侨对中国抗战的贡献。在故乡离石,李效黎参加离石市委和吕梁地委举办的"乡情乡爱座谈会",畅谈几次访问山西的感受,并为东关小学和离石第一中学各捐资5000元人民币用于奖学助教。

在反法西斯战争中,林迈可同白求恩、柯棣华、马海德一起被公认为对中国抗战贡献最大的国际友人之一。他们的事迹永载史册,千古流芳!作为林迈可的妻子和战友,李效黎这位坚定、勇敢的抗战老兵,也赢得了崇高的赞誉。正如共和国两位开国上将杨成武、吕正操在李效黎著作《延安情》里的题词所表述的:"艰难的历程,深切的怀念。"(杨成武)"在战火中结下的友情,是永远不会忘记的。"(吕正操)

李效黎晚年健康状况欠佳,听从亲友建议,返回美国生活、治疗。2010年4月25日,在美国华盛顿逝世,享年94岁。

抗战老兵这个群体已与我们渐行渐远,最终会成为历史名词。但是,在国难当头的危急关头,他们为了保家卫国和捍卫世界和平,所立下的光辉业绩是永垂青史的。为了表彰这位吕梁女杰,2005年8月,吕梁市离石区政协编辑出版了《离石文史资料·李效黎李效民专辑》。2009年10月,经李效黎女士同意,又再版了李效黎的《延安情》,书中配发了李效黎提供的不少以前不曾披露的珍贵历史照片。

李效黎的传奇经历,犹如一部可歌可泣的史书,读起来让人惊心动魄,也让人百感交集。黄河连绵滔滔去,长江不尽滚滚来。李效黎对于华夏大地的眷恋和华夏儿女对于抗战老兵李效黎的敬爱钦佩,都是永永远远割舍不断的。

> 英国华侨妇女会首任会长熊文英

白清才副省长接见熊文英

博大精深的中华文化,在漫长的岁月中,由本土传播到世界各地,薪火相传,连绵不断。在海外,对于中华文化最为热爱和推崇的,当属华侨华人了。他们当中,有不少人士为了弘扬中华文化,不辞辛劳,不图名利,投入了很大的精力和财力。英国华侨妇女会首任会长熊文英女士，便是他们当中突出的一员。

走出娘子关 走出国门

熊文英是山西省平定县人，1917年生于原籍。在平定县城上完小学和中学以后，到太谷县仁术医院担任护士。该医院由美国人威尔·海明威大夫创办，面向平民百姓，勤恳服务，清正廉洁，有着高尚的医风和医德。熊文英在这里受到了良好的熏陶和影响。她刻苦勤奋，边工作边钻研，终于通过了考试，获得了中华护士会颁发的文凭。从此她离开故乡，走出娘子关。先是在北平协和医院工作，抗战爆发后，转入中央医院任职。

1945年，熊文英离开北平赴香港，而后辗转东南亚、日本、美国和东欧，最后在英伦三岛落地扎根。她长期从事妇女、文教、华侨社团、社会福利等工作，在侨界和居住地享有很高的声誉。尤其令人感动的是，熊文英对于悠久灿烂的中华文化，怀有深厚的感情，一如既往地以弘扬中华文化为己任，成绩卓著，有口皆碑。

创办华侨中文学校

20世纪80年代，居住在英国的华侨华人有15万人左右，半数以上是妇女和小孩。如何在海外维护和弘扬中华文化，使生活在异国他乡的华夏儿女不至于数典忘祖，这是侨界有识之士经常思考的一个问题。华人华侨子女在当地念书，几乎与中华文化隔绝，很容易变成为黄皮白心的"香蕉"。熊文英看在眼里急在心上，决心改变这种状况。她在伦敦住所附近，自费租赁了教会的房舍作为教室，聘请了4名华侨教师，创办起英国第一所用普通话授课的中文学校，并由她亲任校长。

这所学校专门吸收华侨华人儿童。课程主要是：学习中国语文，

介绍中国传统的伦理道德,熟习中国的风俗习惯等。教学方法力求生动活泼,组织小孩排哑剧、念诗歌,给小孩讲故事、发玩具,还具体教小孩如何待人接物,特别是如何孝敬父母长辈。孩子们特别喜欢这所学校。大家都是"龙的传人",黄皮肤,黑头发,相聚一起觉得格外的亲切温暖;学习的东西新鲜有趣,又很实用,有亲切感,易于心领神会。孩子们回到家里,立即把学校所学付诸实践:见了父母懂得请安,吃东西知道礼让,并且会唱中国歌,跳中国舞,生活上还学会自己照顾自己,个个变得聪明懂事、勤奋自觉。家长们看在眼里,喜在心头,一致夸奖中文学校办得好,说熊文英为侨界做了一件大好事。

向英国社会介绍中华文化

熊文英还向英国各界人士介绍中华文化。她说:"我们的文化太伟大了,要让全世界都知道。"

她同政府的一些要员保持良好的关系,经常应邀参加他们举办的社交活动;她也经常出面组织聚会,诚邀政要名流偕夫人出席。她利用各种场合,"见缝插针"介绍中华文化,从中国的朝代更替、科学发明,到中国的神话传说、衣食住行,内容丰富,娓娓动听。英国朋友常常听得入迷,有的说:"过去我们对中国很陌生,听了你的介绍,才知道她是一个很伟大的文明国家。"熊文英曾向英国儿童讲述并表演中国

熊文英教少儿中国书法

书法。孩子们看到一支小小的毛笔,在熊文英手中,竟像有了魔力一般,在宣纸上写出一个个意味深长的汉字来,不禁连声赞叹:"真是不可思议!太奇妙了!"每逢春节前夕,熊文英还应邀到电视台去讲演。她介绍中国民间习俗,介绍12生肖的来历,穿插一些历史典故和民间传说,生动有趣,很受欢迎。英国小学的教材曾引用了她的讲演内容,师生们一致认为这是了解中国的好读物。

熊文英还帮助丈夫在英国开了一家中餐馆,推出各样美味佳肴,不仅华侨华裔欢迎,英国朋友也频频光顾。有时她还要亲自下厨"露一手",做一些中国菜请英国朋友品尝。

熊文英女士(立者)向英国朋友推广中餐

一位英国学校的高级教师给熊文英写信说:"你有效地帮助和促进英国青年一代对于中华文化的了解。……我想利用这个机会向您、您丈夫及中国语言学校的教师们表示衷心的感谢!感谢你们对社会所做出的不可估量的贡献。"有一位叫海伦·菲茨威廉的电视观众给熊

文英来信说:"能为我们讲解你们中国春节的仪式和风俗,真是太好了!您对中国历史和文化的丰富知识给我们留下深刻的印象。非常感谢您给予我们的所有帮助。"

关心祖国和家乡的文教事业

熊文英于1987年11月,应国务院侨务办公室的邀请,亲任团长率领英国华侨妇女代表团回国访问。代表团成员都是英国各地华人妇女社团和侨校的负责人,有曼彻斯特"东方地平线"华语广播的节目主持人、英国种族平等全国委员会专员、伦敦格林尼治华人中文学校校长等等。在中国首都北京,她们受到了全国妇联、国务院侨办、全国人大华侨委员会等部门高层领导的亲切接见和热情接待。

在北京活动了6天之后,代表团赴南方一些省份考察。在其他成员离境之后,熊文英专门访问了河北和山西两省。她特别注意了解祖国文教事业的情况,包括大专院校、中小学、幼儿园以及各类博物馆和展览馆等。她对祖国在改革开放以后所发生的巨变表示由衷的喜悦,对某些方面存在的问题和不良倾向,也以主人翁的态度提出善意的批评和建议。

对于阔别40余年的家乡阳泉市平定县,熊文英格外感到亲切和温馨。她再三说:"阳泉、平定变化这么大,我没有想到!我所到之处都受到热情的欢迎和接待,我没有想到!"她对家乡的文教事业尤为关心。在参观县文化宫和3所小学时,她提出:"你们的图书不要只是摆设,要鼓励孩子们多多阅读,不要怕翻破书皮嘛!"在亲戚聚会时,她还教育晚辈:"干什么都得有文化,要教育子女好好学文化","一个人来到世上不容易,不要虚度人生,要教育子女好好读书,做个对社会有贡献的人"。她还表示:中英文化交流很重要,我乐意当个牵线搭桥人。她还建议说:"外国很多人,包括华侨华人在内，对中国对山西了解还是太少。他们许多人想来旅游观光，想来投资做生意，但不了解这里的情况，希望你们对外多做些宣传介绍。"

返回英国后，熊文英在《星岛日报》（欧航版）发表了《回国访问记》，记述了自己回国的见闻和感受，字里行间洋溢着海外游子对祖国的刻骨铭心的热爱和眷恋。她说："虽然结束了6星期的难忘的访问，但仍思念着日日的所见所闻。我感到了愉快，感到了幸运。"

> 旅美桥梁设计大师张馥葵

曾经被海外新闻媒介誉为"迄今中国潜力最大的并极有前途的开发区"——上海浦东开发区,犹如一颗明珠在神州大地上闪闪发光。而宏伟壮观的南浦大桥,作为浦东开发区的交通要道,为明珠增添了光彩。

鲜为人知的是,有一位出类拔萃的海外山西人,曾经为南浦大桥的建设洒下了自己的心血。在上海宁国路大桥的建设中,同样有他真诚的奉献。他的非凡才智和赤子热忱,已经永久地熔化和浇铸在大桥的每一根钢梁之中。

他,就是世界闻名的桥梁设计大师、美籍山西人张馥葵,全美国最大的桥梁设计与

张馥葵

监督公司——阿曼温特利工程顾问公司的合伙人兼副总裁。他曾经为南浦大桥和宁国路大桥义务提供咨询,而这些不过是他为祖籍国建设所做的事情的一小部分。尽管他久居美国并且已加入了美国国籍,但他与故国仍有难分难舍的情缘。

成长——离不开故土哺育

1919年，张馥葵出生在山西运城东王村的一户农家院落。

中国民间历来有"地灵人杰"之说。人们说，运城这块地方确实是灵气充盈的所在。在历史上，她它哺育了关羽、关汉卿等著名人物。在现代，她也出了不少成就卓著的英才，例如：画家丁绍光、苗重安、古一舟，作家兼翻译家李健吾，作家兼教授景克宁，等等。张馥葵的胞兄张馥蕊博士，也是享誉国际的学者，任教于法国巴黎大学及法国高级研究院，是成果累累的文学家、历史学家和翻译家。

但是，再有灵气的土地，如果没有家庭和社会提供的支持和帮助，没有个人主观的刻苦努力，也是不会有"人杰"的出现。张馥葵的祖父和父亲，都是十分重视教育的明智之士，为了供养子女上学，甚至不惜卖掉被农民视为生命的土地。结果，在张家几代中连续出了几个秀才、教书先生和留洋博士。

张馥葵自小胸怀大志，读书十分用功。在运城、太原、南京读书时，他的成绩一直是名列前茅。1938年，他考上交通大学唐山工学院土木工程系。上大学是他生活道路上至为关键的阶段。他有幸从师于中国桥梁之父茅以升先生。茅先生拥有高深学问、卓越才华和高尚人格，给张馥葵极为深刻的影响并使他终身受益；而张馥葵的聪敏好学和勤奋刻苦，也深受茅以升先生的赏识并给予另眼看待。茅先生不止一次地鼓励他："你在桥梁设计上有天分，要不懈努力，大胆探索，将来一定有成功的一天。"多少年来，茅先生这些话一直在张馥葵的耳边回响，成为鞭策和激励他前进的动力。

拼搏——道不尽苦辣酸甜

1945年，张馥葵由国民政府交通都派遣，赴美国实习。在此之前，他曾服务于甘肃宝天铁路局和贵州西南公路局，担任技术工作。

　　当时，能获得赴美留学机会的人是很少很少的。张馥葵这样幸运，当然是国家给予的，但和个人的条件和表现也有很大关系。

　　二战结束时，中国和美国虽同属战胜国，但美国的先进程度却远远胜于中国。张馥葵珍惜这个大好的机会，在这个发达的国度里，发奋地汲取新鲜的科技知识，像干燥的海绵拼命吸水，又像饿汉迫不及待地扑向面包。

　　在白人占统治地位的国家里，一个黄皮肤黑头发的中国人要出人头地谈何容易！对他友善的当然不少，对他歧视的也大有人在。在那些充满优越感、盛气凌人的家伙面前，张馥葵只是投过去淡淡的一瞥。他不想浪费口舌去跟他们进行辩论，而是暗暗地对自己说："谁优谁劣，走着瞧吧！"

　　张馥葵就读于宾夕法尼亚州的利海伊大学。该校始建于1865年，当时拥有各种图书77万册，学生数千人，教职员500余人，教学设施和质量均属上乘。张馥葵全身心投入攻读土木工程，即使在星期天和节假日也很少休息和娱乐。图书馆和实验室是他最经常去的地方，而且经常是到得最早，走得最晚。天道酬勤，张馥葵的发奋苦读，换来了一门门功课的优秀成绩。那些原来歧视他的白人学生，也不得不竖起大拇指说："Mr.Zhang,Wonderful！"（张先生真棒！）

　　1950年，张馥葵终于获得了利海伊大学土木工程博士学位。当他身着博士服饰从校长手中接过学位证书时，他那兴奋激动的心情真是难以用语言来描述。他想起了哺育他成长的黄土地，想起了对他寄予厚望的亲人，想起了孜孜不倦地教诲他的恩师……顿时心潮澎湃，不能自已。他的双眼完全被泪花所模糊了。他对为他鼓掌的师生说："谢谢！谢谢！"同时，他在心里又对自己说："我总算没有丢中国人的脸。"

成功——忘不了华夏荣誉

张馥葵原来计划学成后就回国服务，因为当时他来美国是实习的。但由于国际国内形势发生变化，他滞留美国了。他一下子"实习"了几十年，这是当初始料未及的。

1953年，张馥葵应美国纽约阿曼温特利工程顾问公司总裁阿曼的邀请，正式加入该公司，从而成为阿曼的合伙人，专门从事桥梁的设计。

阿曼的名字在美国工程界可谓"如雷贯耳"。闻名遐迩的华盛顿大桥和林肯隧道，都是他设计的杰作。这位享誉美国和世界的设计大师独具慧眼，在众多的土木工程博士中，一下子就"相中"了张馥葵。人们评论说：阿曼温特利工程顾问公司自从有了张馥葵以后如虎添翼，张馥葵自从加入阿曼温特利工程顾问公司以后如鱼得水。

张馥葵在阿曼温特利工程顾问公司兢兢业业地工作，度过了40多个春秋。他先后设计了各种类型的桥梁数百座，遍及美国的每一个州。他曾参与纽约附近全美最长的吊桥的设计，并且担任芝加哥约翰汉考克的百层大厦和当时全球最高的芝加哥希尔斯摩天大厦（110层）的结构设计工程顾问。阿根廷有一座南美洲最长的混凝土斜拉桥，也是张馥葵主持设计的。1988年，他因主持改建美国历史最悠久的诺布灵吊桥而荣获"美国总统优越工程设计奖"。同年，他还因主持设计纽约华尔街圣三一行人过街天桥，而荣获美国林肯拱桥焊接基金会颁发的"最佳设计奖"。1992年，美国土木工程师学会将该年度的诺布灵奖章授予张馥葵，以表彰他40多年来在美国桥梁工程领域取得的非凡成就。该奖项每年只授予一名杰出人士，而张馥葵是获此殊荣的唯一华裔。美国新闻媒介争先恐后给予报道。《世界日报》详细报道了张馥葵的经历和成就，并刊登了张博士的照片。该报醒目的大标题是《张馥葵获今年诺布灵奖章》，副标题为"设计桥梁数百座

最大心愿为中国贡献才智"。

张馥葵是美国土木工程师学会及国际结构工程师学会合办的高楼设计联合委员会的主席之一。他有关桥梁及高楼的研究论文很多。进入阿曼温特利工程顾问公司第2年,他就发表了论文《钢铁扭曲问题》,对桥梁建设中的大难题提出创见并进行了精辟的论述,震动了工程界。为此,他荣获美国土木工程学会颁发的金牌奖。此后,他又推出一系列著作,都是理论与实践相结合的产物,工程界同行十分佩服,称阅读他的著作时有"拨云见日之感"。1979年,他又发表了《长跨度桥梁的发展瞻望》,在美国和世界均产生了很大的影响。

张馥葵成功了!记者们纷纷采访他。有一个记者请他谈谈"成功的秘诀"。张博士坦诚地说:"作为华夏儿女,我之所以在事业上能有所成,实源于博大精深的中华文化的熏陶与滋养。中国人一向以和为贵,认为'和能生财'。我在事业上十分注意与人善处,尊重我的合伙人,并注意取人之长,补己之短。美国人的性格大都容易激动,有时也就失之偏颇。在学术上,有些美国人重理论而轻实践;有些人则重实践而轻理论。而我却很注意把两者结合起来,这也是我们中华文化思辨哲学在自己学术上的灵活应用。另外,我们中国人一向讲究恪守信用,'言必信,行必果',这使我比我的同行更能赢得客户的信赖。我所设计的工程项目,一向很注意经济实用,从不追求华而不实的东西。这都是中华文化对我教育和影响的结果。一句话:没有源远流长的中华文化的滋养,就没有我张馥葵的今日。"

张馥葵最后说:"我获得的荣誉,其实不只是我个人的荣誉,而是整个美国华裔科技界的荣誉,是所有华夏儿女的荣誉。"

奉献——割不断神州情缘

1981年6月,年过花甲的张馥葵应恩师茅以升先生和中国土木工程学会的邀请,到北京、武汉等地访问、讲学。他把自己所掌握的关于桥梁设计的知识以及最新的国际动态信息,毫不保留地介绍给中国同行。每次讲座,他都认真地准备,认真地讲授,全然不觉苦和累。当有人劝他要多注意休息时,他说:"我当时赴美国实习,一下子离开中国30多年,现在才获得向国家报效的机会,苦点累点算什么。"

当年7月1日,张馥葵回到故乡山西运城访问观光,受到当地政府和侨联的热情接待。运城市还专门为他组织了文艺晚会,上演了蒲剧《打神告庙》。亲切的乡音,给他这个多年在外漂泊的游子极大的抚慰。他还在亲属的陪同下,探望了东王村祖籍庭院,参观了母校明日中学旧址和家乡的企业及市政建设。旧时满目疮痍的悲惨景象已不复存在,代之以蓬蓬勃勃的建设新貌。他内心非常激动,说:"回美国以后,我要把中国的变化,讲给我认识的所有华人,鼓励大家和我自己,在有生之年多为中国做些贡献。"

8年之后,张馥葵再一次回到魂牵梦萦的神州大地。他发现中国又有巨大的变化,特别是桥梁建设。他第一次来中国时,斜拉桥还是个空白,而此时已是星罗棋布,发展到几十座之多,遍布大江南北,长城内外。当然,这其中也有他讲学的一份功劳。在兴奋之余,他主动向有关部门提出,要为上海的南浦大桥和宁国路大桥的建设提供义务咨询。他说:"作为一个华夏儿女,我渴望能为中华的振兴献上我的一片爱心。"

母亲怎么会拒绝海外游子的爱心奉献呢。张馥葵的愿望终于实现了。他的才智和热忱就这样永远地浇铸在神州大地上的桥梁之中。

桥啊,桥……你是张馥葵终生奋斗追求的目标,也是张馥葵热爱中华的见证。

> 旅日企业家、侨领曲学礼

曲学礼1922年生于运城市盐湖区原王庄村。1943年,他从山西东渡赴日本留学,攻读农业。大学毕业留后居日本,开始从事农业研究,后改行经商贸易。1953年创建了北海道最大的"晋南贸易株式会社"。这是一家闻名遐迩的中华料理材料供应商,是日本东北地区最大规模的华侨商社。

曲学礼发家致富的"秘诀"是刻苦耐劳,精打细算。他动的脑筋比别人多,付出的努力也超出常人。20世纪50年代初,日本经济尚不发达。他开始经营中华料理材料,遇到困难不少。但他不畏缩,不放弃。起初,他搞起了一个经济实体,用自行车、小车给客户送货,不管风霜雨雪,一户一户地上门服务。这就是"晋南贸易株式会社"的雏形。凭着中国人的聪明才智和吃苦耐劳精神,他与北海道的中餐馆建立了广泛的联系,赢得了客户的信任,业务不断增加,公司不断发展,当然财富也就滚滚而来,"晋南贸易株式会社"也就应运而生。

自从1971年以来,曲学礼多次参加中国"广交会",在日本大力推销中国商品,进一步扩大同中国的经贸往来。

曲学礼身为炎黄子孙,关心同胞,常为在日同胞排忧解难。山东高密农民刘连仁于1944年被侵华日军抓到日本北海道当劳工。1945年，不堪非人待遇，逃往北海道深山密林中，独身一人穴居13年。1958年2月，被当地猎户发现，震惊了中日两国，也震惊了世界。许多华侨社团及日本友好人士都为刘连仁鸣不平，纷纷伸出救援之手。为了刘连仁的身份认定和权益维护，曲学礼参与并发动华侨示威游行，声援刘连仁同胞。在我国政府的多方努力下，刘连仁这个惨遭日本军国主义迫害的"野人"，终于平安返回祖国。

曲学礼热心华侨社团活动。自1983年开始，他担任了札幌华侨总会的秘书长，后来担任会长。他接待过不少中国访日团组，也曾应邀回国观光访问。作为日本企业界和旅日侨界的知名人士，曲学礼为促进中日两国人民友谊和中日邦交正常化，做了许多工作。曲学礼关心祖国现代化建设，拥护祖国改革开放政策，希望家乡父老和全国人民尽快地富裕起来。20世纪80年代初，他曾向家乡一些单位赠送卡车和轿车。

曲学礼（中）与山西访日代表团合影

中华人民共和国成立35周年前夕，曲学礼作为旅日华侨代表团第二团副团长，被邀请参加庆祝观礼活动。他提前入境，在太原访问数日，而后返乡探亲。运城地委和行署领导十分重视，给予高规格礼遇。主人向贵宾介绍了运城地区概况、发展经济的规划，希望曲学礼为家乡的建设，特别是在食品加工方面，多起推动作用。曲学礼对地方政府

曲学礼在太原座谈会发言

的盛情接待以及对他父母的关照颇为感激，对家乡在改革开放以来发生的巨大变化也很感动。他再三表示要为家乡建设，特别是发展食品加工业做些贡献。

曲学礼（前排左三）返乡时与地方领导合影

1985年6月，曲学礼邀请运城行署组团赴日考察食品工业。双方达成几项交流合作意向：一是引进侨资，在运城兴建华侨大厦；二是引进日本北海道奶牛优良品种；三是引进日本一些食品加工新技术；

四是运城每年向日本食品企业新片冈株式会社出口绿豆2500吨。后来，这些项目大部分都因故搁浅，成为憾事。

1996年，曲学礼投资8000万日元，在家乡创办"中日合资炊香食品厂"，于1997年10月28日试产剪彩，终于实现了在家乡投资的愿望。他动情地说："看到家乡变化越来越大，有这么好的投资环境，我很高兴！我要尽最大努力，为运城经济发展做出一点贡献。"

2002年3月30日，曲学礼在日本因病去世，享年82岁。中华人民共和国外交部领事司于4月1日给曲的亲属发来唁电"曲学礼家属：惊悉札幌华侨总会原会长、现名誉会长曲学礼不幸逝世，我们深感震惊和悲痛。曲先生长期担任札幌华侨总会会长，爱国爱乡，积极支持祖国的经济建设，为促进华侨之间的团结，促进中日两国人民之间的友好做了许多有益的工作。曲先生的去世，是旅日华侨事业的一个损失，我们对此表示沉痛的哀悼。望节哀保重"。中华人民共和国驻札幌总领事孙平于4月4日发表《悼词》称："作为旅日华侨，会长一贯爱国爱乡。新中国成立后，一直关注着祖国的发展，衷心祝愿祖国繁荣昌盛。会长热情接待来自祖国的访日代表团，回国探亲则关心家乡的发展，投资合办企业，多次为教育事业、水灾赈济等慷慨捐款，做出了巨大贡献，是爱国华侨的杰出代表。"

根据曲学礼生前的愿望，他的子女于2002年秋天，将他的骨灰从日本北海道送回了家乡山西运城。10月24日，运城市政府隆重地举行了曲学礼追悼会暨骨灰安放仪式。山西省侨办、省侨联、当地有关部门的负责人以及曲学礼生前好友和当地民众参加了追悼会。

> 闻名日本朝野的太极拳名师杨名时

杨名时（右）

据日本媒体报道：日本首次为个人建造了一座太极拳纪念馆——"杨名时太极拳纪念会馆"。这项具有永久意义的工程，是由旅日著名华侨太极拳名师杨名时在日本的百万弟子捐资兴建。

杨名时是山西省五台县人，受家庭影响，从小酷爱武术，特别是太极拳。1943年他官费赴日留学，毕业于东亚高等学校。后考入京都大学法学部，1948年大学毕业。随后，杨名时在东京中华学校担任教师及校长，又被大东文化大学及明治学院大学聘为汉语教师。1995年从大东文化大学退休。

杨名时十分关心中日民间关系的发展，他坚信通过推广太极拳在日本的普及，有利于日本民众对中国传统文化的理解，进而增进中日两国人民的友谊。于是，在大力提倡"健康即幸福"理念的同时，发挥自己的专长，在日本大力推广太极拳，于1960年在日本创立"八段锦太极拳"。"八段锦太极拳"就是8种健身拳术，每段都可以独立练习，分别预防和治疗身体不同部位的疾病。目前拥有百万弟子。在日本全国各地已有3000名弟子在教授太极拳。晚年杨名时每周三仍在新宿教授太极拳，并且还定期在日本全国组织太极拳表演。日本天皇的弟弟三笠宫崇仁曾跟随杨名时学习5年太极拳，并且在他80大寿时特意出席祝贺。

杨名时太极拳纪念会馆选址在东京都千代田区神田锦町。纪念会馆于2004年10月动工，2005年底竣工，占地面积306平方米，建筑面积为239平方米。纪念会馆为4层建筑，建成后，除了用于陈列杨名时太极拳发展历史的展示室外，还设有大小4个太极拳练习室，可容纳近百人以上同时练习太极拳。

杨名时关心家乡教育，曾设立基金助建山西大学中日关系研究中心，被山西大学聘为名誉教授。他还是日本山西同乡会名誉会长。

据日本健康太极拳协会讣告：杨名时先生于2005年7月3日不幸病逝，享年82岁。山西省归国华侨联合会等单位专门发去唁电，对其表示深切哀悼，并对其亲属表示诚挚慰问。

闻名日本朝野的一代太极拳名师杨名时虽然辞世，但他所创立的

健康理念和所传授的"八段锦太极拳",将永远造福尘世,惠及众生。这位山西籍海外名人为中日文化交流所做出的巨大贡献,也将永远载入史册。

提起杨名时先生,可以说是日本朝野皆知。杨先生是大东文化大学及明治学院大学的教授,他的业余社会活动是传授和普及太极拳。他组建了日本"杨名时八段锦·太极拳友好会"及"杨名时太极拳联盟",并亲任会长及总教练。会员现在约有70万人,会员中男女老少都有,上至90岁老人,下至少年儿童;既有平民百姓,也有社会名流,包括政界、财界、教育界、体育界和武术界等各界人士,支部遍布尔日本全国。

> 不断创立新"经济王国"的郭鹤年

郭鹤年

生意遍及全世界、早就被誉为"亚洲糖王"和"酒店业巨子"的郭鹤年（Robert Kuok），因极不愿意在公众面前露脸，所以又有"隐形富豪"之称。在上流社会的社交活动中，也罕见他的踪影。甚至在1985年他被选为马来西亚十大企业家之一的时候，他也没有出席颁奖仪式。他也不在任何的社团里担任职务，因此人们很难在社团活动中同他见面。他一贯保持缄默，外界一切有关他的传闻，不管是真是假，他从来不作澄清，而抱定一个老主意：由人家说去！他从来不接受新闻传播媒介的采访；他手下人遇到记者探听消息，也是守口如瓶，从来不会透露郭氏的行踪。总之，他是出名的低调。人们对他很熟悉，又很陌生，好像近在眼前，又似乎远在天边。于是乎，人们又赠给他一个雅号："神秘大亨"。

1994年5月，这位神秘大亨脱掉了神秘外衣，到内陆省份山西作了一次访问。他明明白白地以海外企业家——嘉里集团有限公司董事

长的身份,接受山西省委书记胡富国和省长孙文胜的邀请,亲自参加经济技术合作洽谈,出席官方举行的宴会,接受记者采访拍照,登报纸,上电视。这种情况在马来西亚、新加坡、香港等地,是不曾有过的。海外新闻媒体对于山西人真是羡慕死了:山西人能在如此近的距离内,目睹这位世界级富豪的风采,能随意给他拍照,跟他交谈,而这些都是海外记者多年来求之不得的。

郭鹤年为什么对山西格外青睐呢?原因就在于他姓郭,是唐朝"汾阳王"郭子仪的后裔。而郭子仪的祖籍,为太原阳曲县。换言之,山西有他的"根"。所以,他对山西怀有特殊的情愫,完全在情理之中。

1994年5月13日,郭鹤年亲自出席嘉里集团有限公司同中国粮油进出口总公司、西山矿务局合资创办太原可口可乐有限公司的合同签字仪式,同时还与有关部门洽谈在山西合资建立国际贸易中心的有关事宜。这些举措意义非小,它揭开了郭氏兄弟集团向中国内陆省份投资的序幕。

乘"隐形富豪"偶尔在山西现身的时候,我们对郭鹤年的奋斗和成功之路作一些探寻,看看这位"汾阳王"的后裔,是如何在世界经济中称"王"的。

生根在大马

1923年10月6日郭鹤年出生于马来亚新山市。他的祖籍是福建省福州市盖山郭宅村。他父亲郭钦鉴排行老六,上面有5个哥哥。除了大哥在老家经营中药铺以外,其余兄弟都先后远离家乡,到南洋谋生。

郭钦鉴落脚马来亚的新山。当时移居异乡的中国人,为了生存和发展,吃了数不清的苦头。而郭钦鉴比较幸运,一到马来亚就有兄长们的关照和接济。他有志气又很勤奋,一踏入社会选择的就是一条拼搏之路。他当过店员，开过咖啡店。20年代后期，同二哥郭钦端、侄子郭鹤青接管了四哥郭钦仁创办的东升公司，经营大米、糖及大豆等生意。

郭鹤年的母亲叫郑格如，也是福建人，出生于富裕人家，早年毕业于福州协和大学。因爱慕郭钦鉴的为人，竟自己做主，背井离乡，千里迢迢跑到马来亚，下嫁给社会地位和文化水平都不如自家的郭钦鉴。后来的事实证明郑格如果然是眼光独到，处事果敢。二战结束后，郭钦鉴独自接管了东升公司，由配角变成主角，控制了柔佛州的大米和面粉生意，业务蒸蒸日上，成为新山闻名的富豪，也是当地一名德高望重的侨领。郭钦鉴热心公益事业，抗战时期积极筹赈支援祖国抗日军民，和平时期倾力办学。新山的宽柔中学从创立至今，郭家给予的资助连绵不断，各界人士有口皆碑。1948年12月26日，郭钦鉴逝世，马来亚政府为表彰他开发新山的贡献，特地将一条街道命名为"郭钦鉴路"。在他生前，柔佛州的苏丹曾封他为"拿督"，而获此殊荣的社会名流是屈指可数。

郭钦鉴和郑格如生下3个儿子。长子郭鹏举，先在商界崭露头角，后来在涉外部门大显身手，曾担任马来亚驻欧共体首席代表、马来亚旅游局主席。1964年获柔佛州苏丹颁赐的拿督衔。三子郭鹤祥从小才智过人，曾担任《海峡时报》编辑。日军南侵时，他毅然加入马来亚共产党领导的抗日队伍。日军投降后，英军重返马来亚，在50年代初对马共大加讨伐。在一次丛林战斗中，郭鹤祥不幸阵亡。家人对此大为伤心，向来不愿意提及。而女作家韩素音却由此触发了灵感，创作了小说《Aud the Raln My Drink》，将郭鹤祥的事迹写进小说之中。

生于1923年的老二郭鹤年，就成长在这样一个家庭中。他矢志不移地选择了从商的道路，赤手空拳闯天下，创建了一个个神话般的

商业"王国"。

从"甜蜜的事业"发迹

郭鹤年可称为幸运儿。在受教育阶段,他上的都是极负盛名的学校。中学时期,他先是上新山英文学院,这座学校为马来亚培养不少高级人才,包括马来亚第2任首相敦拉萨和第3任首相敦胡先翁。接着,郭鹤年进入宽柔中学。这座中学的华文教育很有名,也是他的先父和伯父长期扶持资助的学校。而后,郭鹤年跨过柔佛海峡,到新加坡莱佛士学院就读。这座闻名遐迩的学府,造就了不少杰出的人才,其中包括前新加坡总理李光耀。在几所名校里,郭鹤年接受了现代观念,武装了新鲜知识,深谙现代管理之道,并结识了许多对未来政局产生重大影响的人物,为日后崛起奠定了坚实的基础。

郭鹤年洞悉做生意的奥妙,是在1942年以后。当时因太平洋战争爆发,他的学业中断,于是进入日本三菱公司新山分公司工作。战争结束后,他在父亲经营的东升公司任职。这时,他对于商界的一切已相当的在行了。而他第一次展示自己的经商才华,是在1947年。他在新加坡开设了自己有生以来的第一间公司——力克务公司,经营范围包括杂货、船务经纪、粘胶剂制造等。1965年,力克务公司易名郭氏兄弟(新加坡)有限公司,业务迅速拓展,声誉日益扩大。这说明郭鹤年的跨国经营已获得成功。父亲辞世后,郭鹤年返回马来亚新山,成立郭氏兄弟(马来亚)有限公司,继承先父衣钵,从事大米、面粉和食糖生意。

20世纪50年代前期,正当事业起步并已见成效的时候,郭鹤年却在大马销声匿迹了。原来。由于弟弟被英军所杀,他到英国周旋去了,一住就是数年。这段时间,他似乎是在沉寂中度过,其实不然。他仔细观察和分析英国商界的管理制度、商品交易的操作规则,从中汲取对自己有用的经验，养精蓄锐，伺机待发。

返回马来亚以后，郭鹤年将自己在英国所学到的知识和经验，针对性地付诸实践，结果使自己的生意如虎添翼。1957年，马来亚脱离英国宣布独立，英国商人独霸市场的局面被打破，留下了不少真空。郭鹤年当机立断，抓住这个千载难逢的机会，一方面大力扩展在马来亚境内的商品分销网，另一方面积极发展进口业务及加工业。他投入巨资同马来亚政府土地发展局联营，在北赖创立了马来亚第一家糖厂，即马来亚糖厂。这次投资，表明他已摆脱了传统的家族生意模式，向大企业经营进军。1962年，郭鹤年依仗自己的果敢和精明，在一场场大规模的商战中，击败强大的对手，"亚洲糖王"的称号也不胫而走。在整个20世纪60年代，郭鹤年都全身心投入食糖生意，业务包括食糖的生产、提炼和销售各个环节。除了活跃在东南亚食糖市场以外，他还从古巴采购食糖销往印度尼西亚，从泰国进口原糖，在马来亚提炼后再销往中国……在多边贸易中他左右逢源，得心应手。伴随着频传捷报而来的是滚滚的财富。1968年，他与政府合作成立种植有限公司，从政府手中租下14500英亩森林地，开垦为甘蔗园。他不仅控制了新、马的食糖市场，而且左右了亚洲市场，影响了世界市场。1973年，世界发生糖荒，期货价格暴涨，郭鹤年在英、美、法等国的期货市场均有丰厚的收获。据报刊统计，当时世界的食糖有10%来自郭氏企业。

"香格里拉"之恋

作为一个大企业家，郭鹤年有一个最大的特点：不断进取，永不停步。他的雄心到底有多大，谁也估不透。他并不满足于当糖王，而是致力于业务经营的"多元化"和"国际化"。除保险业、面粉业以外，还拓展到三合板、酒店、房地产、船务等等，近几年甚至涉足电

视广播。其商业"王国",不仅覆盖了整个亚洲,而且扩展到巴黎、圣地亚哥、温哥华、智利等地,还在继续扩展之中。真可谓叱咤风云,气吞山河!有人说他这种做法是"水银泻地,无孔不入",有人说这是"肥水不流外人田"。不管怎么说,人们对他都是羡慕得不得了,佩服得五体投地。

在诸多事业中,糖业是郭鹤年的"第一恋",一直是他财富的首要来源;而他的"第二恋",则是房地产业,特别是香格里拉酒店。

"香格里拉"(Shangrila),意为世外桃源,它来自小说《失去的地平线》。香格里拉是隐藏在中国西部群山之中的一块与世隔绝的神秘之地,这里的居民过着和平宁静的生活,人人青春常驻。一旦离开香格里拉,长寿随即丧失,衰老立刻降临。郭鹤年偏爱香格里拉这个名字,是否希望自己能够建立起本身事业的世外桃源,人们无法知道。但说他至今已经建立起一个酒店业的"王国",则一点也不夸张。

20世纪70年代初,郭鹤年在新加坡旅游业蓬勃发展而酒店相当匮乏的关键时刻,在新加坡投资建立了首家香格里拉酒店。这是他发展酒店业的首站。该酒店为五星级,拥有客房816间,已成为世界各国游客向往的闻名酒店。至1993年,郭鹤年在世界各地建立的酒店已有20多家,形成了一个阵容强大的香格里拉集团。香格里拉已成为豪华、高雅和出类拔萃的象征。在中国,郭鹤年投资的香格里拉酒店——北京香格里拉饭店、上海波特曼香格里拉酒店、杭州香格里拉酒店、深圳香格里拉大酒店等等,已成为中国旅游业的骨干企业,甚至成为中国改革开放发展程度的标志。

兴建于1981年的香港香格里拉酒店,是声誉和效益均佳的酒店之一,在一次评比中,被一份著名的杂志列为世界最佳酒店第3位,仅次于曼谷东方酒店和香港文华酒店。1987年,郭鹤年在香港岛的中部，再次兴建一座高达56层的超五星级酒店——岛屿香格里拉。1997年香港回归祖国，这些酒店并入华夏大地上的香格里拉行列，成为中国旅游业光彩夺目的明珠。

尽管酒店业也有不景气的时候，但郭鹤年对于整个旅游业的前景仍充满信心，他说过："当世界和平以及稳定的时候，旅游业将会继续繁荣。"这大概就是他大规模投资酒店业的主要原因。

郭鹤年访问山西时，还发生了一段与酒店有关的小插曲。太原有一家山西大酒店，郭鹤年就下榻在这里。在同中方人员洽谈中，一位山西干部向他大讲山西大酒店设施和服务如何如何好，他则持谦虚态度，脸露微笑，洗耳恭听。在一旁的胡富国书记立即劝阻："这些不必说，人家就是搞酒店的。"那个干部才收口了。是呀，对着世界闻名的"酒店业巨子"大谈地方的一间酒店，恐怕有点"班门弄斧"的味道。

对中国前途充满信心

1974年，郭氏兄弟集团注册创办了香港嘉里集团有限公司。开始郭鹤年在马来西亚和香港两地来来往往，后来干脆长住香港了。他在这里指挥创立新"王国"的一个个商战。一个个惊人的决策就从这里发出，传向世界各地的郭氏企业。

郭鹤年说："我长住这里，喜欢这里。作为华人生意场，全世界没有第二个地方可以跟香港相比。这里真正是一个设立生意总部的好地方。"

对于祖籍国中国，郭鹤年一贯友好，甚至可以说是关系密切。与他有往来的商人和银行家都这样说他："他是百分之百的中国好友，对中国前景看好。他大举在香港投资，也是看好中国。"

先说对香港的大规模投资。中英政府关于香港问题的联合声明，

是1984年12月19日才发表的,而在此之前,在香港前途问题并未明朗的时候,郭鹤年就毫不犹豫地向香港进军了。1989年,香港有些企业家当了"走资派"(指纷纷调走资金)。郭鹤年则背道而驰,第一个站出来,在众目睽睽之下加大了在香港投资的步伐,处处表现出高人一等的远见卓识。这是由于他对香港的前途信心十足,他断定"中国决不会摔破(香港)这颗东方明珠"。除了兴办大酒店以外,他还投资永安广场、南洋中心、幸福中心、深湾游艇俱乐部等等;购入半山区兰心阁、世纪大厦、梅苑等物业;应邵逸夫先生之邀,以20亿港元购买30%的电视广播与电视企业股份,一度轰动了香港;他与中资机构光大、华润、中信等建立密切关系,特别是同李嘉诚一道在中信注入了巨资,使港人感受到"隐形大亨"的咄咄气势。

再说对中国大陆的大规模投资。多数是大项目,投资额数以亿计,范围涉及北京、上海、杭州、厦门、福州、深圳、广西、合肥、沈阳、辽阳、太原等地。在北京,他投资的项目是:中国国际贸易中心、北京香格里拉饭店、北京站东街重建、嘉里商场(北京)有限公司、宝华大厦等。一个个都是"大骨头",没有特殊的尖牙利齿是"啃"不下来的。而郭鹤年却硬是一个个地"啃"下来,仿佛玩弹丸于手掌之中。仅中国国际贸易中心一项,他就投资3亿美元,其实力和魄力实在令人叹服!

在中国投资,会遇到各种各样的困难甚至挫折,回收本钱周期也会比较长。对此郭鹤年是怎么看的呢?在一次破例接受香港《大公报》记者采访时,郭鹤年旗帜鲜明地表示:"海外华裔也好,香港居民也好,投资中国大陆,我觉得是一件最好的事情。这样的投资真正对中国有些贡献,把他们从旧时代环境推动到现代世界。大陆会一天天改观,变得又好,又进步","全世界都会变,应尽量帮助他们(中国)建设好。你不可以做一个闲人,站在旁边天天批评。"

成功的秘诀

在那次破例接受《大公报》记者采访时,记者问郭鹤年:"人云商场如战场,风云变幻。郭先生纵横商场逾半个世纪,事业上屡创高峰,成功的秘诀是什么呢?"当时郭鹤年回答了4点:命运好,善待人,拼命做,走正路。

上述4点,当然是郭鹤年的经验之谈。但人们还发现,郭鹤年为人还有几个特点,而这些特点肯定是促使他走上成功之路的重要因素。

一是勤奋坚韧,埋头苦干。他虽然有自己的业余爱好,如打高尔夫球、游泳、欣赏古典音乐等,但工作起来简直是拼命,很难让自己闲下来。在他72岁高龄时,仍为生意四处奔忙。他虽讲过要退休,但因公司在中国的生意发展很快,许多场合都需要华语,而精通英语、华语和马来语的他,只好继续披挂上阵,连续作战了。1983年刚刚进入中国大陆兴建第一座酒店时,合作对象是北京四季青公社和五矿进出口总公司。洽谈项目时非常困难,郭鹤年的做法是一干到底,绝不退却。如今,他仍感到年轻,有充沛的活力。他说:"人届七十古来稀,这是旧社会的讲法,现在,九十岁才算是古来稀。"

二是和蔼可亲,平易近人。丝毫没有大款的架子,没有凌人的盛气。他的微笑是出了名的,慈祥和蔼的脸上,总是浮现着微笑,令人感到亲切。有人开玩笑说:"糖王笑得这么甜,可能跟他长期与食糖打交道有关。"他不仅对社会上各界人士礼貌周到,对公司下属人员也很关心和大方。员工极少有被炒鱿鱼的。服务年限愈长,加薪愈高。有些下属还得到他赠送的住宅,有些则买到公司的股票,拥有一定的股份和发言权。所以,员工们都很喜欢他,也很尊

敬他,做起事情来尽心尽力,干劲十足。

三是朴素实在,不讲排场。他是酒店业的大老板,但每次因事入住酒店,总是选择普通客房下榻,从来不住价贵的套房。儿子完婚时,他在马来西亚、新加坡和香港三处宴请,每次不过20来席,一点也不奢侈铺张。这与某些款爷大手大脚、斗富显阔的作风形成强烈的对比。他还有个不愿在大庭广众中抛头露面的脾气,对于新闻记者的采访,能躲就躲,能辞就辞。他多次对别人说:"我只不过是一个商人,商人就要一心一意做生意。"政治纷争也好,名誉头衔也好,他都躲得远远的。1986年,郭鹤年有一次到法庭旁听一起案件的审理,一个记者和他攀谈,无意中问及他从事的工作,他只是淡淡地回答:卖米的。记者竟然不知道面前这位朴实厚道的汉子,就是赫赫有名的"亚洲糖王"。

郭鹤年于20世纪50年代初结婚,生有两男两女。结发妻逝世后,他再婚,娶了新加坡航空公司的一位空姐,再得儿女三人。

郭鹤年的长子郭孔丞常住香港,次子郭孔炎常住新加坡,他们均为父亲的得力助手。1990年元旦,郭鹤年公开宣布,由郭孔丞接替他担任香格里拉国际集团的主席,但因为郭家事业正值开展多项庞大投资计划,所以郭鹤年还不打算引退。20世纪90年代,郭鹤年更将触角伸及传媒及影视业。他在香港的旗舰嘉里集团,从英国人手中收购香港英文报《南华早报》,使他成为当地举足轻重的传媒大亨;入主香港无线电视,也使他的业务版图跨入影视业。从20世纪90年代开始,《福布斯》杂志几乎每年皆把郭鹤年列为亚洲十大富豪之一。

时至今日,郭鹤年的商业王国不但横跨整个亚洲,而且扩展到巴黎、圣地亚哥、温哥华、智利等地。公开资料显示,以郭鹤年为首的郭氏家族在马来西亚、新加坡、菲律宾、香港等5个国家和地区对丰益国际、马国际船务(3816.KU)、南华早报集团(SCMP)、香格里拉等10多家上市公司中拥有控股权或投资，合计持有市值近1500亿港元。

郭鹤年能在国际商场叱咤风云，除了过人的商业智慧、胆识及眼光外，出色的交际手腕，广结政商界精英，适时引入策略性商业伙伴也是他成功的要素。如与马来西亚前总理拉扎克、侯赛因·奥恩、新加坡内阁资政李光耀等政要保持良好的关系，携手东南亚航运家曹文锦进军航运业，携手印度尼西亚商业巨人林绍良进军印度尼西亚市场，结盟ADM、中粮进军中国市场等。

2012年底，国内外媒体报道，郭鹤年荣获中国经济年度人物终身成就奖。人们欣喜地看到，这位"汾阳王"郭子仪的杰出后裔，仍在谱写自己创立新"经济王国"的传奇。事实上，郭鹤年极少谈起他的所谓成功秘诀。多思，寡言，是郭鹤年最能区别于其他富豪的特征。但在颁奖典礼上，这位年近90的老者，用他一生的经历和经验，给年轻人提了四个建议：

"一个，将来无论做什么事业，要抓住机会，不要东想西想，找到好的项目，要抓紧，推动力要大；第二，必须有耐心，路程中肯定有不少困难，但是不要很容易的克服掉，我记得邓小平先生叫作不倒翁，打倒了站起来，打倒了又站起来，做生意一定要这样；第三，成功以后，赚多钱以后要特别小心。几十年前讲失败是成功之母，我本人的经验，成功也是失败之母，请你们大家要注意这点；最后，赚到的钱也最好回归给社会一部分，越多越好。"

> 跻身好莱坞影坛的冀朝理

冀朝理（左）接受采访

前些年，一群在北京长城游览的美国青年，忽然发现一位华侨模样的老者，立即欢呼起来："嗨！朝理·冀！嗨！朝理·冀！"那位老者，便是美国好莱坞的老资格演员、我们的山西乡亲、原联合国副秘书长冀朝铸的哥哥冀朝理。他被那些美国影迷们认出来了,也感到很开心,立即用英语同他们交谈起来。

冀朝理祖籍山西省汾阳县阳城乡建昌村,1927年4月5日出生于太原。1939年,跟随父亲冀贡泉、母亲张陶然去美国,后来父母回国,他独自在美国定居,至今已有70多年了。

"我们家跟艺术有些缘分"

谈及自己的艺术生涯时,冀朝理说:"我从小就受到艺术的熏陶,我们家跟艺术似乎有些缘分……"

冀朝理的父亲冀贡泉先生,是清末秀才,曾任山西省政协副主席,病逝于1967年8月。1905年,冀贡泉官费留学日本。辛亥革命后辍学归国,在国民政府教育部任职,与鲁迅先生交往甚密。1913年回太原,先后担任山西法政学校校长、司法厅长、教育厅长。日本侵华时,因1927年入党的长子冀朝鼎根据组织安排赴美工作,于是携全家一起前往,在美国担任《华侨日报》主编。珍珠港事件爆发后,在"美国战争情报局"兼职,参加反法西斯统一战线的宣传工作。有一次,美国拍摄一部叫《东京上空30秒钟》的电影,描述美国英雄飞行员杜利特尔率领B-25轰炸机队袭击日本东京的惊险故事。剧中有一个中国医生的角色,导演发愁没有合适的人选来担任。一个偶然的机会,碰见了冀贡泉先生。只见冀长须髯髯,气度轩昂,不禁喜出望外,说:"这就是中国医生!"立即诚邀冀贡泉先生在片中客串。冀推辞不过,只好应允,果然扮演成功。这是他一生中唯一的一次"演员"经历,他个人极少提及,旁人更不知晓。提起父亲,冀朝理内心充满了敬佩和热爱之情!

冀朝理的母亲张陶然,是山西省人民政府参事室参事。年轻时热衷绘画,曾跟名师学习。在美国,她为了供孩子上学,曾靠绘画来换

取一些经济收入。

冀朝理的三哥冀朝辅（志枫），也是电影界的老人。1948年毕业于美国纽约市立大学电影专业班。回国后先后在八一电影制片厂、西安电影制片厂任职，著有《蒙太奇技巧浅探》等。

冀朝理生活在这样一个充满艺术气氛的家庭中，耳濡目染，心领神会，终于选择电影艺术作为自己的终身事业。而他的选择，始终得到了严父慈母和兄弟的理解和支持。

"我步入影坛是从话剧开始的"

问起冀朝理是怎么演起电影来的，他说："是从话剧开始的。"

40年代初期，中国著名的作家明星王莹与丈夫谢和赓赴美国留学，曾担任美国民间组织"东西文化协会"董事兼该会的中国戏剧部主任。为配合反法西斯斗争，她导演并用英语演出了《放下你的鞭子》《压迫》《美国向中国说话》等剧目。曾进白宫为罗斯福总统和其他高级官员演出，受到热烈的欢迎，为抗日战争和中美友谊做出了贡献。在旅美华侨文艺工作者这些演出活动中，也有冀朝理的一份功劳。他积极参加演出，并扮演重要的角色。在《放下你的鞭子》一剧中，冀朝理扮演父亲，王莹扮演女儿，配合默契，效果甚佳，至今仍给人们留下清晰的记忆。话剧的实践，使冀朝理提高了艺术修养，为日后进军影坛打下了坚实的基础。

华裔演员要跻身好莱坞非常艰难，但冀朝理终于靠自己的努力获得成功。他潜心摸索，自强不息。奉行一条原则：塑造富有个性的艺术形象。他在电影中扮演的角色，以配角居多。但不管扮演何种角色，都各有特色，给观众留下难忘的印象。他不赞成只重外表而忽视气质的表演，认为那是肤浅的，没有艺术感染力的。

冀朝理还在电视表演领域大显身手。他参与拍摄不少大型电视连续剧,长时间在美国播放。我国曾译制一部《鹰冠庄园》电视连续剧,当中就有冀朝理扮演的角色——华人管家。冀朝理说:"影视两栖,这在美国是很普遍的。"

"我总忘不了中国,忘不了故乡"

李玉明同志宴请回乡访问的冀朝理(右)

冀朝理离开中国时才11岁,如今已是耄耋老人。他加入了美国籍,妻子又是美国人,但是长时间的"洋化",并没有冲淡他对中国和故乡的思念。他说:"我总忘不了中国,忘不了故乡。"于是,他挤时间一次又一次到中国探亲、旅游。每一次来华,他都感到十分欣慰,但又增添了许多眷念!最令他兴奋的是,他亲眼看到自从改革开放以后,中国越变越好了!他曾回出生地山西太原,游览了宽阔整洁的迎泽大街、热闹繁华的并州路、古朴典雅的食品街、景色宜人的晋

祠公园……眼花缭乱,流连忘返。他连声赞叹说:"太原变化真大呀!我小时候,上马街就算是一条很宽的马路,现在比较起来,不过是一条极为普通的小巷。"

冀朝理畅谈了几回访华的不同感受:"我第一次来中国是在1979年。那次住在北京。当时各方面正在恢复、改进,市场还不够繁荣,想吃五香花生米也不知道那儿能买到。现在,小吃丰富极了,想吃什么都有。那时候,一下飞机就可以看到不少脏乱差的现象;现在看到的是环境整洁,秩序井然。想出门也很方便,随时都可以叫到'的士'。"

冀朝理说:"我亲眼看到中国在各方面的发展和进步。我们在海外的每一个炎黄子孙,都感到高兴和自豪!"他心悦诚服地说:"这是因为中国的政策好了,路线对头了。"

"咱们中国还有许多东西需要改进"

在中国,冀朝理遇到一些不尽人意的地方,感到苦恼和困惑,他希望改进和革新。

他说:"山西对外宣传还很不够。外国人长时间对山西了解较少,只知道山西有煤,生活很苦。本国人对山西了解似乎也不多。所以,要千方百计通过各种渠道做宣传。太原的气候很好,冬天不太冷,夏天很凉快,这是少有的。山西的饭菜很精彩,很有自己的特色。这些都要让外部世界知道。

"各地的建设,似乎洋味多了一些。土的东西不见得都比洋的差。外国人最感兴趣的,是中国民族的东西,他们最敬重的也是这一些。男人不一定都要穿西装,穿中山装也很好。不合体或不干净的西装,反而很别扭,让人看了很不舒服。

"我们的卫生比较差,环境保护也很不够。我接触的人员中,有些人衣服穿戴不整洁，包括一些干部和饭店服务员。宾馆的卫生状况也不理想。在飞机上，我曾听到美国空中小姐议论说：在北京的宾馆住宿，要当心小虫子。我听了心里很不好受。楼房建筑是中式还是西式，这无所谓，关键是要卫生。我住宿的宾馆，有的外形很美观，但卫生间有味道，地板和被褥也不够干净。晋祠是个很好的地方，泉水清澈见底，我那年参观时，发现里面有些垃圾；圣母殿里的塑像，身上也落了尘土。……这些都要想办法加以改进。"

"愿为中美文化交流做点事"

中美关系正常化以后，作为美籍华人，冀朝理从心底里高兴：早想为祖籍国尽点力，这下可以名正言顺地大胆去做了！他说："我不善于经营工商企业，家庭经济也有局限，无法到中国去投资。但我愿为中美文化交流做点事。"

他在美国曾创办"中美文化社"和"中美影视文化公司"，亲任社长和总裁。利用自己在美国文化界的关系和影响，竭力推动中美文化交流。主要在合作拍摄影片方面，同中国有关部门进行了探讨和磋商。

中国成立了以黄华为会长、邓颖超为名誉会长的"三S位研究会"，对中国人民的3位老朋友——斯诺、史沫特莱和斯特朗进行研究，冀朝理应聘担任该会理事。他利用自己定居美国多年的有利条件，访问了解，搜集资料，撰写文章，促使中国人民更加了解3位美国朋友，包括他们一些鲜为人知的动人事迹。

1987年底，冀朝理还邀请山西省侨办组织"山西同乡友好访问团"，赴美国探望山西籍的华侨华人和在山西有亲属的友好人士。他热情接待，查询线索，为访问团提供种种方便。访问团共登门拜访、约见和托人问候了38户65人，使山西省"走出去"开展侨务和统战工作有了良好的开端。

为使子女了解中国,冀朝理还把两个女儿——冀益、冀丰,送去参加"华北地区华侨华裔青年夏令营",让她们到中国、到山西老家走一走,看一看。他说:"中美关系应该发展下去,这对于两国人民,对于世界,都十分重要。"

冀朝理的两个混血女儿冀丰、冀益

美籍知名文史学家朱葆瑨

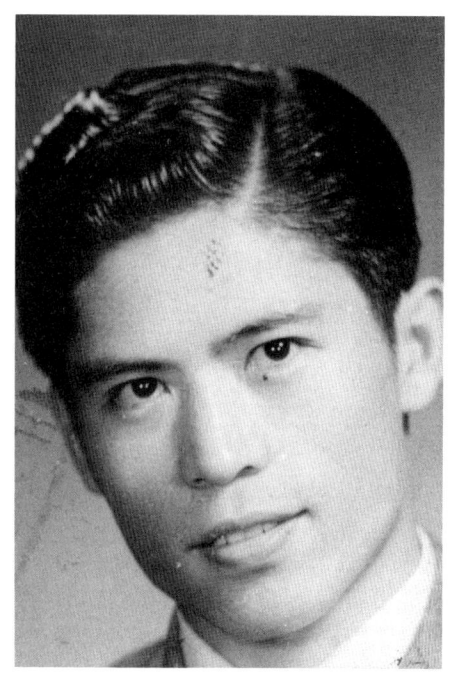

青年朱葆瑨

美国圣迭戈州立大学历史系教授、美籍山西人朱葆瑨，英文名Paochin Chu，是国际知名的文史学家，研究中国史的权威。他1928年8月5日出生于山西太原。其父朱增荫系山西法政专科学校毕业生，精通蒙文，时任职于平津卫戍司令部交际处。朱葆瑨在1岁时曾随父母赴北京居住。阎锡山、冯玉祥"倒蒋"失败后，朱葆瑨举家返回太原，其父服务于山西高等法院。6岁时，朱葆瑨就读太原国民师范附属小学。

"七七事变"前，其父调任屯留县审判官，朱葆瑨随家长前往屯留县生活。

由于战乱，朱葆瑨的求学之路，充满了曲折、艰辛。

"二战"难童

1937年"七七事变"爆发后,日军大举进犯晋东南,朱葆瑨一家避难于晋南稷山县小阳村。他只好在当地就读于设在古庙之中的私塾。随后,其父就职稷山县审判官,驻吕梁山区清水峪乡的马家沟,朱葆瑨又随家人居于距马家沟5里外的马跑泉。山区教育本来就原始落后,加上日伪军又经常搜山,他和家人终日颠沛流离,惶恐不安,根本谈不上念书学习。

"二战"难童朱葆瑨(左)

于是,经父母同意,朱葆瑨与二姐朱宜祥于1939年赴陕西宜川乡下,加入"民族革命大学儿童团"。该团学员多为二战区失学难童,采取军事化管理,边学习边军训,实行公费。这段经历,给他一生留下极为深刻的印象。对于自己的身份,他称为"陕北难童"。

1942年,朱葆瑨从"民族革命大学儿童团"毕业,以第一名的成绩考取由赵宗复任校长的山西进山中学。当时正值抗战,条件艰苦,学校驻晋南隰县城外2里地的天宁寺,全部公费,亦是实行军事化管理。

3年后,日本投降,朱葆瑨随学校迁回太原,继续学习。太原的一切,给他留下了永难磨灭的记忆。以至于在多年以后,他仍能说满口的太原话,对于太原的风物、习俗能够如数家珍,一一道来。

莘莘学子

1948年6月,朱葆瑨中学毕业,由亲戚资助赴北京报考大学,被私立辅仁大学录取。朱葆瑨因经济窘迫,无法上私立大学,遂南下就读联勤兵工学校应用化学系。1948年冬,随学校迁至台湾花莲港。

1950年，他从该校退学，考入台湾大学外文系。因入学成绩在前10名之内，曾获书卷奖金。在台大学习期间，生活依然艰苦，白天念书，夜间教补习班解决学习费用，终于在1954年完成台大学业。按规定，大学毕业生须入伍服兵役，朱葆瑨已在民族革命大学儿童团、进山中学和联勤兵工学校三度军训，遂不再入伍，而进入联勤译员训练班学习英语。

1957年8月，求学心切、渴望发展的朱葆瑨参加台湾"教育部"主办的自费留学考试，获得赴美留学机会。他变卖一切，并向同学借款凑足旅费，搭乘招商局货轮"海宇号"远赴美国。

到纽约以后，因学费、生活仍无着落，朱葆瑨便到处打工，至秋季学校开学时，已还清债务并剩余800元，于是赴费城入宾州大学文理研究院，攻读国际关系，多选外交史及远东国际关系课程。课余依然坚持打工补贴学费。

1962年，朱葆瑨获硕士学位，1966年通过博士资格考试，1970年完成博士论文，并通过法文考试，获宾州大学哲学博士学位。

美国教授

此前，朱葆瑨已由论文指导教授康诺先生介绍，到圣迭戈州立大学就任历史系助教。获博士学位次年，即晋升为副教授，并获永久常任资格。1977年他加入美国籍。1981年晋升为正教授，系亚洲研究协会、美国历史协会的理事。对于昔日的"二战"难童来说，朱葆瑨完成了人生最大的一次嬗变。

朱葆瑨在完成教学任务的同时，大力开展文史方面的研究，获得许多研究成果，其中有些成果在该领域是开创性的，处于领先地位的。例如在国际关系方面，他于1981年推出英文力作《顾维钧传》，由香港中文大学出版社出版。这是他多年研究"顾维钧与中国外交"

的心血结晶。

顾维钧（1888—1985）是中国近代著名外交家，原籍江苏嘉定，早年获美国哥伦比亚大学法学博士学位。历任国民政府外交部顾问、外交总长、代理国务总理等职，担任过驻美、英、法、墨西哥、古巴等国大使，曾代表中国出席巴黎和会、国际联盟代表大会、联合国成立大会，并曾出任海牙国际法庭副庭长、中华民国总统府资政。在国际舞台上，他争国权，雪国耻，均有杰出表现。可是，他由于担任国民政府驻美国大使期间争取美援，而在1948年12月被列为"战犯"。朱葆瑨摈弃"成王败寇"的世俗观念，从民族大义出发，对顾维钧的地位、作用和影响有独特而深刻的认识和评价。在1965至1966年攻读博士学位时，他研究的题目就是"顾维钧与中国外交"。他乘担任海牙国际法庭副庭长的顾维钧每年夏天回纽约度假的机会，以一个年轻留学生的身份，对顾维钧进行当面采访。竟得到顾氏的热情接待，两人晤谈多次。朱葆瑨聆听顾氏的讲述，忠实记录，此后二人保持联系达10余年之久，终于形成不朽之作《顾维钧传》。该书是世界上第一部顾维钧传记，比顾氏口述回忆录早10余年问世。目前，世界各国研究顾维钧的学者中，曾与顾氏见面深谈者，已寥寥无几。

随着中国改革开放的扩大和深入，许多历史人物和历史事件得以恢复本来面目，大陆朝野对顾维钧的认识也由"战犯"变为"捍卫中国主权和民族利益的斗士"，态度也由憎恨变为推崇。大陆史学家迅速掀起顾维钧研究热，文艺界还将其事迹拍成电影。在银幕形象里，顾氏成为正气凛然、发言掷地有声的正面人物。凡此种种，与朱葆瑨研究的挑头和推动不无关系。2000年初秋，"顾维钧与中国外交"国际学术研讨会在上海举行，朱葆瑨在会上宣读论文《评中文版"顾维钧回忆录"》，引起与会者高度重视。

此外，朱葆瑨还出版了《中日战争史（1937—1945）评论》《从

朱葆瑨在国际研讨会上发言

巴黎和会到满洲里事件》《1957—1982美国对中国的观点：一位中国出生的中国专家的个人经历》《中国外交和民族主义外交政策的研究》《李鸿章和清末的外交政策》《同盟国时期的中国外交》等等一系著作和论文，均有独到见解与精辟论述。

在中国历史和中共党史的研究方面，朱葆瑨曾发表了《内战的影响：蒋家王朝的灭亡》《"五四运动"的先驱——傅斯年》《日军占领时期的大汉奸——周佛海》《山西省的永久皇帝——阎锡山》《蒋介石军统局的头目：戴笠》《上海黑社会的头目杜月笙》《中国末代皇帝溥仪》《天主教将军冯玉祥》《少帅张学良》《中共早期的法国支部》等等作品。

在文学领域，朱葆瑨也有不俗的研究成果，曾发表《京剧名角——张君秋》等作品。他喜欢京剧，在加州倡导成立圣迭戈京剧社，亲任社长。1996年5月底，他率领京剧社7名成员，不远万里来北京拜师学艺，并集体加入中国戏迷协会。他还是当地华人报刊《联华版》的专栏作家，每2周提供一篇华文作品。

尤值一提的是，朱葆瑨还是个促进中美友好关系和文化交流的热心人。1988年，他与大学同仁组建圣迭戈大学中国研究所，亲任首任所长，得到联邦政府教育部的资助，聘请许多中国专家学者和文艺界名家到美国讲学、交流。2009年3月，圣迭戈州立大学与中国厦门大学合作成立孔子学院，就是由于有了中国研究所这样良好的基础。

只要有利于中华文化在海外弘扬，有助于增进美国人民对中国的

了解，朱葆瑢都努力去做，义无反顾，万难不辞。当地成立"中华学苑"（中文学校），朱葆瑢出任理事会主席。至于当地华侨华人社团举办的种种活动，必然有朱葆瑢的身影。他热衷中美文化交流源于他对中美关系重要性的深刻认识。他认为，民间文化交流可带动两国官方交流，中美两国友好有利于两国人民福祉和世界和平。如中美两个大国交恶，以"飞弹交流"（指战争）代替文化交流，则对于中美两国和世界都是巨大灾难。

思乡游子

朱葆瑢一家定居在美国西海岸的圣迭戈市（亦翻译成圣地亚哥）。这是美国加州第二大城市，气候温暖，海滩连片，碧水蓝天，风光旖旎，物产丰富，文化发达。他拥有自己的别墅，生活舒适，家庭和美。按一般人理解，他过的是上等人的生活，可谓无忧无虑了。可是在他的内心深处，还是有无尽的眷念和牵挂。特别使他难以忘怀的是他的生长之地——太原，和教育、培养他成长的母校——太原进山中学。进山中学的师生说："朱教授是身处异地他乡，心系中华家园。"

朱葆瑢经常拨冗到中国讲学和进行学术交流，应聘担任武汉大学、南开大学、河北大学等院校的访问教授和客座教授。他每次访华，总要回到太原，到母校进山中学走一走，探望亲朋好友、老师同学，或召开座谈会，或做学术报告，畅谈他在美国求学、工作的奋斗经历，畅谈他回国观光探亲的心得体会。改革开放初期，朱葆瑢第一次回国探访母校，就赠送给母校一台彩色电视机、一套先进的电教设备。当别的学校还在使用传统的教学方法的时候，进山中学已经开始电气化教学了。之后，他还为校友奖学金基金会捐献8000美元。另外，还将《交流时报》发表作品所得的稿费全部捐献给校友奖学金基金会。他还把自己所有的著作捐赠母校，陈列在进山中学校史展览室。这些对于进山中学培养德才兼备的人才和巩固一支优秀的师资队伍，起到很好的推动作用。

朱葆瑨应聘南开大学教授

1995年7月，朱葆瑨回国返并，给在校学生做了一场报告，题为《假如我再做一次进山人——献给进山中学的学弟学妹们》。他热忱满腔谈了"十条"：第一，假如我再做一次进山人，我要把功课学好，做事时工作第一，做学生就得功课第一。第二，我要学好一门外国语，因为外国语是一把钥匙，可以大开一个新世界。第三，我要积极参加班上的各种活动。第四，我要尝试给各报刊投稿。第五，我要学一种艺术。第六，我要选一种体育。第七，我要尽可能把握机会去听名人讲演。第八，我一定常去找老师，向他们请教。第九，我要学会与异性相处。第十，我要尽量阅读每天的报刊。朱葆瑨以此激励同学们关心国家大事，努力学习，继承和发扬进山中学的光荣传统，做一个有理想有知识的新中国建设者。进山中学师生无不被他的赤子情怀所感动，异口同声地说："他是一个忠诚的炎黄子孙，是我们进山

中学的好校友。"

朱葆瑨曾在国内出版中文著作《从陕北难童到美国教授》(天津人民出版社2001年)。书中,他情真意切地讲述了自己坚忍不拔与命运抗争的历程。读罢,令人感慨万千,获益良多。人生在世,难免会遇到挫折甚至不幸,关键是如何对待:是逃避,还是正视;是畏缩,还是抗争。朱葆瑨选择的是正视、抗争。他的奋斗之路虽然坎坷、曲折,但结果却很灿烂辉煌。通过这本书,人们学习到一种奋斗精神,也学习到一个海外华人的民族气节。

山西一位侨务干部有亲属居住在圣迭戈,2010年和2014年两次到圣迭戈探亲,有幸与朱葆瑨聚会。朱葆瑨得悉后,亲自驾车偕夫人给他送来一大箱华文报刊,其中有当地出版的、经常刊登他作品的《华人》杂志。他还邀请山西赴美人员到他家中做客。他的书房收藏了许多中文图书典籍,装饰充满了中华传统文化的韵味。朱葆瑨的状态尤其令人佩服:思维清晰,表达条理,特别是他的气色相当好,皮肤光展,竟无皱纹和老人斑。他笑着说:"这是抗战时念书时吃糙米沾的光呀!"原来,他在抗战期间在民族革命大学儿童团和进山中学念书时,学校实行的是军事化管理,条件艰苦,糙米麸皮是家常便饭,没想到因此摄入了大量的维生素和微量元素,对一生健康大有裨益。

山西赴美人员向朱葆瑨介绍了太原近几年的重大变化,特别是太原文化商务区新落成的山西大剧院、太原市博物馆、山西省科技馆、太原市美术馆、山西省图书馆等宏伟建筑,朱教授听了格外兴奋,连声说:"太好了!太好了!"在交谈中,朱葆瑨经常用太原话交谈。提起双塔寺、晋祠等名胜古迹,他如数家珍,怀念之情溢于言表。

美籍控制系统工程专家侯桢生

侯桢生

越来越多的国人知道山西灵石县静升镇这地方，多半是因为这里有一座堪称"中国民居艺术馆"的王家大院。这是一座晋商文化的标志性建筑，气势恢宏，内涵丰富。当人们流连于此、众口赞叹之时，还应当知道这里还走出了几位著名的海外华人科技专家。其中就有在国际上享有盛誉的美国贝泰公司的控制系统工程专家、美国艾迪科技公司总裁侯桢生先生。他在科技领域里奋力拼搏、勇于进取的精神，和为兴晋富民奔走呼号、搭桥铺路的苦心，更是值得人们赞叹和褒扬。

1929年，侯桢生出生于灵石县静升镇，排行第三。父亲侯文卿是个"晋商"，在北京经营一家木材厂；母亲宋氏，是个善良贤惠的女

性,相夫教子,尽心尽责。不幸的是,这种平静温馨的家庭生活只维持了很短时间,父母就相继辞世。年幼的侯桢生只好靠哥哥照顾生活。本来,父亲生前曾为侯桢生日后读书保留了一笔专款,可是热衷于教育和公益事业的大哥侯祯祥,却把这笔专款连同拍卖家产所得的款项,一并投入在家乡静升镇,创办了一所育英学堂。有了一个培养人才的教育基地,家乡人自然是欢天喜地,受益匪浅,但侯桢生自家的生活,却因此更加窘迫,艰苦了许多。不过,弟兄们并不后悔,认为值得这样做。

抗日战争爆发以后,在国民政府任职的大哥侯祯祥随同国民党军政机关撤到了大后方重庆。1941年,侯桢生小学毕业后和二哥侯祯瑞也奔赴重庆。二哥经商,和大哥一起供养小弟读书。在兄长的呵护下,侯桢生刻苦学习,努力掌握文化知识,希望自己将来对国家对社会有所贡献。"陪都"重庆是远东反法西斯战场的指挥中心,是日军袭击的重点目标,经常遭敌机轰炸,伤亡严重。人们在战争阴影下生活,终日惶恐不安。加上通货膨胀,物价飞涨,物质生活也十分艰苦。侯氏三兄弟咬紧牙关,艰难度日。侯桢生由于家庭变故和生活磨难,早已养成了坚韧刚毅的性格。学习十分自觉、刻苦,成绩一直优秀,特别是外语和数理化,一直是班上的尖子。1947年,他高中毕业,以优异的成绩考入上海的海军机校电机系。1949年,他随校迁往台湾。

1953年,侯桢生自海军机校毕业,到基隆造船厂担任电机工程师,负责维护、修理舰艇控制系统与工厂的电力输配。"晋商"的后代没有继承父业,而是搞起了科学技术、控制系统工程,这是父亲生前料想不到的。侯桢生在自己选择的道路上,扎扎实实,一步一个脚印,奋力前行。为了用更多的知识武装自己,他于1963年又进外语学校学习。1967年毕业后留校担任英语教师,并任电化教育室主任。

同台湾的许多知识分子一样，为了寻求更大的发展空间，侯桢生也离开宝岛赴美国留学，进入美国德州大学研究院攻读电机与电脑工程。就读期间，曾被指派参加学校与太空总署的合作计划。1969年毕业，获硕士学位，毕业论文为《数字电脑逻辑电路之简化》，一炮打响，深得好评。

此后，侯桢生开始在自己的专业领域施展拳脚。他先到芝加哥先锋工程公司任电机工程师，负责凯望尼核电厂的工程设计。而后，又受聘为台湾交通大学副教授，负担"数字电脑逻辑电路之简化"与"转换电脑"课程。1971年他重返美国芝加哥先锋工程公司工作，并在夜间到芝加哥洛约拉大学攻读博士学位。

从972年至1993年，侯桢生在旧金山贝泰工程公司任电机工程师、控制系统工程专家。20年间，他充分发挥自己的智慧和才干，在美国本土和外国负责了一系列著名的重大工程：

美国密苏里州热电厂工程；

印度尼西亚煤气自动控制系统工程；

美国萨斯广汉核电厂工程；

沙特阿拉伯国际机场工程；

埃及石油公司煤气自动控制系统工程；

美国南加州核电厂计算机迁移工程，能源管理与自动控制系统工程；

美国东部食品公司自动化工程；

大西洋公约国的航空基地自动控制系统设计；

美国援助埃及项目（水泥厂、玻璃厂、轮胎厂、制药企业等）的自动控制系统设计；

美国南加州核电厂通讯系统工程等等。

侯桢生高超的技术水平、严谨的工作态度和一贯的敬业精神，不

仅受到客户的赞赏好评,而且为贝泰工程公司带来了好的效益和名声,从而成为贝泰工程公司技术方面的"台柱子"。

侯祯生的大哥侯祯祥后来也赴美国定居。他热衷公益事业,善于管理,曾协助宋美龄办理慈善事业。1987年5月病故。他多年来一直想回山西家乡看看,由于种种原因未能如愿,留下深深的遗憾。二哥侯祯瑞跻身于"晋商"行列,属成功人士。抗战胜利后一直在天津经商,创办建兴企业有限公司,1948年在香港建立分公司并定居香港,在美国夏威夷拥有相当的财产。大陆开放以后,曾多次回乡观光访问,并与大陆有商贸往来。1985年在香港病故。

侯氏兄弟一贯关心家乡。大哥、二哥去世以后,帮助家乡人民发展致富的重任全部落在老三侯祯生身上了。从此以后,侯祯生想得最多,做得最多,付出的也最多。1987年,他应山西省科委的邀请,到省自动化研究所讲学。了解到山西经济还不太发达,急需引进外国先进技术、人才、资金和管理经验的现状之后,侯祯生萌发了一个念头:在美国组建一个科技公司,联络一些专家精英,为山西的现代化建设提供高科技服务。然后,以知识产权和有偿服务的一部分收入,捐献给家乡发展教育事业,使山西尽快出人才,尽快富起来。回美国退休以后,他征得子女们的支持,多方筹措,很快就组建起来自己的一家公司——美国艾迪科技公司。他的女儿侯雯是美国惠普公司的电脑工程师,儿子侯承舜在美国环保局的一个机构从事环保工作。两代人齐心协力,目标一致,发挥自己的专长和优势,寻找一切途径,为兴晋富民出力。经与国内有关部门洽谈,商定在以下几个方面同山西开展交流合作:①山西电信系统一个联网的高科技课题,②灵石电厂自动化控制系统设计,③太原铜厂冶炼温度自动控制项目,④代县利用煤矸石生产高岭土项目。1993年9月21日至27日,侯祯生应邀回国参加"山西省第六届国际经济技术合作洽谈会""山西省第四届进出口商品和国外来展商品交易会""山西省第四届锣鼓艺术节"(简称"两会一节"),同有关部门和厂家签订了一些项目的合作意向书。在此期间,他还在省邮电局和环保局举行学术报告会。他不仅向听众介绍了自己的工作经验和研究心得,还带回来国外的最新信息,深受大家欢迎。

返回美国以后,侯桢生倾尽全力对合作项目进行多方准备。由于种种原因,有几个项目无法进行只好中止,为搞好前期准备工作而投入的人力和财力均告无效。代县利用煤矸石生产高岭土项目在双方的努力下,历经艰辛有了进展。1994年,以侯桢生先生为总裁的美国艾迪科技公司与山西代县农民企业家黄喜存合资创办的"山西喜迪精细化工有限公司"正式挂牌开始运作。1996年,投入批量生产。在公司缺乏流动资金的困难关头,经过侯桢生先生介绍,二哥侯祯瑞在香港的儿子到代县考察以后,对这个项目产生了兴趣,及时地注入资金(贷款)15万美元,使公司得以正常生产。

侯桢生伉俪与山西侨界朋友

中美合资企业山西喜迪精细化工有限公司,是专门致力于非金属材料的研究、开发和生产,集科技、工业、贸易三位一体的科技型企业。利用煤矸石生产超微细煅烧高岭土及其系列产品,于1991年被中国国家科委列入"新产品试制计划",被中国国家环保局列入"绿色科技计划"。在高岭土的制备方面取得了两项专利。1997年12月,该公司产品获国家科委、税务总局、对外贸易经济合作部、技术监督局和环保局授予的"国家重点新产品"证书。该公司拥有一批技术过硬、训练有素的专业技术队伍,实行计算机管理,加入国际互联网络,产品70％出口创汇。1997年被山西省授予"产品质量信得过单位"。

侯桢生先生关心这个合资企业不亚于关心自己的孩子,为它的发展而高兴,为它的风险而担心,为它的困难而烦恼。只要家乡经济能尽快发展起来,乡亲们能尽快富裕起来,他再费心再辛苦也无怨无悔。

1991年7月,凝聚侯桢生数十年经验和心血的科技专着《监控与数据采集》由中国科学技术出版社出版。这部著作对于供电系统、化工企业、煤矿自动控制系统设计人员、计算机工作人员和有关院校的师生都是极好的参考,得到科技界人士的好评。

参加倒扁运动后的侯桢生(后排右一)

> "国际蕈菌传教士"张树庭

1930年9月30日,山西省崞县(今原平)上庄乡沟里村一户姓张的农民家庭,诞生了一个男婴。

"哇!……"令父母欢欣和激奋的婴儿第一声啼哭,同许许多多新生婴儿一样,并无什么特别之处。但在半个多世纪以后,这个人的声音却显得那么特别:富有智慧,具有权威。

他叫张树庭,是澳大利亚籍华人,香港中文大学教授、生物学系主任和理学院院长,曾兼任国际热带地区菇类学会主席,现任联合国教科文组织香港微生物资源中心主任、联合国工业发展署国际蕈菌生物技术服务中心主任。他是世界公认的研究蕈菌权威,被誉为"国际蕈菌传教士"。因为他是世界蕈菌事业的拓荒人,所以人们开始亲切地称他为"草菇先生",而后随着年岁的增长和研究事

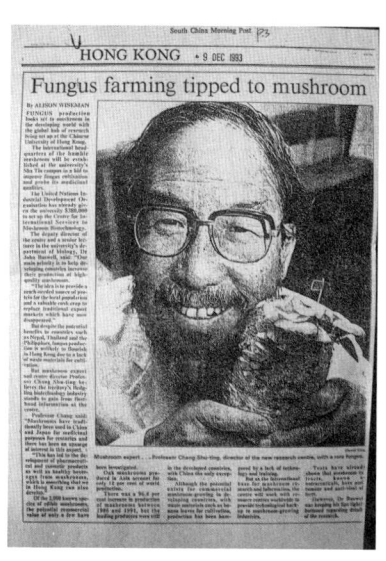

海外报刊对"草菇爷爷"张树庭的报道

业的发展，人们又改称他为"草菇爷爷"。

鉴于张树庭对世界蕈菌研究做出的卓越贡献，他先后当选为世界文学及科学院院士、国际生物技术学院院士、世界生产力科学院院士。1994年荣获英女王ＯＢＥ勋爵。1995年10月在香港中文大学退休，被该校授予讲座教授名衔。2012年5月，又被该校授予终生荣休院士。

向科学的高峰登攀

少年时代，张树庭跟随舅舅到西安等地念书，后去了台湾。1949年考入台湾大学。他学习刻苦，成绩优异。1954年毕业，开始在台湾烟酒公卖局当技士，而后赴美国深造。

在美国，他边教书边攻读。1958年获威斯康星州立大学硕士学位，1960年获哲学博士学位。随后，来到香港从事教育和生物学研究。在香港中文大学正式命名之前，他已开始在该校进行教学工作。

数十年来，张树庭由助理讲师、讲师，到高级讲师、教授，步步晋升，最后成为讲座教授。他可谓"桃李遍天下"，所教过的学生遍布世界各地，在科研领域和教育领域大显身手，有的学生成为单位元老级的"台柱子"。

张树庭的研究课题主要是真菌学及其遗传学，独辟蹊径，硕果超群。除发表近百篇学术论文外，还出版了不少专著。其中1972年由香港中文大学出版社出版的《蕈菌及其形态、细胞遗传、营养及栽培》，1975年由世界图书公司出版的《草菇》，1978年由美国学术出版社出版的《食用菌的生物特性及其栽培法》，1984年由香港中文大学出版社出版的《热带菇类的生物特性及其栽培法》等等，都是深得学术界赞许的权威力作。

由于张树庭的研究多有创见，处于本学科的领先地位，因而被美国科学协会、美国植物学会、美国遗传学会、日本植物学会等多家学术团体吸收为会员。并先后担任香港微生物学会主席、国际热带菇类学会主席、东南亚微生物学网地区总部执行秘书。

1990年，张树庭被选为世界文学科学院院士，是香港地区第2位获此殊荣的科学家。该院总部设在瑞典，每年在全世界选出对自然科学、社会科学及人文科学有卓越贡献的专家学者，聘请其加入该院成为院士。香港《文汇报》等报刊均在显著版位报道了这条喜讯。

利用废棉培植草菇

提起张树庭研究食用菌，还有一段小"插曲"。

他原来是研究玉米的，但在试验田栽种的玉米未等成熟，即屡屡被人偷窃。面对着鲜嫩的玉米穗，吃惯山珍海味的人照样敢窃为己有。这可是害苦了张树庭，科学实验和研究被迫中断，这比经济损失更惹人恼火。

后来，张树庭从一本书上了解到：有关草菇的生物学特征及遗传学、细胞学的研究，尚是一片空白。于是萌发了一个新念头：研究草菇，向未开垦的处女地进军！

草菇味道鲜美，营养丰富，蛋白质含量高达15%—43%，另外还有维生素A、B、C等，有滋补身体、降低胆固醇和预防癌症的功效。张树庭曾题词颂扬草菇："无叶，无芽，无花，自身结果；可食，可补，可药，周身是宝。"

张树庭研究草菇始于1962年。开始他在香港中文大学附近的沙田、马料水一带的田间地头捡稻草栽种草菇，但后来稻田渐渐消失，能采集种菇的原料愈来愈少。到了1969年，他突破传统方法的羁绊，领导香港中文大学食物蛋白质生产研究中心，开始采用废棉、茶渣等垃圾栽培和生产草菇，经多次试验，结果获得成功！100公斤的废棉

可生产25公斤—35公斤的新鲜草菇。在人口密集的工业化城市香港，废棉、茶渣之类的废料很多，为清理这些废料耗费了大量人力财力。利用废棉、茶渣生产草菇，既减轻了环境污染，又为居民提供了高蛋白食品，真是一举两得，造福人类！张树庭说："草菇会自己分解棉花废渣的纤维素，转化成糖分，然后自己吸收，便能生长，再加上它不用光合作用也能生长，不会排出二氧化碳污染环境，绝对算得上是'环保食物'。"社会各界对此大加赞赏。

新闻媒介争相报道，称"张教授的研究无疑对香港做出了贡献"，"这是一项历史性的发明，不但使香港得益，更能使种植草菇的国家受惠"。张树庭曾对《明报》的记者说："在我们从事研究工作的人来说，每种废物都有其用处和价值，关键在于人类懂不懂得去发掘"，"我们的责任是找到废物的'用处'，将其用于人类生活中"。

为"中国菇"正名

中国是最早培植和食用菇类的国家之一。200多年前，中国南方即广泛栽培和食用草菇，将草菇当成餐桌上的美味佳肴。其后，草菇才传播到东南亚各国。在栽培和食用香菇方面，日本人并不比中国人早，然而由于他们作了较多的研究和宣传，于是一些学术著作就把香菇称为"日本菇"。

作为炎黄子孙的一员，张树庭第一次看到"日本菇"这个名词时，着急得坐不住了："香菇已经成了'日本菇'了！草菇是我们中国人首先培植和食用的，如果不认真去研究，或许有一天，也会像香菇一样被外国人拿了去！"

张树庭暗下决心：一定要为草菇正名。经过反复实践和大量考证，他在草菇研究上拿出了一系列成果，并公布于世。他撰写了一篇观点鲜明、材料翔实的论文，投给权威杂志《波士顿经济植物学》（美国），旗帜鲜明地提出：应将草菇改为"中国菇"（Chinese Mushroom）。论文发表了，张树庭的主张得到国际的公认。

张树庭怀着强烈的民族感情，以自己出色的研究成果，发展了中国驯化和食用草菇的经验，填补了世界研究草菇的空白。海外社会反映热烈，报刊纷纷报道说：张树庭为中国人争了光！

探明"香菇之源"

对于把香菇称为"日本菇"的说法，张树庭抱着严谨的科学态度和强烈的民族感情，也投入巨大精力进行研究和考证。他下定决心：非把"香菇之源"弄个一清二楚不可！

首先，张树庭查阅古代典籍，了解中日两国关于香菇培植的记载。我国的浙江省龙泉、景宁、庆元三市县交界地带，很早就出现人工栽培的香菇，其技术史称"砍花法"。据传最早发明这项技术的，是南宋龙泉县龙溪乡龙岩村人吴三公（其所在地现归庆元县管辖）。南宋嘉定二年（公元1209年）何澹编纂《龙泉县志》上，就有庆元人栽培香菇的确切记录共180余字。这是人类香菇栽培史上，留下的可供查证的最早、最完善的文献资料，反映了香菇栽培从择时、选场、砍花、培育、收采、烘干、分级等整个过程，表明浙江当时人工栽培香菇的技术已经十分成熟。

至明代，浙江参政陆容（1436—1494）在任时所著《菽园杂志》卷十四中，将《龙泉县志》中记载人工栽培香菇的内容转录其中。又过了一百多年，到明嘉靖三十七年（公元1558年），在黄佐所编《广东通志》中，又将陆容《菽园杂志》中关于香菇栽培的文字，引入其中。清雍正九年（公元1731年），《广东通志》在"物产"栏目中再次记叙这些文字。此时，浙江菇民栽培香菇的技术已在广东广泛传播

推广。

1796年,日本林学家佐藤成裕整理、总结日本香菇栽培的著作《惊蕈录》问世。此书开创了"日本菇"立论之先河,著名的日本香菇史学家中村克哉认为,《惊蕈录》对于日本香菇生产具有划时代的意义。把香菇称作"日本菇",也就在国际上流行开来。然而,《惊蕈录》记叙日本人工栽培香菇的技术的内容,却是转载与参考了中国的《广东通志》。此时,距离何澹编纂《龙泉县志》已晚了587年。可见,日本并非人工栽培香菇之"源",而只是"流"。

其次,张树庭花费大量精力进行实地考察。他曾专门赴日本,到生产香菇历史比较久远的大分县等地进行考察。大分县是日本香菇的第一产地,因森林资源丰富,用原木生产香菇,技术、品质等方面拥有很大优势。当地政府和蘑菇振兴协会定时举办香菇品评会,展示产品,表彰菇农,现场销售产品。香菇成为日本重要的消费品和出口商品,大分县等地发挥了领头作用。但这仍不足以说明这些地方就是"香菇之源"。

当张树庭得知浙江省庆元县很早就栽培香菇、当地民众世代以此为业,至今仍有菇神庙等文物古迹遗存,就意识到这里极有可能真的是香菇的发源地。于是,从中国实行改革开放方针政策迈开第一步开始,他就一直关注着庆元县,投入精力进行深入的调查研究。1987年他在《热带菇类》杂志上发表了香菇溯源的研究文章,并配上由庆元县人士提供的菇神庙照片。1989年3月,在国家轻工部的安排下,张树庭实地考察了庆元县的历史文化以及香菇产业。通过采访、座谈和讲座,他更坚信自己的推断,于是为当地写下了"香菇之源"的题词。

然而,由于遭受"文革"等原因,庆元县香菇产业的复苏和振兴面临着十分艰巨的局面。1978年,全国羽毛球公开赛在杭州举办,浙江省革命委员会要求庆元县提供100公斤香菇。但是，县供销社将全县的香菇集中起来也只有62公斤。当时，摆在菇农和各级领导面前的问题太多了，诸如菌种选育、栽培方式、生产习惯、加工工艺、产品销售、森林保护、人才培养、技术普及等等，都亟须解决，而一时又无从下手。

张树庭为了庆元县香菇产业的发展，提出了几条协助的措施：①协助庆元县培养人才；②协助庆元县举办国际会议；③在国际会议和国际相关刊物上宣传庆元县；④介绍香港和其他国家的商人来庆元县购买香菇等等。

1993年，张树庭到庆元县主持全国香菇专题研讨会，并为"庆元县香菇市场"、"庆元县食用菌科研中心"题写了牌匾名，还动员日本学者古川久彦支持将于翌年在庆元县举办的国际会议。

经过充分的准备和有序的运作，国际香菇生产及产品研讨会于1994年11月在庆元县隆重举行。张树庭又一次来到庆元。期间，他还特别接见了当地菇农的代表，并为菇神吴三公祠题词："香菇之祖"。此后，他与美国的菲利普·迈尔斯教授，以及参加会议的22

张树庭题词赞美食用菌

个国家的78位外宾中的30多位学者,在不同国家和地区一共发表了30多篇文章,科学雄辩地告诉世界:中国庆元县是世界真正的"香菇之源"。

发现和确定香菇的发源地,极大地推动了当地经济发展和人民致富。如今,庆元县已成为集香菇育种、生产、加工、销售、科研、信息传播于一体的"香菇大县"。这不仅仅是庆元县及浙江省各级领导和人民群众的骄傲,也是全体炎黄子孙的骄傲。

周游列国推广蘑菇

张树庭在香港中文大学担任生物系主任期间,吸收了几十位中国大陆和上百位世界各地的研究人员到香港中文大学从事蕈菌研究。他自己还创办了一个国际蕈菌学及其产品的会议,从1993年夏季在香港举办首届以来,现已经在不同国家举办了6届。国际上凡是举办大型的蕈菌会议,也都邀请他作为名誉主席或顾问。他还与有蘑菇产业的地方官员,建立了持续不断的联系。

1995年,张树庭从香港中文大学以讲座教授退休。为了推广以环保方式种植菇菌,张树庭退休后以联合国教科文组织顾问身份,周游列国,穿梭于五大洲宣扬菇菌的好处,并教会不同国家的民众培植和保育的方法,因此赢得"蕈菌传教士"的美号。

非洲国家是艾滋病的高发区。2004—2006年,张树庭深入东非艾滋病重疫区,致力于抗艾滋病研究。经过研究发现,艾滋病病毒能破坏人体小肠黏膜,阻碍人体对营养的吸收,久而久之病人因营养严重匮乏,产生并发症而不治身亡。当他们在给患者分发抗艾药品的同时,配合使用灵芝提取物,意外发现灵芝提取物对艾滋病患者的小肠黏膜具有很好的修复作用,病人的体重、血细胞等在短期内明显升高,从而提高了艾滋病人的生存质量。张树庭说:"其实,菇菌可以食、可以补、可以医，关键在于是否食得恰当。"他还说，他经多年研究发现，食用蘑菇可以减轻艾滋病的痛楚。此外，蘑菇作为补品也有一定滋补作用，符合经济效益，对第三世界国家尤为有用。2006年，在美国的药用菌类会议上他被称为"药用菌之父"。

这些年来，张树庭出访五六十个国家，鼓励大家种植和食用蘑菇，并注意吸收、交流和传播先进的种植技术，不仅在第三世界国家

张树庭在讲演

倍受青睐，一些发达国家比如日本、美国等，因获得好的栽培技术（如中国的袋料栽培香菇技术）并广泛应用，也深得其益。因为身体难以负荷搭乘长途航班的劳累，他才结束"传教之旅"。

2010年9月30日，"庆祝国际著名蕈菌学家张树庭教授八十华诞学术研讨会"在北京首都大酒店隆重举行。张教授著述甚丰，出版涉及蕈菌遗传及育种、分类、生理生化及栽培技术、营养、滋补及药疗等方面的专著21部，并在国际著名专业杂志上发表论文200余篇。中国

有一位学者在他寿诞之际为他题撰了一副对联：

出晋入陕走宝岛，树志求学，四海遍足迹；

访美留澳居香江，庭开蕈业，五洲见伟绩。

2010年10月15日，第九届全国食用菌学术研讨会在上海召开，年届耄耋的张树庭在开幕式做了主题报告《中国蕈菌业：我闻，我见，我思，我盼》。他做的虽是科学报告，却倾注了浓厚的感情——对科研事业的执着，对普天下民生的关注，对祖籍国的挚爱无不溢于言表，与会人员异口同声评价说："这是最震撼人心、最难忘的一场报告。"

张树庭讲述自己的科研故事

张树庭神采奕奕，脸色红润。曾有记者问他养生秘诀，他笑着说："可能跟我爱吃蘑菇有点关系吧。"

心系故国，赤子情长

在香港中文大学任教时，张树庭经常接受媒体采访。报刊经常报道他的事迹，电视台也经常播放他的访谈视频节目。有一天，他突然接到一位台湾女士的电话，说："我们看电视节目，听你讲蘑菇的营养价值，对我们的启发太大了！我祖籍是山西的，听你的口音觉得很熟悉很亲切，判断你也是山西人。可是我先生不相信，我们俩就打赌了。请问张教授：你是山西人吗？"张树庭在电话里对她说："我要祝贺你，你赢了！我是山西人！"笔者在山西省侨办任职时，几次接待到访的张树庭先生，交谈中我也觉察到他的乡音犹存。其实，他少小离乡弹指间已数十载，留存的不仅是他的家乡口音，而是他的满腔的华夏情愫，他对故乡和祖国的眷念一直未尝去怀。他自己就说："我时刻也没有忘记，我的根在中国！"

自从1979年张树庭应中国轻工业部邀请，首次来华讲学和交流学术开始，此后他就频频归来，荣任轻工业部和商业部食用菌高级顾问，足迹遍布大江南北许多城乡。

浙江省是张树庭频频光顾倾注心血最多的省份之一。他多次在浙江大学、浙江农业大学、浙江省农科院、杭州市农科院等单位，举办蕈菌学及食用菌产业讲座，以推动食用菌的发展。获得"香菇之源"荣誉的庆元县的菇农，更是念念不忘张树庭为探明香菇源头所建立的丰功伟绩。没有他的崇高声望和坚忍不拔的探索精神，没有全体富有正义感的专家学者的辛勤努力，香菇可能还一直被人称为"日本菇"。国际食用菌学术界历来存在的日本与中国的"香菇发源地之争"，如今终于一锤定音。为此，庆元县政府专门授予张树庭为庆元县"第一位荣誉菇民"，并赠予一把香菇城的城门钥匙。当地报刊在显著版面刊登"特写"：《张树庭教授——庆元19万人民感谢您！》

广东省高州的菇农提起张树庭，感激地说："张教授给我们帮了大忙！"那是在1985年，张树庭和广东省微生物研究所的同行，连续3次到高州，指导农民栽培食用菌。他不仅传授技术，还指导销售。当他发现当地蘑菇产量猛增、出现供过于求的现象时，随即提出"销

售多渠道"的建议，提醒生产者要多多进行市场调查，终于使蘑菇远销广西等地，使生产得以持续发展。

张树庭对中国北方育菇情况也很关切。他说：北方由于气温较低，蘑菇质量甚至比南方还要好，如能大量生产，内销和外销的前景将相当广阔。对于家乡山西，张树庭是有点"偏爱"。自1980年首次来山西进行学术交流，以后多次访晋，分别在太原、大同、原平等地参观指导，举办学术报告会、食用菌培训班、赠送优良品种及学术资料。他应聘担任山西大学生物系名誉教授和山西省生物研究所的技术顾问，经常回来讲学和辅导。他给山西引进的凤尾菇，因其效益高而得以在25个省市推广。他赠送的双孢菇优良菌种，在太原、榆次、汾阳等地大面积栽培后，连年获得良好的经济效益，现已广泛推广"全面开花"。

1994年，张树庭在退休时，将自己收藏的数万册图书无偿捐赠给武汉的华中农业大学。他捐的书中有不少是华中农业大学图书馆没有的和缺少的，例如英国的《科学》杂志，华中农业大学原来就不全，现在全了。当时的校长孙济中说：张树庭教授不仅是捐赠图书，也是展示一种高尚的品格，一种可贵的精神。

故国对于海外赤子的厚爱和奖赏也是难以用金钱来计算的。早在1990年10月，中国轻工业部就授予他"国际合作奖"；2008年，浙江省政府授予他"西湖友谊奖"；2009年，在中华人民共和国成立60周年之际，国务院授予他"国家友谊奖"，副总理张德江亲自授予奖牌。张树庭夫妇荣幸地登上了北京的国庆观礼台。

在山西，原平市政府平时对他老家亲属多方关心照顾，他访问山西期间，省外事侨务部门给予热情的接待；省委和省政府领导人亲切接见给予的高度评价及鼓励……这一切都使张树庭感激不已。

张树庭说："寸草难报三春晖啊！"

美籍分子生物学家张凌

美籍分子生物学家张凌祖籍山西省洪洞县龙马乡，1933年出生于南京，后随家人回山西生活。1946年毕业于太原克难小学，而后随家人赴京，就读于贝满女中。1952年她高中毕业，按照自己早已立下的志愿，报考北京医学院（今北京医科大学）。

张凌为何对医科情有独钟呢？原来，她的一家与"医药卫生"有不解的缘分。她的父亲弟兄仨，都是齐鲁大学医学院的高才生。父亲张崇德曾留学美国，回国后担任过国民政府绥远省卫生处长，新中国成立后在齐鲁大学医学院任卫生系主任。叔叔张耀德是蜚声国际的麻风病研究专家，定居美国，是美国国家卫生研究院的终身研究员。姑姑张贞德是北京玉泉医院的名大夫。姑父项伍也是医学专家，退休前是北京玉泉医院的院长。张凌从小受家庭熏陶，对医药有浓烈的兴趣。她仰慕华佗、扁鹊、李时珍等古人，尊崇她的老一辈亲属，向往将来自己也成为杏林精英的一员，为世人解除病痛，为百姓排忧造福。

1956年，张凌从北京医学院毕业，接着继续攻读研究生，1959年获副博士学位（苏联时代高等教育学历制度，相当于我国博士学位)。而后,分别在河南医学院和香港大学医学院从事教育和研究工作。1975年,她获准与香港的家人团聚。1977年移居美国,1984年加入美国国籍。

张凌以中华巾帼所特有的韧性和刻苦精神,在这个高手如林、竞争激烈的国度里,奋力拼搏,开拓新的事业。起初,她在美国国家卫生研究院、肿瘤研究所当访问学者,从事致癌病毒基因克隆的研究。接着,进入坐落在华盛顿的美国百年老校霍华德大学化学系继续攻读博士后,从事人工血浆代用品的研究。1983年,美国军医大学敞开大门,欢迎和接纳了这位来自中国的女性专家,提供良好的条件,让她从事致癌基因和终端转移酶的分子生物学的研究。张凌用累累硕果,一次又一次证明自己作为东方女性的智慧和才华。来自美军各军兵种学员佩服她,尊敬她。军医大学的同行们也频频投来赞赏的目光。每次校方向她颁发"杰出成就奖"证书时,台上台下响起的掌声,总是格外的热烈和持久。

张凌在美国军医大学实验室

1989年，美国医疗卫生界更高的科学殿堂——国家卫生研究院聘请张凌担任研究员，从事肝炎的分子生物学诊断方法的研究。美国国家卫生研究院英文简称NIH，隶属于美国国家卫生教育福利部，当时拥有14个研究所、4个研究中心、4个辅导部门和1个医学图书馆；拥有工作人员17400余名，其中4900名是医学博士、哲学博士或兽医博士，有10%拥有双重学位；每年研究经费达90亿美元。在这样的环境中，张凌以其出色的表现，在同行中脱颖而出，屡获嘉奖。碰巧的是，张凌的叔父张耀德先生，世界闻名的麻风病专家，也是美国国家卫生研究院的研究员（而且是终身的研究员）。叔侄俩在美国同一个高级科学殿堂里占有一席之地并大显身手，这不仅是美国科学界的一段佳话，在美国侨界也传为美谈。张凌一直在这里干到1997年光荣退休。

张凌在美国之音讲座

　　张凌对科研事业专注执着，在从事致癌病毒基因克隆、人工血浆代用品、致癌基因和终端转移酶的分子生物学、肝炎的分子生物学诊断方法等课题的研究过程中，表现突出，成就卓著，取得了一系列成果，多次荣获"模范工作者"和"突出贡献奖"，其名字和事迹还被列入《美国妇女名人录》《亚洲名人录》和《世界名人录》。

在美国，张凌除了从事科研工作以外，一贯热心公益事业，竭尽所能，服务侨界。她做的好事数也数不清，堪称侨界的"活雷锋"。侨界还广泛流行这么一句话："有困难，找张凌！"

有一次，两个来自中国大陆的年轻人，在唐人街一家中国餐馆里相遇，用汉语交谈起来。甲已经在这里定居，而乙是初来乍到。

甲：你从那儿来？

乙：北京。

甲：来多久了？

乙：4个来月。

甲：怎么样？还习惯吧！

乙：别提了！语言不通，孩子学习有困难，没有交通工具，最近我丈夫又面临失业危机……我正愁得不知该怎么办呢！

甲：你有没有找张凌谈谈？

乙：张凌是谁？

甲：美京华人活动中心的领导。她也是从大陆来的，待人可热心了！很多人都得到过她的帮助或建议，你不妨找她谈谈。她的电话号码我可以告诉你……

这个"乙"女士事后果真给张凌打了电话。张凌帮她找了一份临时工作，还介绍她的孩子参加"新移民辅导协会"举办的英语辅导班，一家人基本上安顿下来。"乙"女士很感动，逢人就说："张凌老师真是个'活雷锋'！"其实，对于张凌来说，这样的事不过是"小事一桩"，她为同胞做的好事多得不胜枚举。她不计较个人得失,坚持做好事,施恩不图报。侨胞们有口皆碑,皆称她是"海外活雷锋""冬夜里的一团火"。

张凌退休以后,积极参与华侨、华人社团活动,曾担任"美京华人活动中心"副会长、"美京华人各界科学家联谊会"副会长、"北京医科大学旅美校友会"(华盛顿特区)会长、博城中文学校教务长等职务。她乐意充当"义工"(志愿者),义务为华侨、华人服务,深受侨界欢迎和爱戴。爱好写诗的张凌在退休时,曾写一首诗表明自己的心志:

看我们白发如霜,
依旧是赤子真情;
看我们皱纹密布,
未变那壮志雄心。

休作为生命新起点,
来安排又一次光辉人生。
散发出潜在的能量,
让中华大地洒满温馨。

为了团结旅美华侨华人,大力弘扬中华文化,并加大为侨界服务的力度,张凌投入大量的时间和精力,带头发起成立华美社区服务网(由23个华人社团联合组成)、新移民辅导协会、蒙哥马利郡华裔家长联谊会、美京山西同乡会、北京医科大学旅美校友会(华盛顿特区),并参与一些社团的领导工作。另外,她还担任美京华人各界科学家联谊会副会长(第一届会长为任之恭教授)和美京华人活动中心的副主任。在百忙当中,她还兼任博城中文学校的教务长,为华侨、华人的子女教授中文。努力使博大精深的中华文化得以薪火相传,发扬光大。

1996年，华盛顿地区的华人社团给张凌颁发"最佳服务奖"，以表彰她20多年来对华侨华人社会的义务贡献。美国华文报纸这样评论："在海外，常常听人说这一辈大陆人是时乖命蹇、迷失张皇的倒霉蛋。然而张凌和她的朋友们却用实际行动向世人证明了这一辈华夏英才不仅有足够的雄心和能力重振自己，东山再起。而且能在世界文明进程中奠定一席之地，找回人间真情，重建美好温馨的人伦关系。"张凌还荣获过美国蒙哥马利郡的"成就途径奖"（Path of Achievement Award）。该奖项是1998年为表彰本郡对社区有突出贡献的老年居民而创设的。张凌是获此殊荣的第一位华裔人士。郡长邓肯先生亲自主持颁奖典礼，并与张凌合影。他发表讲话说："美国和蒙哥马利郡之所以成为如此美好的国家和郡区，主要是因为一直有许

张凌获"成就途经奖"

多美好的人们在全力贡献自己的力量，为国家和社区做一些美好的事情。"他说："蒙郡华裔人口与日俱增，张凌在发现华人社区的老人在融入主流社会时，面临语言隔阂，便成立了常青社，服务社区，嘉惠社区，使老年人不再因语言和文化差异而被隔绝。"颁奖典礼同时还放映介绍张凌事迹的纪录片，展示她20余年如一日竭诚为社区服务的经历，并反映美京华人活动中心发展的足迹。《世界日报》对此事专门作了详细报道，并配发了照片。侨界有一位人士还专门赋诗一首赠赞颂她：

莫道异邦皆孤独，

张凌爱心暖妇孺。

排忧解难寻常事，

雪中送炭非特殊。

一声CHINA情意切，

百般恩怨付东流。

只为同胞家家乐，

甘受千辛与万苦！

张凌对于祖国和家乡，感情至深至真。她常说"故土难舍"。她于1984年加入美国籍，从法律上讲已经是美国人了。但她的胸腔里跳动的仍是一颗火热的中国心，神州大地上发生的一切仍时常让她魂牵梦绕。她有一个最大的愿望，就是中国尽早摆脱贫穷落后，早日富强起来；使华夏同胞在提高物质生活水平的同时，享受到民主、自由、平等、法治的政治生活和精神生活。

自1984年以来，张凌频频来华，举办各种形式的先进技术培训班，介绍分子生物学尖端技术及其在肝炎、肿瘤研究领域中应用；多次组织中美科学家互访，开展科技交流；协助联系并亲自指导中国访问学者赴美国进修；同时，还应聘担任北京医科大学基础医学院客座研究员、天津肝胆研究所高级顾问、河南医科大学名誉教授。为了培养更多的中国人才，她耗费了无数的精力和心血。为了发展家乡的教育事业，为祖国培养更多的人才，她慷慨解囊，资助洪洞县龙马乡赵村小学校舍的建设工程，为此四处奔走，呕心沥血。

张凌退休以后，曾在北京居住一段时间。她不是来华休闲旅游观光，而是回北京小住，开展老年保健服务工作。她说："为同龄人尽一分义务，实际上是享受一分助人快乐！"她用自己的退休金，每月花2000多元人民币，在前门西大街租一套公寓安顿下来。中国老龄协会聘请她担任顾问，并支持她创办老年健康服务中心。她还应邀到中央电视台担任嘉宾，讲授健身保健知识。于是，她又没日没夜地忙乎

起来。笔者曾与洪洞县教育局的领导赴京看望她。我们看她接待一个又一个来访者,听她用洪洞话谈她"第二次出征"的活动规划。我们看她精力充沛热情洋溢的样子,衷心地赞美:"你真像个中国在职的社会工作者,哪一点像美国的退休老人呀。"她笑着说:"医生曾对我进行过测试,他们说我的心理年龄只有40岁呢。"

张凌在山西参观考察

1998年清明节过后,三晋大地迎来了这位乡音未改的游子、洪洞"大槐树"的杰出后裔。张凌这次是应山西省教委、卫生厅和国际文化交流中心的邀请,回山西考察和讲学的。在美国,她具体参与策划和实施一项意义深远的慈善公益事业——美国科技教育协会"认养中国乡村学校图书室"计划。这次来山西她的任务不轻:除举办关于分子生物学和老年健康保健方面的讲座以外,还要深入贫困山村,检查山西省被"认养"的56座学校图书室的情况,同时还要考察今年新申报的"认养"项目。她说:"目前,咱们山西农村发展教育困难还比较大,我要努力为家乡多争取一点外部世界的资助。"在崎岖不平的乡村小道上,她乘坐吉普车在颠簸奔驰,同行的年轻人都感到困乏了,可是她还是那么精神抖擞。她那外表清瘦纤小的身躯里竟蕴藏着如此大的能量,大家无不感到惊讶和钦佩。

通过与张凌的深入交流，人们在她身上，找到一个思考许久的答案：她那充沛的干劲、旺盛的热情以及一贯坚持做好事的善心，主要来源于她对华夏故土诚挚的爱和对炎黄同胞深厚的情。

此爱悠悠天地久，此情绵绵无绝期。

> 美籍公路工程专家彭大钧

彭大钧,男,美籍华人,原籍山西省忻州紫岩乡紫岩村,生于1934年6月2日。系有深厚造诣的建筑工程师,现居美国德克萨斯州休斯敦市。

彭大钧的家乡土地贫瘠,村民多数贫困。但彭家相对富裕,住的青砖瓦房,有田地几十亩,又有商号、店铺,属于当地富裕的大户人家。

彭大钧与其父彭士弘在一起生活时间最长,影响最深。

彭大钧的父亲彭士弘,字毅丞,生于1899年。弟兄三人,他居长。彭大钧二叔彭士义,大学毕业后英年早逝。三叔彭士忠,大学时专攻电力,后在太钢电厂任工程师,1980年去世。

彭士弘自幼受良好家教,开始在本村上私塾,读四书五经,接受传统教育。1916年考入忻县中学以后,接受孙中山三民主义学说,确立振兴中华,科学和实业救国的理想。1920年考入山西大学。1925年,彭士弘东渡日本,进入早稻田大学化学系攻读,精通英语日语。1929年回国后,被阎锡山器重,先后担任西北实业公司协理、经理。

1949年4月，彭士弘去了台湾。在台北市怀宁街34号，主持山西西北实业公司台湾分公司，主要业务是开展对日本的贸易，同时，接待安置山西去台的有关人员。20世纪60年代末，彭士弘在台湾退休，70年代初去美国定居，1973年1月6日病逝于美国德克萨斯州休斯敦市，享年74岁。

西北实业公司是阎锡山落实执行《山西省政十年建设计划案》的产物，是山西创办的各项工矿企业的总管理机构。彭士弘与西北实业公司的其他同仁，为近代中国工业聚集了大量人才、技术以及管理经验，为推动中国工人运动和赢得抗日战争胜利，以及日后太原市和山西省的工业建设，做出了不可磨灭的贡献。是永载史册的，也是值得彭大钧等彭氏后人引以为自豪和骄傲的。

彭大钧在新中国成立前随父赴台，曾任台湾省政府农林厅水土保持局工程师。后定居美国。在美国，彭家主要靠彭大钧支撑。他先后任美国伊利诺斯州公路部工程师、密西西比州杰克森市政府工程师，从事公路（含高速公路）设计，并兼做彭氏企业公司经理和中美贸易业务。

1988年圣诞节，山西省政协访美代表团在休斯敦会见了彭大钧。代表团首先对彭大钧和他的慈母表示亲切的问候，同时肯定彭士弘对山西的贡献，赞扬彭大钧在美国拼搏的成就，并希望他在合适的时候回家乡走一走看一看。彭大钧说：访问山西故乡一直是我和母亲的愿望。我们的心早就飞回去了！

1989年4月下旬，彭大钧先生应山西省公路学会之邀，偕母亲回山西访问、探亲。在太原，他与交通厅领导和有关人员进行了座谈和学术交流；为山西省公路学会做了关于山区修建高等级公路的专题学术报告，并对山西在地理环境复杂的条件下修建高等级公路问题，提

出了许多建设性意见。他还偕母亲回忻州家乡探亲。

访晋期间，彭大钧和母亲受到山西省政协的热烈欢迎，原西北实业公司同仁联谊会负责人梁海峤、胡效闵等人负责接待，特邀彭彭大钧为联谊会会员。此间，彭大钧还护送母回忻州市紫岩村扫墓祭祖。

> ## 美国教授李培德的寻根之旅

李培德兄妹在亲友家中

1990年8月的一天,55岁的美籍华人、新泽西州罗格斯大学教授李培德陪老母亲徐樱女士,跋涉万里从美国回山西寻根问祖。他们来到昔阳县李家沟,在地方领导和父老乡亲的簇拥下,参观了先祖发祥之地。李培德虔诚地从地里掬起一抔黄土,激动地说:"多少年了,我一直想回山西看看。今天,我终于找到了自己的根啦……"在场的人

望着这两位来自大洋彼岸的嘉宾,陌生之感骤然消失,心头顿时涌起一股暖融融的亲情:他们也是咱李家沟的人啊!

算起来,李培德是定居在海外的第3代山西人了。李家是昔阳的名门望族。李培德的祖父李光宇,是清朝的官员;父亲李方桂1902年出生于广州,1987年去世于美国,是世界著名的语言学家,有"非汉语语言学之父"之称誉;母亲徐樱是北洋政府秘书长徐树铮之女,孙中山孙女孙穗芬的义母,曾在美国华盛顿大学深造,是才华横溢的女性,着有《金婚》等。

李培德1935年出生于南京,从小受到严格正规的教育,对博大精深的中华文化十分热爱,并深深植根于自己心田脑海之中。1947年,他赴美留学,在母亲的母校——华盛顿大学攻读。他天资聪颖,加上刻苦勤奋,考试成绩经常名列前茅,美国学生不论男女都佩服地说:"这个中国人真棒!"1961年他获学士学位。接着,他又进入父亲的母校——芝加哥大学深造,于1972年获文学博士学位。他的父亲李方桂是1928年在这所大学获得语言学博士学位的。父子俩为同校博士,成为中华学子留美的一段佳话。

李培德博士担任美国新泽西州州立罗格斯大学中文与比较文学系教授,兼任美国亚洲研究国际中心主任。他讲授并研究中国现代文学与东西方比较文学,日积月累,坚持不懈,取得了令人瞩目的成果。他的主要著作和论文有:《曾孟朴先生的文学旅程》、《中国古典小说的研究与欣赏》(合编)、《中国现代小说的研究与欣赏》(合编)《"三国"与"水浒"的结构比较》、《三个中国戏剧中的道德观念》等等。李培德博士的教学生涯与研究活动,实际上也是在异国他乡传播和弘扬光辉灿烂的中华文化。异邦人士通过他的教学和著作,了解到中华文化,了解到中国人,了解到中国这个既古老又年轻的东方大国。

从法律上说，李培德博士加入了美国籍，持美国护照，算是美国人了；但是从血缘上讲，他又是个地地道道的山西人、中国人。他的血管里，流动着黄土高原儿女的血液，他胸腔里，跳动着火热的中国心。"不管走到哪里，都不要忘记自己的根。"李培德博士牢记父母的教导，并身体力行。自1976年10月后，他已多次到中国访问，参加学术活动和短期讲学。他给中国文学艺术界带回来新的信息，新的知识和新的观念。他希望通过自己的努力，使中国的文学艺术和教育事业发展得快一些。他说："中国繁荣富强是我们全体海外华人的愿望，也是我们不远万里频频回来的目的。"

1987年8月21日，父亲李方桂在美国奥克兰市红木城凯沙医院病危。弥留之际，李培德跪在父亲病榻前，握住父亲双手，恨不得从死神那里把父亲的命夺回来。可惜回天乏术，父亲还是离他们而去！父亲生前有回乡谒祖愿望。1987年6月17日给国内来信，还说到"大约9月左右想回山西"。现在父亲的遗愿，只有让儿子来完成了！于是，就有了本文开头所说的李培德博士的寻根之旅。

藏着山西的一包黄土，带着家乡父老的美好祝愿，李培德博士陪同老母亲回美国去了。这趟寻根之旅虽然是短暂的，但影响却是长久的。

2015年3月，年届耄耋的李培德教授偕家人再次访华。这次行程主要是访问大西南，重游先父李方桂先生居住、工作过的地方，也是自己童年生活过的地方。

3月24日，李培德教授一行访问贵州师范大学。在宝山校区文科楼四楼文学院会议室与贵州师范大学、贵州民族大学、贵州师范学院等院校的专家学者进行了座谈。座谈会由文学院院长、民族和谐语言研究与应用中心主任易闻晓主持。东道主首先对李培德教授一行的来访表示欢迎，并详细介绍了文学院的建院历史、学科建设、师资配置、民族和谐语言研究与应用中心的重要任务等情况。李培德教授回忆了李方桂先生来黔之前在美师从语言学家萨丕尔从事印第安语研究的治学经历。他表示这次重访父亲调研旧地,切切实实地感到治学的艰辛。座谈会围绕李方桂对中国语言学、贵州地区民族语言研究的贡献、贵州少数民族的语言生态、贵州少数民族双语教学、贵州少数民族文献资料整理等问题进行了讨论。大家一致认为,李方桂先生不仅记录了大量原生态的少数民族语言资料,而且培养了一大批卓越的从事语言研究的专家学者,为中国少数民族语言学研究做出了极大贡献。东道主同时希望李方桂先生的后人、学生能够多来贵州,支持帮助本地的教研人员。

3月27日,位于四川成都的西南民族大学彝学学院在武侯校区举行"百人博士培养工程"第22讲。李培德教授担任主讲人。讲座由彝学学院邱富元教授主持,学院全体师生参加讲座。李培德教授详尽地介绍了先父李方桂的生平、学术经历,特别是在研究印第安语、侗台(壮侗)语族语言以及中国少数民族语言过程中的田野经历。参加讲座的师生们无不深受教育启发,深受鼓舞激励。

随后,李培德教授和他同在一所大学任教的妻子徐燕生副教授在《发现李庄》作者陈岱俊的陪同下,旧地重游,重访童年跟随父母生活过地方——李庄。

李庄素有"万里长江第一镇"之称,位于宜宾市区东郊的长江下游19公里南岸江边。该镇是抗日战争时期大后方的文化中心之一,1939年,

李培德夫妇与当地学者在宜宾三江口

国立同济大学、中央研究院、中央博物院、中国营造学社、中国大地测量所、金陵大学文科研究所等知名度很高的高等学府、研究机构等陆续从北京、南京、上海等地辗转内迁李庄镇,直到抗战胜利后的1947年才先后迁回原处。全国知名专家、学者如李济、傅斯年、梁思成、林徽因、童第周、梁思永、李方桂等云集李庄达五六年。这对李庄的社会、经济、文化都产生了深远的影响。

"我8岁离开李庄,现在80岁了,再回来,那种感觉不可言喻。"李培德教授对当地陪同讲述着儿时在李庄生活的故事,那里有他刻骨铭心的往事记忆。他说:"小时候,我和小伙伴在柴门口打架嬉闹,惹事了,傅斯年先生还前来化解我们的矛盾。"

他希望,抗战时期迁至李庄的十余所高等学术科研机构旧址能被好好保护,保留李庄深厚的抗战文化底蕴,让李庄精神发扬光大,面向世界。

李培德为李庄题词

最后,李老还题词"八岁随家离李庄,八旬寻觅旧时光"赠予李庄。

对于李培德教授来说,这次大西南之行,其实也是一次寻根之旅。繁衍生息在世界各地的华夏儿女,他们的根,还是扎留在中华大地的啊!

> ## 人类学家乔健的事业心和桑梓情

美籍华人、著名的人类学家乔健,是山西省介休县洪山村人。原任香港中文大学人类学系教授、系主任,国际瑶族研究协会主席,现任中国人类学高级论坛学术委员会主席。

乔健出生于1935年2月6日。其祖父乔世杰是成功晋商,1906年在平遥创办"宝丰隆票号",颇有声誉。父亲乔鹏书1929年毕业于北京大学,曾任山西大学法学教授,系中华民国第一届立法委员会委员,1963年在台北去世。

乔健年轻时赴台湾求学,1954年考取台湾大学历史系,二年级时转读人类学系。1958年获台湾大学考古人类学学士学位,1961年获硕士学位。1961年,他获美国康乃尔大学助教奖学金,赴美留学深造;1966年,结束了留学生活,走上了美国印地安那大学人类学系的教师岗位,同时不断地进行人类学的研究;1969年,取得了人类学博士学位。

20世纪70年代初期,香港中文大学计划创设人类学系,到处物色能够负此重任的人才,终于选中了当时正担任美国印地安纳大学副教授的乔健。聘请发出以后,乔健随即应聘而来。他为什么那么痛快呢?一者他对人类学情有独钟,二者他是个乐意在"处女地"开垦的"拓荒人",而香港正是这样一块人类学的"处女地"。

光阴似箭,乔健在香港一转眼已经工作了数十年。香港中文大学人类学系现在已经有了相当的规模和的名气,跻身于世界高等院校知名学科行列。学生所掌握的知识在社会上有了广阔的应用范围,毕业以后就业可谓是海阔天空,无论是政府机构或是私人单位,都很乐意聘用。作为香港中文大学人类学系的创始人,乔健当然是十分欣慰,内心充满了成就感和自豪感。但是,鲜为人知的是:乔健治学和创业的道路,并非是一马平川平的;在现在的成功花环背后,包含着他的无数的心血和汗水。

为发展人类学筚路蓝缕

人类学是一门新兴学科,旨在研究人类的起源、发展和特征,它熔民族学、考古学、历史学、文化学、民俗学、语言学于一炉,有广阔的研究天地,也有远大的发展前途。

但是,万事开头难。当一个新生事物还不被人们所认识和理解的时候,它的存在和发展都是那样的艰难。在台湾大学上人类学系时,乔健那个年级只有他一个学生。选班代表时只好自己选自己,用他自己的话讲,是"唱了3年的独角戏"。然而他的学习兴趣丝毫未受影响,老师授课也照样是那么一丝不苟。

在香港,人们对于人类学开始也不理解,甚至还有些误会。某电视台曾经播放一出电视剧,剧中人有一段关于人类学的对话,颇为"有趣"——

陈积问:"斌仔,你报读中大什么系?"

斌仔答："人类学系。"

陈积感到惊讶："什么？有工商管理系你不去读，却读什么人类学系，难道你只想研究猴子吗？"

斌仔解释说："不是我不想，而是我的成绩太差，其他系是不会收我的哩！"

提起这段"小插曲"，乔健报以苦笑。认为人类学系只是研究猴子，只招收成绩差的学生，这真是天大的误会。不过，他并不因为人们有误解而灰心。他坚信，人类学作为一门科学，一定会被越来越多的人所承认和理解，事情一定能够越办越好。为此他筚路蓝缕，万难不辞！

乔健在教学和研究中，非常注重实践，历来反对"纸上谈兵"和"闭门造车"，主张多多从事"田野调查"、"田野研究"。他经常奔走于中外少数民族地区和考古现场，进行深入细致的调查研究。至于经费，有时获得一些部门的资助，有时干脆自掏腰包。四川凉山自治州彝族人民欢度"火把节"，在狂欢的人群中，可以见到乔健的身影；湖南省江永县大瑶乡地貌奇特，民风古朴，很有可能是广大瑶民数百年苦苦寻觅的圣地"千家峒"，是文学家笔下的"世外桃源"。众多的专家学者纷至沓来进行考察，这里留有乔健跋涉的足迹；福建惠安女虽属汉族，却有独特的服饰以及已婚后长住娘家的奇异习俗，许多考察者研究者纷纷发表自己的见解，其中有乔健富有说服力的声音……

乔健还不时接受记者的采访，通过新闻媒介，宣传人类学的重大意义。他曾对香港《明报》记者发表谈话，阐述了人类学的定义、基本内容、课程设置、入学条件以及毕业生的前程等等。在他的领导下，人类学系每年都要举办一次"人类学周"，通过散发各种宣传品和举办一些生动活泼的活动，扩大人类学的影响。从而，澄清了社会上对于人类学的模糊认识和错误看法，使其更为深入人心。乔健说："人类学是一门正在发展中的学科。根据现时社会发展趋势，结合人类学研究工作，深信在不久之将来，这门被认为是冷门的学科，将会广泛地建立自己的形象。"

乔健为了人类学的发展，究竟付出了多少心血，是难以具体计算的。人们称他为香港中大人类学系的"元勋"、"创始人"，当不为过。

迄今为止，乔健已经发表了学术论文近百篇，单独编撰和与他人合作的著作30余种。他的论著观点精辟独到，论据丰富翔实，不愧是人类学研究的权威力作。

成功属于有志之士，荣誉伴随勤奋的人。从20世纪70年代末开始，乔健的生平事迹先后被选入《香港名人录》、《美洲印第安人研究百科全书》、《港澳名人精英录》、《世界名人录》等。他还荣获首届人类学高级论坛"新世纪人类学终身成就奖"。

为海峡两岸交流搭桥铺路

作为居留在海外的华夏儿女，乔健非常拥护中国统一，他极力主张海峡两岸应该扩大交往，增进了解。为此，他做了不少搭桥铺路的工作。

1985年11月上旬，由香港中文大学主办，由乔健主要负责，在香港召开了"现代化与中国文化研讨会"。来自中国、新加坡、美国、日本、台湾、香港等国家和地区的41名学者，欢聚一堂，对共同关心的问题进行研讨。大家完全摒弃了各种偏见和隔阂，为振兴中华大业各抒己见，以诚相见，亲如一家。会议开得很成功，引起各界的深切

关注。乔健在介绍会议经过时说:"中国大陆和台湾学者再次融汇一堂,进行学术交流。他们之中,既有七八十岁的中国社会科学和人类学的开拓者,也有三十多岁的接班人。老中青结合,代表了中国现在学术研究的方向。这样的交流是很有意义的。"台湾的学者表示:参加这样的研讨会,交流海峡两岸的学术研究成果,对于今后大有好处。显然,这次活动的意义已超出了学术研讨本身。与会代表很受鼓舞,纷纷要求今后多举办这样的研讨会。会后,香港中文大学社会科学院暨社会研究所联合出版了《现代化与中国文化研讨会论文汇编》一书,就是乔健亲自主编的。

  1990年2月中旬,又一次有乔健参与和出力的交流活动在香港举行,这就是由香港中文大学人类学系、台湾清华大学(新竹)人文社会科学院、香港惠安同乡会联合主办的"《两岸惠东人》协作研究研讨会"。福建惠安县东部居民的奇特习俗,长久以来被认为是"历史之谜"。两岸学者早对这种现象进行过探索、研究,并已取得不少成果,但无法交流。这次两岸学者打破藩篱,联手研究,其意义和影响都十分重大。台湾"中央研究院"院士李亦园先生对此举非常赞赏,连声肯定。在会上交流的论文,都是作者到实地考察后写成的。乔健曾3次到惠安调查,在研讨会上宣读了题为《生产与生育:惠东妇女的两难及其对应策略》的论文,尤受与会专家学者的好评。其他学者也从不同侧面畅抒己见,努力揭开惠东民俗的"历史之谜"。这次研讨会的学术论文,共汇编了两本书:《崇武人类学调查》、《大岞村人类学调查》。

  另外,乔健还密切关注台湾有关高校和单位开展人类学研究的状况,帮助创建了台湾东华大学族群关系与文化研究所。两岸交流又一次开花结果,预示着人类学研究前景将会更加广阔和灿烂。

为新中国建设添砖加瓦

从法律上说，乔健是美国公民而不是中国侨民。但是，血浓于水，木长于本，他对中国和家乡的热爱和眷念之情，不是一本洋护照所能改变得了的。

为使大陆人类学的研究赶上世界步伐，乔健在访问、考察、讲学、开会等各种场合，提出了许多诚恳的意见和建设性的建议。他曾说："内地大力发展人类学，完全符合当代社会和科学进展的迫切需要。但不要一哄而起。要把有限的财力、人力和物力用在有基础、有条件的高等院校人类学系和研究所上。"他举例说："像复旦大学、中山大学、厦门大学，要开设人类学系，条件就比较合适。"后来，中山大学和厦门大学分别在1981、1982年设立了人类学系。乔健非常高兴，应邀担任厦门大学人类学系客座教授，尽力给予扶持。

乔健还建议：应该尽量提供机会，创造条件，让人类学研究人员多多去搞"田野研究"。他说："'田野研究'太重要了。我们人类学系的全体教师和研究人员，几乎都考察过内地的少数民族地区，都参加过香港、台湾等地的考古发掘活动。"有一次，内地一位研究中国神话的学者访问香港。在交谈中，乔健问他：你曾经调查过哪些少数民族地区？你参加过哪些遗址的发掘？这位学者一再摇头。乔健大为惊愕："你一点没有'田野研究'的经验，怎么能够研究原始文化、古代神话？怎么能够参加人类学会？"当然，内地学者有自己的苦衷，应该做的事或想做的事并不一定就能付诸实施。所以，乔健呼吁各有关部门的领导，要给予充分重视，给学者从事"田野研究"提供方便。

乔健同时还建议：要千方百计翻印、出版海外一些有关论着，作为内地研究的借鉴和参考。海外学者凌纯声、芮逸夫、郑德坤、饶宗颐、乔健、谢剑、陈炳良等人的有关论着,都蜚声国际、脍炙人口。台湾大学的《考古人类学刊》、台湾省《民族学研究所集刊》、香港中文大学《中国文化研究所集刊》等,都很有参考价值,这些都要想法引进来。

乔健访问故乡与乡亲亲切交谈

总之,乔健把大陆人类学研究,当作自己的事业。看法之中肯,言词之恳切,无不体现了他的耿耿赤子之心!

对于山西家乡,乔健更怀有深厚的情意。他离开故乡后的第一次回来探亲是在1985年7月下旬。22日他由北京抵达太原,受到省委统战部和民盟等单位的热烈欢迎。在省城进行访问、交流之后,于当月26日回到了阔别30余年的出生地——介休县洪山村。他重游了童年的旧居和家乡的一些名胜,与乡亲们见面畅谈。对于人世沧桑他感慨万千,对于家乡新貌他激动不已。乡亲们用"猫耳朵"、"莜面烤烙

乔健被聘为中央民族学院名誉教授

烙"、"谷累"等家乡风味小吃招待他。他边吃边称赞:"这饭好吃!这饭好吃!"在故乡的怀抱里,乔健感到多么温馨和惬意呀!

此后,乔健又多次回山西访问、交流和观光。省里领导人会见了他,给予相当高的礼遇。1990年5月,山西大学授予他名誉教授称号。1994年,山西省海外交流协会和三晋文化研究会编撰《山西海外名人录》,收录他的简历和事迹。

对于家乡的文化建设,乔健非常关心,尽心尽力。他屡次回山西讲学,介绍和传授海外人类学研究的最新动态和成果;在海外募款,支持山西大学成功地举办了"中国佛教思想与文化国际研讨会";协助山西省筹建"华北文化研究中心",并捐赠私人藏书1500册,作为该中心的基础资料。

2005年9月,乔健和乔晓芙、乔庄、乔纪、乔原及乔晓蓉六兄妹,为纪念其父亲乔鹏书先生,特于山西大学90周年校庆期间,共同出资15000美元,捐赠给山西

乔健发表讲演

大学，设立"乔鹏书先生纪念奖学金"。他还与山西大学洽谈成立"中外文化比较研究中心"和开展国际学术交流事宜；同时与山西省有关部门商谈引进智力投资兴学、招商引资、发展旅游业等有利于兴晋富民的相关事项。

2006年应文化部和中国艺术研究院的邀请，参加"中国艺术人类学学会"成立大会，并在大会上作了"从实求美——艺术人类学的田野实践"演讲。

2011年4月1日，由民进中央、中国文联、山西省委和山西省政府主办的"第九届海峡两岸中华传统文化与现代化研讨会暨第四届中国介休清明（寒食）文化节"在山西绵山隆重举行。3月26日，乔健为大会发来贺函。贺函称：

"中国传统中的重要节日多与特定饮食有关，如中秋之于月饼，端午之于粽子，清明之于寒食。而后二者更与两位远古贤人——屈原与介之推之高风亮节誓死捍卫其高贵操守有关。后者更有明确的地域——介休绵山。在特定意义上这地域几与基督教之耶路撒冷相当，因而两千多年来，成为千万人民世世代代崇敬礼拜的圣地。今年民进中央决定将其第九届海峡两岸中华传统文化与现代化研讨会暨第四届介休清明（寒食）文化节合并举行，足显中央之重视。承民进中央与介休市委及市政府共同邀请健前往参与盛典，至感荣幸。不幸因通知时间太短促，健与现任教之台北世新大学，早有若干安排，不及更改，无法成行，至感遗憾。谨驰函主办单位，遥祝研讨会与文化节，召开成功，参与人士身体健康，心想事成。

承张志东先生告称介休市委及市政府现正积极从事介休之文化建设。按与文化建设最有关之学科即文化人类学。健一生都在从事此学科之教学与研究工作。极愿将其余年贡献于家乡之文化建设。望能在近期内共同商定一时间，由健专程前往介休与有关人士就家乡文化建设提供方法上与理论上之意见并协助执行。"

我们可以看到，乔健对于家乡的文化建设，真正是牵肠挂肚，不辞辛劳。

乔健从美国来香港工作，本想一两年就回美国去，没想一住就走不了了。1997年香港回归祖国。有记者问他："你有什么看法？"乔健回答说："我认为，安然过渡是没有问题的。"记者又问："你会移民吗？"乔博士答："没有必要。世界上再难找到一个像香港这样多姿多彩的迷人城市了。"

看来，乔健被一根看不见的"绳索"拴住了。仅仅是香港这座城市迷人吗？不。在这根无形的"绳索"里，还交织着他的耿耿事业心和悠悠桑梓情。

> 美籍科技"多面手"侯承业

侯承业

从三晋大地走出国门、到异国他乡拼搏而获得杰出成就的科学家中,有一位多才多艺的"多面手"人物,格外令人钦佩和叹服。他就是长期在美国华盛顿大学工学院任教的侯承业先生。他不仅是个优秀的教授,还是个研究机器人的专家,成功的企业家。

侯承业先生英文名Dr。Michael Hou,1935年11月3日出生于山西省灵石县静升镇。抗战胜利以后,随家人迁居台湾。他的祖父是一名晋商,生前在北京开一家木材厂,希望子孙将来经商办企业,但侯承业先生却喜欢上理工科。1960年,侯承业先生毕业于台湾测量学校23期,为土木工程学士。后离开宝岛赴德国留学,在斯图加特工业大学攻读土木工程,获硕士学位;接着又转赴美国留学,在华盛顿大学医学院攻读生物工程,又获一个硕士学位。

刻苦好学的他，坚信"知识就是力量"，攀登不止，随即转入华盛顿大学工学院继续攻读，终于获得哲学博士学位。此外，他还曾参加全美总经理管理班学习，获毕业证书。俗话说："有了金刚钻，才敢揽瓷器活"。侯承业先生拥有了高学历和多学科的知识基础，加上天资聪颖，刻苦钻研，自然能够在日后的前进道路上创造一个又一个辉煌。

侯承业先生从事的第一份工作，是在美国交通部担任主任工程师。他在这个部门一共干了7年。期间，他有几项业绩颇受世人瞩目：一是为桥梁、隧道的变形做过预测和研究；二是在医学方面完成了人造关节的研究；三是为波音飞机公司完成了三度空间自动观测产品变形方面的研究；四是预测华盛顿圣海伦火山爆发。一个交通部门的工程师怎么会跟火山爆发研究联系起来呢？原来，在从事交通工程中，除了地面测量以外，还经常使用航空测量。就是在小型飞机上安装专用的自动摄影机，在预定的航线上反复对地面景物做自动摄影，然后制成平面图、立体图和地形图，以便对交通工程进行分析和规划。1980年某一段时间，侯承业先生利用航空测量技术，发现华盛顿圣海伦火山发生异常现象，经过深入研究分析，预测到该火山可能爆发。当时，包括一些专业人士在内的许多人，都认为无爆发迹象。侯承业先生坚信自己的预测，并及时通报给政府有关部门，用充分的理由说服了决策者。有关部门终于事先发出警报，采取了一系列预防措施。结果圣海伦火山真的爆发，当炽热的岩浆和火山灰伴随着震天撼地的隆隆声冲天迸发时，人们并不慌乱，而是有条不紊地沉着应对。这次火山爆发尽管相当厉害，但引起的伤亡和损失却比任何一次都小，侯承业先生的准确预报功不可没。这位来自中国三晋大地的"不安分"的工程师，得了个"火山爆发预言家"的赞誉。

在宝岛台湾推广自动化、研制机器人，是侯承业先生施展拳脚的

又一次机会。

20世纪80年代初期,侯承业先生已应聘在美国盛顿大学工学院担任教授,恰好台湾修建翡翠水库,有关部门请他到台湾处理水库坝基的加固问题。具体要求是将层缝中不好的岩石切除,再灌浆加固,这样在发生地震时水坝安全才有保障。经过半年的试验、研究,侯承业先生摸索出低成本的高压水刀切除技术,每分钟切除速度由原来的1英寸提高到42英寸。结果,提前2年完成了任务,并节约了大量的人力财力。于是,人们送给他一个"水刀先驱侯承业"的外号,赞誉褒扬之情溢于言表。

工作完成之后,侯承业先生本想离台返美,一位朋友对他说:"台湾正要搞工业自动化,非常缺乏这方面人才,你为什么不留下来创一番事业呢?"他心想:"对呀,急需人才之际,往往也是人才施展的最好时机。"于是,他毅然留在宝岛,开辟了事业的新天地。他同友人利用一部分"行政院开发基金",共同筹资创办了台湾第一家自动化公司——"台湾自动化股份有限公司",亲自担任董事长和总经理,专门研究开发机器人。公司注册运作之后,他第一步从招揽人才入手。通过"招兵买马",工程师由15人增加到65人,成立了机械组、电子组、电机组、电讯组、电脑硬件组、电脑软件组、结构工程组、感应控制组等机构。他担任"司令",率领同仁分工合作,全力以赴。新加坡政府、学校与工厂对自动化、机器人也非常有兴趣。侯承业先生审时度势,果断地在新加坡创建了"新加坡国际科技自动化公司",亲任董事长,利用当地有利条件,与台湾同步开展机器人研制。他们所要研制开发的,是当时市场上还空白的高科技产品,规格要求极严。大家都干得十分投入,简直达到痴迷的程度。侯承业作为领头人,重任在肩,更是不辞辛劳,不避艰险,不管遇到什么样的困难和挫折,都不曾畏缩动摇。他经常乘飞机在台湾—新加坡—美国之间穿梭往返，每到一地，便埋头投入工作，无暇顾及休闲、观光。经过两年多的艰苦努力，终于"无中生有"，在台湾和新加坡两地研制开发出SIR-1、SIR-2机器人。作为高科技产品，还不能马上成为商品，还必须经过一段试用期，发现问题和缺点，马上给予解决和改进。这样又过了一年半时间，终于推出了200部完全合格的经得起实践检验的机器人，投放市场后广受欢迎。侯承业先生乘胜前进，率领他的团队，又研究开发出SIR—3机器人。这种型号的机器人主要用于工厂的装配线上，科技含量更高，做到了当时的4个"第一"：精度第一，速度第一，安全第一，应用方便第一。而价格只有别人同类型产品的三分之一。SIR—3机器人投放市场后，备受青睐，佳评如潮，曾荣获台湾颁发的"精品奖"和新加坡颁发的"研究发展奖"。在欧洲也打开了销路，德国和瑞士的一些无人化工厂里，均应用了SIR–3机器人，其照片还被一些刊物选印在封面上。此外，侯承业先生还领导研制成功冲床精密机械手和高楼玻璃窗清洗机器人等产品，均成为市场上的"抢手货"。侯承业先生因而被称为"自动化的传教士"。

在10年期间，侯承业先生除了研制机器人，还为185家工厂做过自动化的规划与设计。他率先发起成立了台湾自动化协会，担任第一届理事长。在他的带头推动下，台湾自动化逐渐普及、提高，促进了生产力的发展和社会进步。侯承业先生虽然付出了无数的艰辛吃了许多苦，但看到自己的心血和汗水结出了硕果时，心里感到十分欣慰和甜蜜。他在总结自己的经验时，感慨地说："科技生根，要脚踏实地去做才行。努力的人，总是有成功的一日。但理念只有一个：要实实在在地去做好一件事，再去做好另一件事。"

为了使科学研究与市场经济接轨，推动科学技术尽快地转化为生产力，侯承业先生除了组建"台湾自动化股份有限公司"和"新加坡国际科技自动化公司"之外，还在美国成立了"美国海舵机器人

公司",亲任董事长。他在领导企业方面,和从事科研一样有章有法,得心应手。"美国海舵机器人公司"的股票还成功上市,通过融资获得大量的科技研发资金,从而获得可观的经济效益。他曾在自己的著作中,论述"世界市场与游戏规则",畅谈创办高新技术企业的经验体会。他说,要成功地研究开发一种新产品,其主要负责人必须做到"九要":要很诚实,要有远见,要有广泛的常识,要有专门的知识,要有负责任的心,要有勇往直前的精神,要有承受压力的胸怀,要有不退却的意志,要有亲切待人的素质。他正是具备"九要"的人,所以他获得了成功。由此看来,晋商的遗传基因在他身上还是发挥了作用。不过,晋商的后代比他的祖先更加杰出更加优秀。侯承业先生创办的公司,是用高科技武装起来的采用现代化管理方式的新型企业,成功地将科研、生产、商贸熔于一炉,而且将吸收中西方文化精华的理念贯穿于企业的各个环节和各项活动之中。这是过去的晋商所经营的企业无法比拟的。这大概就是"青出于蓝而胜于蓝"、"一代更比一代强"的道理吧!

担当南怀瑾大师的助手、顾问,参与修建中国第一条合资铁路——金(华)温(州)铁路,是侯承业先生的华夏情和报国志的集中体现。

旅居海外的南怀瑾是侯承业先生和夫人王富士女士的老师,是精通儒、佛、道和东西文化精髓的著名学者,是执着追求民族复兴、社会安定、祖国统一和世界大同的华夏俊杰。为了帮助大陆人民发展经济,尽早脱贫致富,进而加强中国在世界上的竞争力,南怀瑾大师作为香港联盈兴业有限公司的董事长,毅然投资建设金温铁路。该铁路北起浙江金华,南至温州龙湾,全程251公里。80多年前,孙中山先生在《建国方略》中就提出这项计划,民国以来先后7次酝酿兴建均未能成功。从1983年开始,浙江省有关部门先后与美国、日本、加拿大等10几个国家的财团、企业商讨合资兴建事宜,也均未有结果。在"山重水复疑无路"之时,南怀瑾大师挺身而出,于1992年初与浙江省签约,合资兴建金温铁路,组建"浙江金温铁路开发有限公司"。香港联盈兴业有限公司投资比例为80%,浙江省20%,由南怀瑾担任"浙江金温铁路开发有限公司"董事长兼总经理。这是中国第一次合资修建铁路,无章可循,无鉴可借,风险很大,困难无数。南怀瑾大师聘请自己的得意门生侯承业先生担任金温铁路建设的总顾问,代表他奔赴第一线工作;而侯承业先生出于对老师的信任和敬仰,更出于对故土的挚爱,自己的理想信念与老师产生共鸣,故而不图名利,不计得失,慷慨赴任,万难不辞。

过去,侯承业先生从事某项事业,都是自己唱"主角",别人唱"配角",而这一次参与金温铁路建设,唱"主角"的是南老,自己只是个"配角",他也心甘情愿。他真诚地说:"我为南老跑腿,将他的名字贴在我的脸上,自觉光荣。"他一次又一次地往返香港——浙江之间,联系有关部门,拜会地方领导,传达南老意见,磋商重要问题,同时将每项工作的进展情况和各种报表资料,及时汇报给南老。为了获得第一手资料,了解工程的真实情况,他经常背着行囊、水壶,头戴安全帽,深入现场考察,有时甚至带病坚持工作。对于每个工地,每条隧道,每个涵洞,每座桥梁,他都做到了如指掌。有一段时间,他由于过于辛劳,体重竟下降了10余公斤。南老对他的工作十分满意,曾在信中这样说:"您一路行踪,随时有传真回

侯承业代表南怀瑾致辞

报,均已一一收到。且感(您)善于受命,详于处事,缜密周到,殊足为今时散漫之表率。……前路有您如此精心,我可无忧矣!"

1998年1月9日,耗资近30亿元的金温铁路终于全线建成通车。这是一条由政府和人民一心、干部和群众一心、国内同胞和海外华

侯承业夫妇与南怀瑾合影

人一心修成的铁路,是一条高效率高效益、低消耗低成本的铁路,开创了中外合资修建公共设施的先河,摸索出了一套可供借鉴的经验。金温铁路验证、实践了南怀瑾大师的理念:"诚诚恳恳的做人,老老实实的做事","修一条通往我们人心的大道"。这是一笔值得人们永远传承的精神财富。当修建铁路获得了巨大的经济效益之后,南怀瑾先生果断地交出了大部分股权,真正做到了人民铁路人民建,铁路利益人民享。很多人不理解,询问南老:"你花了那么多钱,费了那么大的力气,交涉了那么多年,争取到那么多土地,占了80%的股权,为什么就这么简单地交了去了呢?"南老解释:"我只为抛砖引玉而已,让政府领导者知道怎样利用外资来加

速国内的公共设施建设，尤其是交通工程。"跟随南老这么多年为修建金温铁路呕心沥血的侯承业先生体会最为深刻，他说："南老不是为个人，也不是做生意。他只是为中华民族未来的生存、人民生活的改善和教育文化的提升，贡献他的力量。"

金温铁路完工后，侯承业先生返回华盛顿大学，继续当工学院教授。他讲授公路、铁路及机场工程的建设等课程，可谓"桃李遍天下"。他先后完成研究计划20余个，发表科学论文100余篇。

经南怀瑾大师首肯并支持，侯承业先生还在华盛顿大学设立南怀瑾学院，亲任院长，在任教之外，推动南怀瑾理念，从事东西方文化的交流和融合工作。值得一提的是，他的两部中文著作——《南怀瑾的理念》和《南怀瑾与金温铁路》，在国内外产生了很大的影响。前者由复旦大学出版社于1996年出版，以独特的视角、切身的体会，对南怀瑾的理念作深刻的阐述和准确的诠释。其中，还融入了作者自己的科研心得和创业经验，对读者有很大的启迪作用。后者由台湾老古文化事业公司于1998年出版，用大量的翔实的第一手资料，记叙南怀瑾大师投资修建金温铁路的动机和过程，重现当时的艰苦而奇特历程，并且讲述作者作为金温铁路建设总顾问的所作所为所见所闻。内容丰富生动，文笔朴实无华，充分展现海外华人对华夏故土的钟情挚爱。因为有了这些著作，有人给侯承业先生又添了一个头衔——作家，他完全当之无愧。读了侯承业先生的著作，我们更为这位从三晋大地走出来的华人精英"多面手"感到骄傲！

2014年5月14日，科技"多面手"侯承业先生因病在台北辞世，享年80岁。台湾《联合报》发表题为《水刀先驱侯承业80岁病逝》的文章，对他去世的消息和事迹进行报道。台湾"内政部长"陈威仁先生在吊唁时留言："侯教授，我有缘于1980年认识，也因为他的缘故，才申请到华盛顿大学研究所。他的一生充满创意与热情。为研究

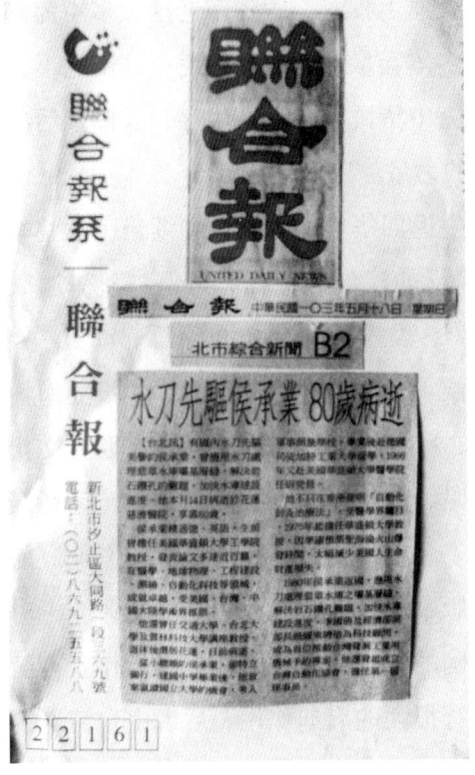

台湾联合报的报道

针灸,曾经到香港拜师,进而发明针灸床,将传统医学转换为医学工程发明。他的一生多彩多姿,成就非凡。数年前在新北市见面,今日却已天人永隔,不胜唏嘘。"

斯人已逝,英名永存。侯承业先生对推动科技进步和社会发展所做出的巨大贡献,是永远不会磨灭的。

"太原王氏"的杰出后裔王鼎昌

王鼎昌

提起新加坡（第五任）总统王鼎昌，人们都知道他是杰出的人才，是新加坡历史上第一位由公民选举的总统；可是要提起他是"太原王氏"的后裔，他的"根"在山西，这就鲜为人知了。

1993年8月28日，新加坡全国举行总统选举。结果原副总理王鼎昌以得票率58。7%的优势，战胜了竞选对手，荣任新加坡第5任总统。这次选举，体现了公民的意愿，举国欢腾。中央电视台在播放这条消息时，观众稍加留意，就会在欢庆人群中发现一面横标，上面赫然大字写的是："新加坡太原王氏公会"。"太原王氏"的后裔们格外感到兴奋和自豪！

　　王鼎昌祖籍福建省厦门同安，1936年出生于新加坡。追根溯源，他是"开闽王"三兄弟——王审知（闽王）、王审邽（武肃王）、王审潮（广武王）的后裔。而王氏三兄弟，是王姓始祖周灵王太子晋（字子乔）的49世孙。所以，王鼎昌是太子晋所衍派的后裔。

　　王鼎昌的父亲王兢惠老先生，是一位热爱中华文化、关心社会公益事业并且敢于仗义执言的华裔（担任过政府建筑部门的公务员，业余爱好绘画和雕塑）。他目睹殖民主义者对华人的歧视，痛感只有学贯中西才能做个顶天立地的人。于是，先将两个儿子——鼎昌、德润送进华文学校读书，而后又送他们出国留学，接受西方先进的科学知识和管理经验。终于把他们培养成为通晓中西文化的杰出人才。可惜次子德润英年早逝，而长子鼎昌终于成的新加坡民族和社会的栋梁之材。

　　王兢惠先生不忘自己是"太原王氏"的苗裔，很早就参加了"新加坡开闽王氏总会"，担任执委兼文书，后又荣任"新加坡太原王氏公会"的名誉会长。他慷慨地出钱出力，不遗余力参与社会服务，片片爱心奉献给王氏宗亲及新加坡社会。退休之后，几次偕夫人访问中国，到同安寻根谒祖。有人问他："故乡已经没有你的亲人了，你还回去作甚？"他回答说："看看故乡的一切，心里也是很欣慰的。"1980年9月28日，王兢惠老先生逝世。"新加坡开闽王氏总会"敬送一副挽联："先德重宗谊，蔗境方甘人已杳；后昆为国光，桂兰挺秀王者香。"

　　王鼎昌1955年从新加坡华侨中学毕业后，到澳洲阿德雷特大学攻读建筑测绘学。1962年至1965年，先后在澳洲和新加坡当建筑师。此后，他又赴英国利物浦大学深造，获城市设计学硕士学位。1967年回新加坡，在民事服务部门任公务员，从事城市规划工作。

在此期间，他负责拟定的"中区概念计划"，被列为新加坡城市规划方案中的重点，为建设新加坡美丽的花园城市倾注了心血和汗水。1971年，王鼎昌夫妇组建了自己的测绘公司。就在这一年，他加入了新加坡人民行动党，翌年当选为国会议员。1973年，王鼎昌接受李光耀的规劝，放弃收入丰厚的建筑师职业，专心投入政府工作。自1975年起，历任交通部长兼文化部长、劳工部长。1985年，就任李光耀内阁第二副总理，1990年至1993年在吴作栋内阁继任副总理。

在长达20多年的从政实践中，王鼎昌在许多方面有卓著的建树。在交通通讯方面，他借鉴了欧美的交通制度，主张由政府推动建立地铁和快速公路系统，加强和改善电信服务，增设公共汽车专用道，把一般码头改建为集装箱码头等。在劳工事务方面，他提倡不同行业的公司分别建立企业工会，协调劳资关系，消除过去劳资对抗的局面。在文化建设方面，他赞成保留新加坡固有的文化精华，把儒家思想上升成为国家意识，并鼓励人民积极参与文化艺术事业，努力创造一个生机蓬勃的文化艺术环境。在对外关系方面，他强调和平及友好合作，曾多次访问中国，积极推动中新两国经济贸易合作和两国友好关系。在当选为新加坡总统之后，王鼎昌向选民保证：一定尽自己所能，去完成总统使命。他认为：人民通过选票表达了对他的强大支持和信任，并赋予他权力和委托，使他充满信心去履行民选总统的职责。

水源木本，刻骨铭心。作为"太原王氏"的杰出后裔，王鼎昌对王氏宗亲会馆的活动如父辈一样，一贯给予支持。早在担任部长的时候，他就愉快地应聘担任了"新加坡开闽王氏总会"的名誉顾问。1996年9月中旬，第3届世界王氏恳亲联谊会暨"新加坡太原王氏公会"成立60周年纪念活动在新加坡隆重举行。王鼎昌总统偕夫人林秀梅在百忙中拨冗光临这次盛会。祭祖大典之后，在海皇酒店举办了盛

大的联欢晚宴。来自王氏发祥地山西的嘉宾——"海外太原王氏联谊后援会"代表团王庭栋名誉团长和王振宇团长，登上主席台，郑重地将山西新制作的绝版关公铜像，敬献给王鼎昌总统阁下。这时全场掌声如雷，照相机闪光灯闪烁不停。这个非凡的时刻永远载入中新两国的史册。在联欢会上，"新加坡太原王氏公会"会长、金祥参茸行私人有限公司董事主席王金祥先生和"海外太原王氏联谊后援会"代表团团长、山西省人民政府外事办公室主任王振宇先生先后致辞，衷心感谢王鼎昌总统对这次活动的关心和支持，并表示要加强联系和合作，为发展中新友谊和各国经济做出贡献。

1999年，王鼎昌因健康原因放弃竞选总统，结束6年总统任期，定居美国接受治疗。2002年2月8日在医院内病逝，享年67岁。

> 跻身欧洲科学殿堂的阎守和博士

阎守和

2002年5月,山西大学百年校庆特邀的嘉宾中,有一位来自欧洲科学殿堂里的女性生化专家。她就是三晋之女、比利时鲁汶天主教大学阎守和博士。经过一位朋友的介绍,她在太原并州饭店接受《山西外事与侨务》记者的采访。

自信、健谈、思维敏捷、表达流畅,这是记者与阎守和交谈得到的第一印象。特别是提及她从事的科研工作,她更是兴趣浓郁,口若悬河;对科学事业的热爱,对自己科研成果的珍惜,无不溢于言表。再与她深谈,就会发现她身上还具有一些文艺家的气质:她的言辞不乏形象生动,叙述研究过程,仿佛在讲述有趣的故事,眉飞色舞,竟能引人入胜;其间,还穿插朗诵自己创作的诗歌,含意深刻,韵味悠长。

应记者要求,阎守和出示了她在1991年写的一首诗《答××》:

如烟岁月蹉跎,

似真似幻常困惑。

人生虽坎坷，追求仍执着；

理想、事业，伴我真诚生活。

出阳关，做远客，

苦辣甜酸都尝过；

闯考场，勤工作，

处处都似长坂坡。

真情故事宛如歌，

恩怨功过任评说。

渺渺前途待追索，

谁与我，共斟酌？

……

一首诗，引出一篇人物传记。让我们按照阎守和诗作所提示的轨迹，去追寻她从中国到欧洲的闯荡历程吧！

出身名门

1938年4月下旬的一天，在全国抗战力量的聚集地武汉，一对来自山西的夫妇，在一家医院里欢欢喜喜地迎接一对"龙凤胎"的顺利降生。父母为小宝贝取好了名字：哥哥叫守胜，妹妹叫守和。"争取胜利"、"保卫和平"不仅是孩子父母的期盼，也是全国人民浴血奋战的目标。

"龙凤胎"的父亲叫阎宗临，母亲叫梁佩云，都是留学欧洲回国不久的知识分子。阎宗临回国后担任山西大学历史系教授兼主任。那知没过多少日子，太原就被日军攻陷，大专院校一概停办。刚好夫人梁佩云怀孕，为躲避战乱，阎宗临就护送她来到武汉。孩子降生时，阎宗临正在"战时工作干部训练团"工作。这个机构归军委会政治部第三厅领导，厅长为郭沫若。学员都是有中学文化程度的流亡青年，结业后分配去从事抗日救亡工作。阎宗临为他们讲授近代史《鸦片战争前后》和《巴黎和会的情况》两个专题。他是教授，月薪120元，待遇等同上校。

提起阎宗临，许多搞文学和搞历史的人都知道。他原名已燃，1904年6月18日出生于五台县中座村。1924年毕业于崞县中学，受到乔松岩老师的鼓励和资助，独自到北平求学。在兼任《国风报》副刊校对时，认识了山西盂县人高长虹。高长虹是文学社团"狂飙社"的负责人，主编文学刊物《狂飙周刊》，与鲁迅有密切交往。阎宗临于是认识了鲁迅，常到鲁迅家里去，探讨问题，交流心得，聆听鲁迅教诲。有一次，阎宗临就青年读书问题请教鲁迅。鲁迅说："我读中国书时，总觉得沉静下去，与实际人生离开；读外国书（除了印度）时，往往就与人生接触，想做点事。"这番话对于阎宗临产生了很大影响，促使他下定决心走出国门去读外国书。1925年12月，阎宗临得到山西同乡景梅九先生的帮助，赴法国勤工俭学。1933年获瑞士伏利堡大学硕士学位，应聘担任该校中国文化讲师。1936年，获瑞士国家文学博士学位，其博士论文《杜赫德及其著作研究》深得导师和学友赞赏。"卢沟桥事变"爆发后，已在欧洲居住12年之久的阎宗临，毅然放弃心爱的工作和优厚的待遇，携带新婚妻子梁佩云，回国参加抗战，同祖国人民同甘苦共患难。

1938年6月底，"战时工作干部训练团"第一期结业。阎宗临辞去工作，携带家眷转赴抗战文化名城桂林，任广西大学世界历史教授，并参加国际宣传委员会的工作，同时还在广西建设研究会文化部兼任研究员。在桂林的头几年，是阎宗临一家生活相对比较稳定的时期。阎宗临在教学之余，夜以继日从事学术研究，在《建设研究》上发表了许多关于欧洲文化史的研究文章。这些文章曾被编成两本书：

《近代欧洲文化之研究》和《欧洲文化史论要》。

　　1944年，日军入侵广西，6岁的阎守和跟随父母辗转于平乐、荔浦、蒙山、昭平一带，过着颠沛流离、担惊受怕的逃难日子。父亲在炮火纷飞的环境中，仍然坚持史学研究和教育工作，曾在昭平中学任教一年有余。直到日本无条件投降以后，举家才返回桂林。1946年8月，阎宗临应聘到广州中山大学任教，阎守和又随父母在广州生活了4年。她很快适应了广州的生活环境，并且学会了一口地道的粤语。小小的她，就经历了两次战争——抗日战争和解放战争，可以说，她是闻着战争的气息度过童年的。

　　新中国成立后，阎宗临接受山西大学副校长赵宗复的邀请，于1950年8月回山西任教。先后担任山西师范学院副教务长、山西大学研究部主任、山西省历史学会副理事长、山西省政协委员、山西省人民委员会委员等职。阎守和于是随父母回到故乡，开始自己的读书生涯。

　　阎宗临于1978年10月5日去世，终年75岁。党组织根据他生前的要求和表现，经中共山西省委文教部批准，追认他为中国共产党党员。1998年，《阎宗临史学文集》由山西古籍出版社出版。阎守和热爱父亲，崇敬父亲。在女儿心目中，父亲永远是一座光辉的灯塔和丰碑。

　　阎守和的母亲梁佩云也是山西人，其父梁晓峰是清末进士，擅长书画，做过京官和知县。民国年间，曾在山西法政学校任教。1934年，梁佩云在北京与阎宗临相识时，是北平农业大学的学生，俩人一道赴欧洲，她在瑞士攻读的是学前教育。婚后她为了支持丈夫的事业，毅然辞掉工作，担负起相夫教子的家庭重担。阎守和就在这样充满书香的家庭里渐渐成长起来。

　　父辈放眼世界、追求真理的胸怀，热爱祖国、无私奉献的精神，以及严谨治学、深入研究的态度，对于阎守和影响至大。她在后来的一篇文章中写道:"我出生在一个知识分子家庭。父亲阎宗临20年代曾到法国勤工俭学,后来得到瑞士伏利堡大学的硕士、博士学位,并获聘在该校任教。1937年,我的父母辞去了瑞士的工作,回国投身抗战。这使我很小就知道'国家兴亡,匹夫有责'以及'只有国强民富,才能抵抗侵略'的道理。逃难的生活使我很小就明白,只有知识才是属于自己的,什么人也抢不去。父亲酷爱中国文学,记忆力惊人,他教我们背诗经、唐诗宋词、古文,甚至整段的《西厢记》、《红楼梦》。他在瑞士教授中西交通史,回国后教西洋上古史、中古史。古希腊、罗马的神话,拜占庭的传说,幼发拉底和底格列斯两河流域的故事,充满了我的童年。所以,从文化的角度说,我对东西方的文化都很喜欢。……"

如果说当年阎宗临走出国门去研究西方文化,是受鲁迅教诲影响的话,那么阎守和喜欢绚丽多彩的西方文化并勇敢地到欧洲闯荡,则是受父母亲的熏陶和影响。

幸遇恩师

1957年,阎守和毕业于太原第6中学(进山中学)。她如愿以偿地考上了具有悠久历史和光荣革命传统的北京大学,攻读生物系微生物生化专业。求学北大,是她人生经历中极为重要的阶段。在这所令无数学子向往的名校里,她读了6年本科,又读了4年研究生。她珍惜青春大好时光,发扬"勤奋、严谨、求实、创新"的学风,刻苦钻研,毫不懈怠,门门功课都取得好成绩,为日后工作和研究打下了坚实的基础。

最使阎守和终生感到幸运和难忘的是,她在北大期间得到著名的生物化学专家张龙翔教授的赏识和悉心指导。张龙翔教授生于1916年,毕业于加拿大多伦多大学,是知名的生物化学家和教育家,是北

京大学生物化学专业的奠基人之一。他治学严谨,重视基础理论和科学实验。他主编的《生化实验方法和技术》,推动了中国高校生化实验教学。张教授的敬业、独创精神和待人诚挚、恳切的崇高涵养,使阎守和所有学生都深受其益。特别是张先生提倡开拓钻研、注重前沿科学的发展,更使阎守和深受启迪,明确了奋斗的方向。

1967年,阎守和分配到上海工业微生物研究所,主要从事纤维酶的研究工作。1978年,转到新成立的上海食品工业研究所工作,从事新型饮料和保健饮料的研究。其间,她曾被请到吉林省集安县同当地的研究人员一起,研究开发"人参糖浆"、"参芪茶"等保健饮料。为了测定糖浆中人参的含量,她从当地一间中学的试验室里借到了一支试管、一个量筒和一个小天平,利用人参皂甙在振荡时会产生泡沫的特性,测量不同稀释度糖浆产生的泡沫高度,与不同浓度的人参提取液产生的泡沫高度,进行反复试验和比较,求得人参糖浆中人参的含量。回到上海以后,她又用比较高级的仪器设备,精心做了泡沫高度——人参含量——紫外吸收值相互关系的实验,验证并校正了在吉林集安试验的结果。这些工作,使"人参糖浆"、"参芪茶"和"清音茶"的品质有了科学的依据和说明,从而打开了市场,受到顾客的欢迎。她为此得到吉林省科学奖。

20世纪80年代初,为了向恩师汇报自己的工作,也为了向恩师进一步求教,阎守和将自己研究开发的新产品送给张龙翔教授试用。这是她自北大毕业后第一次拜会恩师。师生见面,十分高兴!张教授仔细地询问阎守和毕业后的情况。阎守和仿佛再一次面临老师的考核,但这一次她一点也不紧张,她充满自信、详详细细地将自己在吉林和上海的研究工作汇报了一番。她说到在集安用十分简单的设备和手段,研究出有价值的成果时,张教授深受感动,连声赞叹:"好啊!好啊!有创造性!"感叹之余,张教授说:"找机会我送你到国外去看看，你一定会有更大的长进。"又说："希望你能在应用科学方面有新的创新。"关于阎守和的去向，张龙翔教授首先想到的是比利时的鲁汶天主教大学。这所欧洲著名的高校始建于1425年，历史悠久，是北大的"大哥哥"；同时有一个由生物化学教授、诺贝尔奖获得者C·De Duve（DE Duve, Christian Rene 德迪夫）教授领导的著名的实验室；并且与北京大学有良好的关系。不久，张教授果然为自己的得意门生阎守和联系到一个赴欧研究的名额，并亲自给上海市轻工业局和上海市食品工业研究所写信推荐。阎守和出国终于获得所在单位和主管单位的批准。她原来学的是英语，为了出国需要，于是突击补习法语。经过两个多月努力，考试时沉着应对，超常发挥，得了72分，顺利地通过了语言关，获得了比利时鲁汶天主教大学的进修奖学金。1984年11月，在距离父亲赴欧约60年之后，阎守和也告别了祖国和家人，漂洋过海，踏上了欧洲的土地，进入比利时鲁汶天主教大学营养及生物化学实验室研究并攻读。从此，欧洲科学殿堂里又增添了一个身材娇小而天资聪慧的黑头发黄皮肤的中国女人。

潜心科研

阎守和研究的第一个专题是中国茶。

中国是茶叶的原产地，种茶、制茶、饮茶有着悠久的历史，形成了独特的绚丽多彩的"茶文化"。唐代陆羽于公元758年左右就写成了世界上最早的茶叶专著《茶经》。16世纪前后，中国茶通过印度和非洲传入了欧洲，深受当地人的欢迎，从而成为日常饮料中的上品。阎守和在出国前对茶就有专门的研究，曾在上海《茶报》上发表《SACADA途径检测茶的品质》、《SACADA途径的原理》、《SACADA途径的使用方法》、《在SACADA途径中用NIRS法检测茶的品质》等数篇论文。1984年曾编着《速溶茶生物化学》，1990年由

北京大学出版社出版,谈家桢教授为本书作序。在比利时,营养及生物化学实验室的导师Vanbelle教授非常欣赏阎守和对茶的研究,自己对中国茶也有浓厚的兴趣。他认为"科学的也就是国际的,不必分东方西方",希望她以中国茶作为博士论文的选题。阎守和当然非常乐意这样做。她必须做的就是:以茶为题材,研究感官审评——化学分析——NIR(近红外)光谱分析——数据处理的关系,目的是把茶的品质变成可以测定的量,并证明其可靠性。

阎守和从中国得到了62个国家进出口标准茶样,这给她的研究奠定了基础。为了使自己的研究结果准确无误,她还从安徽、云南找来大约70个茶样,包括春、夏、秋三季的茶,每个季节的茶又分别取样,包括芽、第一叶、第二叶……一直到第五叶。不同季节的茶,品质是不同的:春茶比夏茶好,夏茶比秋茶好。芽叶的品质也是有区别的:芽比第一叶好,第一叶比第二叶好。这是任何品尝师(评审师)都公认的。阎守和对各类茶样逐一反复进行研究,不仅分析出这些茶样所包含的物质(纤维素、半纤维素、茶多酚、咖啡因、氨基酸、木质素等),而且分析每个茶样给出的NIR光谱,然后进行主因素分析(PCA)。她得到的第一主因素,与品尝师(评审师)给出的等级参数,两者之间的相关系数高达0。99。这就是说,阎守和的研究结果,是符合客观实际的,是科学、正确的。这项研究成果首先发表于荷兰阿姆斯特丹的《化学分析学报》上。阎的合作者、长于数据处理的Van Espen教授说:"中国茶是迄今为止唯一能够全部通过DPP程序并得出合乎逻辑的结果的唯一食品。"

1988年8月,阎守和的博士论文《用化学和近红外光谱法研究中国茶的品质》成功地通过了答辩。她以自己的实力,仅用了3年半时间,便当之无愧地获得了博士学位。1989年,阎守和参加在日本东京召开的第2届国际近红外光谱学会议,在会上宣读了自己的博士论文。她的讲演很成功，受到许多专家的肯定和赞赏。但也有个别与会人员表示怀疑，一个德国学者挑剔地提问："你所依据的材料出自何处？"阎守和答："绝大部分来自世界卫生组织（WHO）的报告。"又问："中国茶种植的面积这么大，为什么出口这么少？"答："这是品种的缘故。中国产茶的省份多属亚热带，种的是小叶茶品种，产量很低。"那位德国学者再也无话可说。在1990年第3届和1991年第4届国际近红外光谱学会议上，阎守和与世界上17位科学家一起被列入"International Committee"（国际委员会常务委员）。

阎守和在欧洲研究的第二个专题是啤酒。主要集中在两方面：一是啤酒原料和产品分析的NIR光谱检测法，一是低度啤酒的研制新方法。因为涉及工业专利和商业秘密，她不便介绍。

阎守和自1990年以后，又从事新的研究专题：用NIR和放射呼吸仪检测人的乳腺癌与非癌组织。与她合作的有3所大学、4位教授和一个病理检测研究站，而她是此项研究工作的发起人与核心人物。此项研究工作基本上包括3个部分：经典近红外光谱学，近代近红外光谱学，放射生化法。已先后发表了6篇研究论文，专著《用近红外光谱法和放射呼吸仪检测人的乳腺癌》业已签约，将在英国伦敦出版发行。其研究成果对于人类（特别是女性）的健康意义至大。它能够比病理学家早许多时间发现癌变，从而使乳腺癌患者早发现早治疗，大大增加存活机会，提高生活质量，无疑是人类健康的福音。

对于茶，阎守和还是情有独钟，因为无论是看见茶还是提起茶，都会想到遥远的东方的文明古国——中国。中国是阎守和的祖国，也是茶的祖国。她特意从中国带去了50多粒茶树种籽，播种在比利时住所的院子里。现在茶树已一天天长大。她交代儿子说："将来我死了，就把我的骨灰埋在茶树下。每年茶树开花时，就是妈妈回来看你了。"

由于婚姻离异,在儿子出国以前,阎守和在欧洲一直是孤身一人。为了科学研究事业,她尝遍了酸甜苦辣,付出了许许多多。有时难免会发出这样的感叹:"前途渺渺待追索,谁与我,共斟酌?"不过,我们也由此看到:在阎守和娇小的身躯里,蕴含着多么强大的精神——刚毅和坚韧!

重塑爱子

阎守和的前夫也是北大学子,毕业后一起分配在上海工作。他们生育了一个儿子,取名朱征。朱征在上幼儿园时因有些毛病遭到歧视,状态越来越差。夫妻俩心里焦急,但因工作繁重,一时想不出良策来解决。于是送回江苏泰兴老家生活,指望环境改变会使儿子情况好转。那知泰兴的教育与上海相差较大,朱征的功课越来越差,五、六年级都是上了两年。不仅周围的人瞧不起他,个人的自信心也丧失殆尽。更可怕的是,朱征还经常跟一些不上学的捣蛋孩子混在一起,私自从家里拿钱去"孝敬"他们。连初中都毕业不了的朱征,回上海后当然找不到事做,只能待在家中。想起儿子的未来,阎守和不寒而栗。如不采取"非常"措施,儿子就有可能一步步地游荡、堕落下去,后果不堪设想;她如果回来亲自教管他,就必须放弃自己在欧洲的科研事业。对外孙十分疼爱的姥姥最后拍板决定,让阎守和把儿子接到欧洲去,换一个环境来培养、教育他。于是经过阎守和的精心安排,朱征在16岁那年,只身一人乘坐火车,穿越西伯利亚铁路,经莫斯科、柏林来到比利时。在布鲁塞尔,母子见面时激动之状不言而喻。儿子一个人第一次出远门,能平安地来到比利时,这也是能力啊!谁说他什么都不行?当母亲的对重塑爱子充满了自信。

要让儿子上学,头一个难关就是经费。阎守和自己每月的奖学金只有400美元,远远不够儿子上学的费用。为了儿子,她除了完成实验室工作以外，周末到中国餐馆去打工。既劳心又劳力，真把她累得够呛！但为了儿子，她还是咬牙坚持。

阎守和第一步先送儿子去学语言课。同时，给儿子布置家庭作业：每天用中、英、法三种文字写一篇日记。连续3个月获得好成绩，就带他出去旅游，以此作为奖励。2年之后，朱征不负母望，终于获得了语言学校中、高级班的结业证书。经过实践锻炼，朱征除了掌握中、英、法文以外，还通晓荷兰、西班牙和德国语言。

阎守和培养儿子的第二步，是送他去读大学——比利时鲁汶大学文学和哲学系。让儿子和自己同校，为的是更好地照看儿子。很幸运，她遇到了对中国怀有深厚感情的、心肠特别好的M教授。他把朱征当成自己的孩子一样来指导、呵护。可惜朱征最后因平均成绩差1.58分，而未能拿到鲁汶大学的毕业文凭。在M教授的建议下，朱征转到比利时恩诺国立高等经济学院，改学旅游企业管理专业。

为了让儿子能保持比较轻松的心态，争取好的学习成绩，阎守和决定让儿子吃"偏饭"——自己为自己请一位家教，而由她来承担一切费用（每小时10美元）。朱征请来年龄比自己小的F硕士。两个年轻人本来在踢足球时就已经认识，现在成为师生关系，朱征一点儿也不感到有什么压力，相处得十分融合。小老师很了解朱征的情况，特别是了解他的心理需求，于是特别注重帮助朱征树立自信心和向上的勇气。他对朱征说："朱！你很聪明，你守球门守得那么棒，怎么会是傻瓜？"他把学校老师讲授的知识要点加以归纳分类，深入浅出地进行讲解，帮助朱征复习、巩固；并且反复让朱征进行模拟训练，教他在日后考试中如何沉着应对，正常发挥。经过一个暑期的补习，朱征学习果然大有进步。开学后，商品学课、计算机课、统计学课等的成绩均大幅度提升，原来不及格的课程在补考时竟全部过关。大学第4年，朱征毕业考试的成绩达到良好，终于获得了恩诺国立高等经济

学院的毕业文凭。接着，获得了一份不错的工作：鲁汶大学体育运动中心接待员。

朱征工作很称职，很努力，于2001年、2002年两次被鲁汶大学体育学院评为最优秀接待员。昔日连初中都毕业不了的"调皮鬼"，如今怀揣高校文凭走上自食其力的道路。他第一次领到工资时，特意为母亲购买了一条金项链。而后每月领到工资，都会主动拿出1/4交给母亲；他每年都陪同母亲外出旅游一次，母子俩的足迹留在法国、希腊、土耳其、埃及……

看到儿子身上中华民族传统美德在延续、发扬，阎守和至感欣慰！她说："在欧洲闯荡，除了在科研上有些作为以外，最令我自豪的是：经过10年的努力，我终于完成了世界上所有母亲都想做、却很少能做到的事，我重新塑造了我的儿子！"

心系故土

"要热爱祖国，热爱家乡！"是阎守和父亲阎宗临先生终生向子女们言传身教的箴言，也是他留给子女们的一笔"遗产"——这是比任何物质财富更为宝贵的精神财富！阎守和不管身居何处，耳边总经常响起父亲那熟悉的声音："爱国先从爱自己的家乡做起，爱家乡先从了解家乡做起。封建时代的读书人还懂得恭敬桑梓，社会主义的史学工作者不更应该热爱自己的家乡吗？"

提起祖籍五台，阎守和总是流露出自豪之情。在这片被称为"华北屋脊"的土地上，在清朝曾出了个思想开阔、目光远大的徐继畬，其著作《瀛寰志略》为"国人言世界地理者最早之宏著"。在现代则出了个徐向前元帅，是战功卓著的共和国元老。穷乡僻壤能养育出在社会变革中起推动作用的优秀人物，这大概就是人们所说的"地灵"吧！提起山西，阎守和的亲切之情更是溢于言表。她认为，山西虽然比南方沿海省份较为封闭、落后，但大有资源可供开发，历史上也大有经验可供借鉴。父亲在世时，曾说过一段话："山西虽是内陆地区，但并不绝对闭塞：第一个去巴基斯坦、印度，取道海上返回中国的是晋时临汾人法显，著有《佛国记》；金时浑源人刘郁著《西使记》，叙述了旭烈兀的西征；他的兄弟刘祁著《北使记》，记录了元初西北的风土、景物；我国第一部欧洲游记，是清初平阳人樊守义的《身见录》。这些史迹，都值得研究啊！"对于父亲的看法，阎守和是深为赞同的。山西历史上曾经是中国最发达最富裕的省份之一。现在只要政策对头，局势稳定，万众一心，不懈努力，完全是可以重铸辉煌，再次崛起的！

从1992年起，阎守和就加入了比利时国籍。从法律上讲，她是比利时人，持比利时护照。但是，她一刻也没有忘记自己的"根"在中国。为了中国和山西的今天和明天，阎守和和父辈一样，是乐于奉献、不遗余力的。她经常来中国讲学和进行学术交流，足迹遍布北京

阎守和与山西侨务干部

大学、天津医科大学、山西大学、山西医科大学、太原师范学院、山西煤化所等高等院校和科研机构。她是山西大学的客座教授,山西大学又是她父亲后半生执教的学校,所以她对于事关山西大学发展的事情,自然是格外操心。为了促成山西大学与比利时鲁汶大学建立合作交流关系,她奔波了两年,如今终于有了可喜的结果。

记者问她:在欧洲这么多年,作为中国人,你的最大感受是什么?她

阎守和题词

说:是作为中国人的自豪。作为在海外的中国人,我们拥有博大精深的中华文化,这是值得自豪的;我们传承了中华民族不甘落后勇于拼搏的精神品格,这也是值得自豪的;现在祖国日益昌盛强大,我们可以昂首挺胸做人,这都是值得自豪的!

《中国青年报》曾发表阎守和的一首诗:《郁金香——观荷兰花展有感》,其中有这样的诗句:

所有的郁金香都一起问我:
你喜欢我们中的那一个?
我毫不犹豫地回答:
我爱大自然创造的特色,
我爱你们每一个,
因为我有你们全部的品格。
你们的父母——根茎和叶,
用阳光、空气和水,
建造你们的特色。

我的父母，我的祖国，
用心血和汗水，
塑造了我的品格。

纯洁的心，诚挚的爱，
勤奋地学习、工作，
不停地奋斗、前进，
这勇气谁给我？
我的母亲，我的祖国！
……

阎守和，这个跻身于欧洲科学殿堂的中国女人，她的胸膛里跳动的是一颗火热的中国心！

> 国际画坛巨匠丁绍光

丁绍光

1996年2月10日，美国山西同乡会在洛杉矶举行热烈而隆重的成立庆典。美国总统克林顿向大会发来了贺词，中国驻洛杉矶张副总领事出席了大会并讲话，在美国的各界华人社团也纷纷送来贺函或贺礼。有一个身材高大、气度轩昂的艺术家，也在大会上发表了热情洋溢的讲演。他的讲演内容，在美国山西同乡会向故乡人民发回的致敬电中，得到了概括的表述：

"我们在海外的山西人虽然人在异国他乡，但在血液中、情感里，留着家乡的烙印。我们会努力奋斗，互相帮助，把事业做好，为家乡增光，同时也为山西的发展和建设多做贡献！"

这位艺术家，就是我们的山西乡亲、享誉国际的画坛巨匠丁绍光。国内媒介称他为"黄河骄子"，"中国历史上卖画最多、价格最高、最成功的画家之一"；海外艺术评论家则称他为"站在中国现代绘画顶点的孤高、浪漫的色彩诗人"。

拼搏历程

丁绍光祖籍山西省运城市盐湖区解州，出生于1939年10月7日。1955年，他进入中央美术学院附中，学习素描和水彩。1957年考入中央工艺美术学院装饰绘画系，主攻装饰绘画。

1962年，丁绍光以最高的成绩毕业。23岁的他被分配到云南艺术学院任教。由于从小热爱美术，学习期间又很勤奋努力，打下了坚实的基础，因此一走上艺术院校的讲台，他就如鱼得水，游刃有余。他一方面向各民族学生讲授中国画、油画、版画及中西美术史；一方面从事美术创作，在继承传统的基础上进行大胆的探索。从这一年开始，他不断地推出力作，多次参加全国及省市美展；从这一年开始，他成为中国美术家协会的会员。1979年，云南人民出版社出版了《丁绍光西双版纳白描写生集》，同年他创作的大型壁画《美丽、富饶、神奇的西双版纳》，挂进了北京人民大会堂的云南厅。1980年，他被聘为云南"申社画会"的名誉会长。

在大陆学习和工作期间，丁绍光幸运地遇到了张光宇、庞熏琹、张仃等名师的青睐和关爱，使他不仅在学业上获得指教，探求中不乏支持，在艺术道路上成长时，没有受到打击摧残，而是在艰难中得到发展和壮大。这也正是丁绍光为什么对这些恩师们一往情深的缘故。

在中国画坛，丁绍光以其深厚的实力、鲜明的特色和强劲的气势，脱颖而出，令众人刮目相看。有行家预言：丁绍光日后必成大家，前程不可估量！

　　1980年，是丁绍光生活道路重大转折的一年。是年7月，他告别祖国，告别家乡，以勇敢顽强的进取精神，进军美利坚合众国。他在这个世界上最强大的国家里，站稳脚跟，开创自己的艺术天地，并以此为新的起点，进军国际画坛。从1983年开始，丁绍光就被聘为美国加州大学洛杉矶分校教授。1983年，他以国际知名艺术家身份获得美国永久居留权。1992年，他加入了美国籍。

　　从1980年至1986年，他在各大学和博物馆举办个人美术展览30余次。从1986年至1992年，共发行丝网印版画52种，在世界各国上千家画廊展销，并且在世界各地举办个人画展约200次。他的作品被美国、加拿大、日本、法国、英国、德国、意大利、希腊等20余个国家和地区收藏。

　　1989年，日本讲谈社和美国海鸥艺术公司联合出版了《丁绍光画集》；1990年，美国海鸥艺术公司出版了《丁绍光丝网印版画集》；日本PROVA画廊出版了《丁绍光丝网印版画集》；1992年，上海外文图书公司出版了《丁绍光画集》。1995年日本NHK出版社出版的《丁绍光作品集》获世界文化交流金奖。1996年，经中国文化部批准在中国美术馆举办《丁绍光奖全国美术大展》。中国、美国、日本、法国、新加坡和台湾、香港地区分别出版丁绍光画集。

　　1990年，在日本举办的第一届东京国际艺术展上，日本《二十一世纪版画》杂志与几家出版社邀请日本及世界著名的美术家、收藏家、画商和评论家，评选他们心目中的"14世纪至今最杰出的世界大师级艺术家"。丁绍光光荣上榜，排名第29位。

　　1992年4月8日至17日，由中国对外艺术展览公司主办，中国美术家协会、中央工艺美术学院、香港中国文物展览馆协办的"旅美著名画家丁绍光作品展"在北京中国革命博物馆中央大厅举行。国家民委主任司马义·艾买提、文化部副部长陈昌本、中国美术家协会副主席王朝闻、中央工艺美术学院前院长、教授张仃以及对外艺术展览公司总经理郝战等,出席了4月8日下午的开幕式。首都文艺界、新闻界等数百人参观了展览。此次画展共展出原大丝网印作品40幅及根据原作放大的壁挂6件。此次画展,同样引起轰动。

丁绍光的艺术作品,不仅创造了辉煌的社会效益,而且创造了巨大的经济效益。在20世纪八九十年代,他每幅画的价格就已经高达20万美元左右。在1992年3月的一次绘画作品拍卖活动中,丁绍光的作品《白夜》以220万港元售出,创下当时中国画家作品售价的最高纪录。他每次举办画展,往往会出现开幕伊始观众和客户即竞相争购的盛况。仅1991年一年中,他的作品(包括丝网印版画)总售价就达4000万美元。其艺术与商品达到惊人的结合和高度的统一!迄今为止,丁绍光已经在世界各地举办了1000多次个人画展;全球有1500家画廊有他的作品销售。

丁绍光在讲述

丁绍光现任中外十余所学院名誉和客座教授,国际中国美术家协会会长,美国世界美术家联盟首任主席。各国政府和社会团体颁发给丁绍光几十个奖项,包括"荣誉市民","金钥匙奖",命名"丁绍光日"等等。

丁绍光数次被联合国遴选为"世界代表画家"。自20世纪90年代以来,为纪念联合国人权宣言、国际家庭年、联合国成立50周年和庆贺第4届世界妇女大会召开,丁绍光都应邀专门为之作画,以限量版画、邮票和首日封等形式,供联合国各会员国收藏,并向世界各地发行。

然而,丁绍光仍对记者说:我离成功还挺远。

艺术特色

纵观丁绍光的艺术创作,可以发现有一根红线一脉相承地贯穿其中,这就是中国的民族艺术的灵魂和精神。正如他在给恩师的一封信中写的:"我深深地体会到艺术上的一条真正的线,这条线就是民族艺术的脊梁骨。这条线一代一代地传下来了,有无限的生命力。"他还说:"坚持民族传统是我的根。"但是,我们还可以发现:20世纪80年代之前和之后,他的艺术创作是有明显不同的。80年代之前,他的作品更富有中国特色,从内容到形式,无不表现他对传统的民族的艺术的深刻理解和执着追求。而在80年代之后,他的艺术创作有了新的飞跃。正如一篇评论文章所指出的:"他站在世界现代美学的高度,发挥中国民族民间艺术的优势,有选择地采用世界现代艺术的新成就,力求中国传统艺术与世界现代艺术最佳结合。"一句话:他的艺术创作更具有包括中国特色在内的世界性,更易于被世界各国各民族人民所理解和接受。这应归功于他孜孜不倦的学习和坚忍不拔的探索。他吮吸中国传统艺术母体的乳汁,又吸收西方现代艺术的营养。

丁绍光画作《母女图》

丁绍光画作《少女》

丁绍光画作《宗教与和平》

在大陆学习和工作期间,他深受张仃、张光宇、庞薰琹等名师的教诲和熏陶,对敦煌莫高窟壁画和雕塑进行过考察,多次赴云南西双版纳写生,从而练就了驾驭艺术的深厚功力,形成了自己独特的艺术风格。为此,他被誉为"震动世界的云南画派的领袖"。出国以后,在新的环境中,他如饥似渴地钻研世界现代艺术潮流、现代哲学和现代美学,深入地了解各国的文化传统;在观摩各大博物馆收藏的艺术珍品的过程中,细心观摩和领会,以求洞察"什么样的艺术品才能成为世界人民喜爱的珍品"的奥秘。功夫不负有心人,丁绍光终于开拓出一条"用世界语言讲中国故事"的道路,登上了世界绘画大师的宝座。

丁绍光的美术创作,大量的是现代重彩画;而题材、内容多以含情脉脉、亭亭玉立的美女为主体。欣赏他的作品,犹如置身于一个神奇美妙的世界,令人激动,又令人陶醉。其艺术特色有三:

一、"神似"与"形似"的高度统一。齐白石先生曾说:"绘画的

妙处就在于似与不似之间，相似过分则流于俗套，不似又成为欺世之作。"丁绍光可谓深得其妙，出神入化。他的作品似是则非，似非则是，有咏叹，有凝思，有遐想，异彩纷呈，妙不可言。总的说，是神形兼备，在于似与不似之间。但他更多地追求是"神似"，注重对于世界一切事物神韵的领会，而不是对自然的机械模仿。因此他的作品能够进入奇妙生动的境界。

二、"抽象"与"具象"的相辅相成。抽象与具象是艺术家必备的两种基本技能。前者是抽象主义的无形的表现，在线条与色彩的运动中，表现人的情感；后者是写实主义的有形描写，细致入微地表现自然。在中国的古典画的评论文章中，把抽象作为"奇"，把具象作为"正"。用"奇"来表现自己的喜怒哀乐，用"正"来表现自然。强调要"寓正于奇，寓奇于正"。在丁绍光的作品中，我们可以感觉到"抽象"与"具象"的相辅相成，"奇"与"正"的相辅相成，而首先是"寓正于奇"，在无形之中追求更为绝妙的有形，通过抽象的独特而富有新意的表现，使具象的内容大放光彩，产生感人的魅力。

三、"东方"与"西方"的有机结合。丁绍光1992年给山西大学美术系做学术报告时，第一个内容就是：立足中国，放眼世界，走东西方绘画相结合的道路。在与访美的山西画家座谈时，丁绍光又说："你们的画太传统！在香港、日本、新加坡可以，但在美国不行。外国人有外国人的审美情趣和追求。如果我们的作品来美国展出，给美国人看，就要摆脱传统，结合美国人的情趣和习惯。"他又说："艺术传统要继承，但要科学地继承，得在创新上琢磨，要想法有所突破。"这的确是他的经验之谈，是他成功的"秘诀"之一。丁绍光的每幅作品，都洋溢着在继承东方艺术传统基础上所迸发出来的创新精神。他大胆地以西方现代艺术观念来武装自己、更新自己和完善自己，从而诞生出东方与西方艺术精华有机结合的杰作。他的绘画作品装饰性很强，充分地表现作者内心的感受和幻想，不乏民族意识，又充满全球意识。他不拘泥于传统的透视法，而是摆脱束缚，进行了成功的超越。他意识到：艺术家是天地万物的自由自在的主宰者，某些传统的技法已难以表现辽阔无垠的大千世界。要把天地万物定格在画面上变成富有遐想余地的构图，就必须有"天马行空"一般的精神。在线条运用方面，丁绍光可谓独树一帜。线条不仅是解决造型的手段，也是表现艺术家内心世界、哲学思想以及信仰观念的媒介。丁绍光充分施展自己的智慧才华，在线条运用时笔力遒劲，连绵流畅，将艺术的形象美和抽象美表现得淋漓尽致。在色彩方面，丁绍光认为："写意画要在色彩上加强。水墨有韵味，但色彩在艺术上占了半个世界，没有色彩怎么行！"他在自己的美术创作中，吸收了西方艺术的精髓和长处，运用色彩更加鲜艳和强烈，给观众和读者感官上更强烈的刺激，造成深长的意味和深刻的印象。他的作品同其他名作在一块展出时，他的作品会招徕更多的观众驻足凝视，会格外引人注意和入迷，从而使单调的世界变得更加灿烂绚丽。

海外传媒这样评论他："丁绍光，一位著名的旅美中国画家，把传统的中国绘画技巧，同更富于表现力的西方绘画形式有机地结合起来，统一起来。他所创造的独特的艺术风格，不单单属于东方或西方，而是属于整个世界。"

华夏情愫

1992年3月，旅美中国美术家成立了自己的社团——美国中国美术家协会，丁绍光被大家拥戴为首任会长。他还应聘为中央工艺美术学院客座教授、上海大学美术学院客座教授、云南艺术学院客座教授、山西大学客座教授、山西傅山书法研究会名誉顾问、江苏庞熏琹美术馆名誉馆长。

对于生养他的华夏大地,丁绍光始终怀有刻骨铭心的情愫。身着洋装持外国护照,改变不了他的中国心。他明明白白地说:我是中国画家,地地道道的中国人!

中国南方一些地区遭受自然灾害,牵动了他的心,他捐献10000美元用于救灾;

中国发展美术事业、培养美术人才急需资金。他慷慨解囊,捐献30000美元用于兴建江苏庞熏琹美术馆;又捐献40万元人民币,在中央工艺美术学院设立"张光宇艺术奖学金";

山西运城市开发以关公形象为主的系列美术工艺品,经济上有困难,他连忙捐献10万元人民币。

总之,中国发生的一切,都让他牵肠挂肚。他说:"我们海外炎黄子孙,最大的一个愿望,就是中国早日富强起来!"

丁绍光对于华侨华人、归侨侨眷以及广大侨务工作者,自然怀有一份特殊的感情。1999年6月那次在太原举办画展,他亲临文联大厦与观众见面,并为展销的画册签名。《山西外事与侨务》副主编请他题词,他毫不犹豫在采访本上写上一句意味深长的话:"四海华人是一家",并签上自己的中英文名字。6月17日晚,山西省外办、侨办在柏林啤酒城宴请了丁绍光一行。他对大家说:"我的老家在解州席张村。"在场

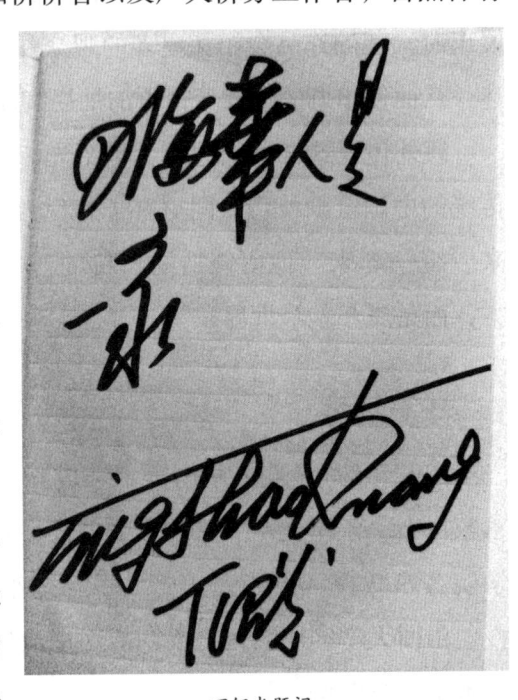

丁绍光题词

一位侨务干部说:"解州席张村的老乡连您的小名都还记得呢!"他说:"我以后还会回来!"主人热情地说:"我们大家欢迎您,等着您!"

2013年底,旅美美术大师丁绍光国际艺术展先后在太原美术馆和星河湾举行。这次丁绍光画展再次登陆太原,新作更多,规模更大,档次更高,更显隆重和大气,再次引发了一阵新的"丁绍光热"。本次画展,丁绍光本人虽然没有回来,但人们见画如见人,大家仿佛又见到他那高大魁梧的身影,见到他那洋溢艺术家气质的面容,听到他那充满睿智幽默的话语和爽朗的笑声,众多参观者心灵又获得一次强烈震撼和艺术洗礼。

> 在史海中矻矻求索的孔祥吉

孔祥吉

旅美学者、历史学家孔祥吉，原籍山西省洪洞县。他的治学精神和研究成果，常常被国内外同行赞赏传颂。30多年来，他推出一系列著作——《近代京华史迹》、《光绪帝与戊戌维新》、《康有为奏议研究》、《清王朝亡国实录》、《晚清佚闻丛考》等等，都是令人耳目一新的近代史研究力作，均受到国内外同行的普遍好评。中国《人民日报》曾刊登书评，称孔祥吉"写出了一篇篇令人信服的考证文字，勾画了一幅幅晚清政治舞台的动人画卷"，说他的考证"对于解开晚清的一些历史谜团，正确评价当时的历史人物，理清错综复杂的政治派系，有着无法替代的重要作用。"

孔祥吉生于1943年，是国家改革开放以后才移居美国的。在国内时，他在中国近代史研究领域已经崭露头角。他的名字和事迹在20世纪80年代就已载入《中国现代社会科学大辞典》。要说起他步入中国近代史研究领域和后来到海外发展的经历，还有些偶然的因素呢。

孔祥吉的父亲长时间在运城（今运城市盐湖区）工作，所以他念小学、中学都没有离开运城。运城市古称河东，历史悠久，文化底蕴十分深厚。在许多朝代，这片土地都曾涌现过不少风云人物，留下了珍贵的遗迹。对于这些，孔祥吉自然是心有所感，情有所动。他在运城师范附小上学时，遇到一位从闻喜县来的女同学。她的曾祖父就是"戊戌六君子"之一的杨深秀，因主张维新，支持光绪皇帝实行变法，被慈禧太后以"大逆不道"罪残酷杀害。这位女同学经常向孔祥吉讲述曾祖父的故事，并让他看曾祖父的一些遗物。孔祥吉内心被震撼了，不仅由衷佩服和崇拜那些为挽救国家危亡而抛头颅洒热血的先辈们，而且萌发了要研究和揭示历史谜团的念头。

1963年，孔祥吉考入中国人民大学历史系，1968年毕业分配到运城工作。当时正值"文革"，他先分到运城砖瓦厂去"锻炼"，后调到县委写材料。对于历史，他情有独钟，虽不能进行系统研究，仍不时寻找有关图书资料进行阅读、思考。

1978年，"文革"后国家第一次招收研究生，他和爱人双双应试一齐被录取。孔祥吉就读于中国人民大学清史研究所，攻的是"戊戌变法"史。从此后，他纵情地在史海中奋力求索，并取得一项项令世人瞩目的成果。

1988年，孔祥吉以中国人民大学清史研究室主任的身份，应邀赴法国高等社会科学院现代中国研究中心讲学和研究，后转赴美国，担任美国哈佛大学费正清东亚研究所的客座研究员、教授。在海内外，孔祥吉被认为是清史研究的权威，美方给予他优厚的待遇，并提供良好的研究条件；于是他很快就拿到了"绿卡"，居住在底特律城。

俗话说：学者如牛毛，成者如麟角。孔祥吉以自己的不懈努力，跻身于新移民成功者的行列。如果引用古人的话来概括他的成功之道，那就是："志高者意必远"，"唯陈言之务去"，"自甘清苦苦为乐"。

首先，是"志高者意必远"。学者不患才不及，而患志不立。他回国访问，在运城高专讲学时对师生们说：一个人要想在学术上有所成就，首先要有攀登学术高峰的雄心壮志。特别是在美国，竞争十分激烈，优胜劣汰，不进则退。美国人一般比较务实、直率。你只要敢冲敢闯，成就突出，他们还是心悦诚服、敬重你的；如果你很平庸，胸无大志，一事无成，就别怪人家瞧不起你。孔祥吉不愧是黄土地的优秀儿女、洪洞大槐树的杰出苗裔。在强手如林的学术界，他敢于独辟蹊径，独树一帜。至今他已出版了专著10余部，发表了论文上百篇，成为研究清史的为数不多的权威之一。在哈佛大学这所美国第一流大学的讲台上，人们时常看见孔祥吉的身影；人们在专心聆听他的讲演的同时，还时时投去敬佩的目光。

其次，是"唯陈言之务去"。求真，求新，不拾别人牙慧。孔祥吉认为：历史就是历史，研究历史的基础就是史实，是千真万确的史实。他发现，有的历史工作者所依据的资料，是当事人回忆录式的东西，所见所闻均有局限，加上感情支配的作用，常常把"真迹"放大、缩小或歪曲，从而失去了历史的原貌。为了不重蹈别人的覆辙，他下决心从搜集第一手资料入手，进行史料的发掘、辨伪和考证工作。在北京工作时，他几乎每天都由北京西郊跑到故宫博物院和中国第一历史档案馆，去查阅那浩如烟海的历史资料，在档案、官书、文集、方志中，特别是在朱批奏折中，找到了许多珍贵史料。在美国，他从清廷和民国政府一些要员子弟那里，找到了十分重要的资料。例如《晚清佚闻丛考》所使用的许多资料，便是来自清朝军机大臣兼光绪皇帝的老师翁同龢的私人档案。翁同龢在"戊戌变法"后的第4天，就被慈禧太后罢免并逐回原籍。翁同龢的后裔翁万戈先生在战火纷飞的年代出国，携带了大量家族档案，在海外得以保存。在美国，孔祥吉得到翁万戈先生的慷慨帮助，使他能够亲眼看到清末要员往来信札《朴园越义》、《翁文恭公日记》原稿本以及翁同龢从政之余所写的《随手密记》等十分重要的原始材料。由于他的考证和研究，是在发掘和掌握丰富的原始资料的基础上进行的，所以他发表的论文著作，甚有独到之处，可读可信，具有极大的说服力。

最后一点，是"自甘清苦苦为乐"。史学家不如歌星影星常有鲜花掌声做伴，史学家需要的是埋头钻研与苦干，甚至让人忘记他的存在。孔祥吉便是有恒心、能吃苦并且甘坐"冷板凳"的人。在中国人民大学清史研究所时，他天天骑着自行车进城去查阅资料，一头扎进去就是一整天，吃的是方便面，喝的是白开水或自来水，一连十来年，几乎天天如此。他说："古人十年磨一剑，我呢，也可谓'甘坐板凳十年冷'了！我曾给自己规定了一个目标，每月写一篇论文，一年出版一部专著，自己给自己加压。"定居海外以后，他仍然潜心做学问，很少交际，很少去游览和逛超市，而是利用国外的便利条件，搜集散佚的珍贵史料，继续拓宽自己的研究领域。历史学家、中国史学会会长戴逸先生赞叹说："一般说来，海外做学问的环境与国内是大不相同的。那里生活紧张，经济压力大，在这样的环境下，他能安下心来著书立说，自甘清苦，确是一件很不容易的事情。"运城学院中文系教授孟肇咏先生借用《尚书》的两句话，称孔祥吉"功崇惟志，业广惟勤"，是很中肯的概括。

孔祥吉经常回祖国讲学和交流学术，许多著作也是拿回国内出版。他说："美国的生活、科研条件不能说不优越，但我觉得自己的'根'还是在中国。那种魂牵梦萦的亲情，是千金难买的。"

多年来,孔祥吉生活上养成了一个习惯:不管工作有多忙,每天都要抽时间坚持慢跑3000米。显然,除了调节和健身的目的以外,他还在有意识地磨炼和考验自己的毅力。他那充满活力的奋进身影,正是他孜孜不倦,坚韧不拔地在史海里矻矻求索的真实写照。

> 当总裁的名人之后张板桥

李玉明副主任与张燕林姐弟（左一，右二）

他的父亲被誉为"试管婴儿之父"，但他不是"试管婴儿"；他的父亲是个科学家，而他是个律师；他的父亲对市场经济知之不多，

不会挣钱，而他深谙市场运作之道，懂得如何去追求最大的利润。父子俩尽管有这么多的差异，但有一个根本的共同点：都植根于博大精深源远流长的中华文化土壤之中。在他的心灵里，同样有一个去不掉的"山西情结"和"华夏情结"。他，就是有"试管婴儿之父"美誉的美国科学院院士张民觉教授的儿子、美国沃尔特约翰逊基金会总裁张板桥。

1949年4月出生在美国并在美国成长的张板桥，于1994年7月上旬第一次踏上父辈生长的故土山西。他和姐姐张燕林女士将先父张民觉先生的骨灰，从美国送回老

张板桥（前）护送父亲张民觉骨灰返乡安葬

家山西岚县，于7月7日在原籍艾蒿沟村安葬。那天正好下雨，但仍有1400余人参加骨灰安放仪式大会。刘泽民副省长、省外办、侨办、侨联、省海外交流协会、省计生委、山西大学及吕梁地区相关单位、岚县县委、县人大、县政府、县政协等敬献了花圈。听说那一天张板桥感动得不得了！先父在中国和山西享有这么高的声誉，家乡人对他一行是如此热情周到的关照，确实出乎他的意料之外，可以说是他有生以来最难忘的一次经历和感受。

2004年10月，纪念张民觉先生魂归故里10周年活动在山西举行。张板桥第二次踏上父辈生长的故土山西。他于10月7日晚到达太原武宿机场开始，一直到13日晨乘飞机离开太原，参加了祭扫祖坟、考察岚县"张民觉小学"、张民觉先生铜像揭幕、纪念张民觉先生暨生殖

医学进展研讨会等所有活动。在中科院生化物理研究所研究员张锦珠女士和省外办干部王振春先生的翻译下,张板桥同山西省上上下下交流没了语言上的障碍。

黑头发黄皮肤的张板桥,一看就知道是"龙的传人",尽管他满口美式英语。他母亲陈川宇,祖籍广东台山,是1947年同张民觉先生结婚的。中国大陆政权易帜时,张板桥在美国降生,如今正值年富力强。个头中等,活力充沛;相貌端正,英气隐现。稳重里透着机灵,谦和中蕴含精明。待人接物,无不处处充满真挚仁爱,让人感觉他是个容易沟通和亲近的人。跟他接触多了,"相见恨晚"的感觉果然油然而生。

童年曾受歧视

在多种场合,张板桥敞开心扉同大家交谈,话题从他的幼年开始。

"韩战"(朝鲜战争)爆发以后,美国同朝鲜、中国交恶。张板桥居住的地区极少有中国人,人们议论的多是"韩战",视中国为敌,见了中国人总是怒目而视或冷眼相待。张板桥小小年纪,就感受到被歧视的压力。因为他在美国土生土长,所以有的中国人把他当美国人;而尽管他在美国土生土长,因为有一副炎黄子孙的外貌,所以不少美国人仍把他当中国人。他说:"那时候,我的处境很为难,可以说是既不像猫,又不像狗。这不是我一个人的感受,而是我们一代人的感受。"

关于如何融入美国主流社会,张板桥说:"这经历了一段不长不短的时间。能否尽快地融入美国主流社会,语言是一个相当重要的因素。在这方面,我们一直没有障碍。促进融入美国主流社会,还有一个有效的办法,就是踊跃参政议政,多多参加政治活动、社会活动。

我和我的妻子就是有意识地这样去做。"

父亲的教导和影响

谈及张民觉先生平时与家人的交流和沟通，张板桥说："父亲始终把工作摆在第一位。作为一个科学家，他的时间和精力，主要用于科学研究，给子女的确实有点少。如果有一点时间，他也很喜欢跟渐渐长大的子女们聊天，但谈话的内容多半是政治时事。父亲最关心中国的政局变化，他希望子女们多了解一点中国。"

"父亲在家庭中，其实很'孔夫子'，讲求儒家提倡的伦理道德，要保持父亲的威严。但我们都不怕他，因为我们毕竟生长在美国。"

张板桥说："父亲的民族意识非常强烈，痛恨日本军国主义发动侵华战争。这种情绪也曾经带进家庭关系中来。"

他讲了这么一件事："我的妻子叫金莱·瑟琳，是亚裔，有一半日本血统。我们结婚时，父亲不同意我找这个对象，5年多对我妻子很冷淡。一直到我们的第1个孩子诞生，父亲对我的妻子才热情起来。父亲对我妻子说：'我以前对你不好，因为你是日本人。'我妻子回答说：'我心里清楚。'从此后，彼此之间消除了成见，关系友好起来。父亲曾经表现出的那种情绪，其实也是不难理解的。他是时刻把自己和祖国的命运紧密地联系在一起。对于曾经侵略、践踏自己祖国的日本人，抱有反感情绪，这是很正常的。"

围绕张民觉先生教育子女这个话题，张板桥又说："在我们青少年时期，周围环境都很讲究时髦。父亲不让我们追求时髦。他说：你们永远不要去追求生活上的时髦，而要去追求接受最好的教育，去追求更多更新的知识！从此以后，我们都养成了朴素的习惯。"

这一点，山西侨界人士和岚县乡亲都注意到了。在用餐方面，张板桥一点儿都不挑剔，不管是西餐、中餐、城市饭、农村饭，他统统能适应。在岚县，家乡人用当地风味莜面"栲栳栳"、"河捞"、水晶饺子、烩菜等来招待他，他感到十分喜欢和格外温馨。在用品方面，他也比较随便。他赠送给张民觉小学的书包相当高级，可自己用的行囊、提包，却相当简陋。岚县政协一位同志悄悄地说："张板桥那个旧提包，咱们国内人都不太愿意用了！"

个人努力永不懈怠

作为名人之后，张板桥十分争气。在父亲张民觉先生的教导和指引下，他无论是受教育还是搞事业，都是在走一条扎扎实实、一步一个脚印的光明正道。

1970年，21岁的张板桥毕业于麻省波瑞德斯大学。追求知识永不知足的他，又继续攻读，于1973年从波士顿大学法学院毕业，成为一名合格的律师。经过3年的实习和锻炼，他的知识和经验越发丰富，终于可以独当一面，大展拳脚了。从1976年开始，他先后担任过波士顿南湾社区健康中心行政主管、加州瑞德尤克拉健康政策中心法律导师、波士顿市医院社区公益主管、加州皇家基金会策划、加州山埃克沃基金会高级策划等职务。值得一提的是，他求知若渴，边干边学，于1990年获得了博士学位。1941年，他的父亲张民觉先生在英国获得了剑桥大学博士学位。过了半个世纪，当儿子的也庄重地戴上了博士帽。这大概是"书香门第"的"书香"熏陶的结果吧！

从2001年至今，张板桥担任加州沃尔特约翰逊基金会（Walter S。Johnson Foundation）总裁。他领导的这个基金会，是专门为举办和发展社会福利事业及青少年教育事业而募集、储备资金的团体。按联邦法律的规定，可以接收和处置个人遗产中未指定具体用途的部分。而筹集到的资金，可以先用于经济活动（如炒股），获得利润以后，抽取一定比例再从事社会慈善事业。基金会的日常开支和员工的薪水，也从利润中提成。由于张板桥既精通法律，又熟悉经济，所以基金会运作相当成功。1984年，有一位人士去世，留下了一笔没有指定具体用途的遗产4000万美元。基金会接收后，放在股票买卖上，逐渐升值，如今已变成1亿美元。至于说从事何种慈善事业、在什么范围内从事慈善事业，则根据具体情况而定，特别是要尊重遗产捐赠人的意愿。

从张板桥平凡的外表，大家实在看不出他知识渊博、能力超群。稳重、谦和，恰恰是他有真本事和有教养的表现。我想起人们常说的一句话："名人之后当自强。"张板桥确实做到了这一点。老百姓常说"半瓶子水才晃荡"。有些人作风轻浮，华而不实，喜好大肆张扬，哗众取宠，这正暴露他们的浅薄。

逐渐加深对父亲的理解

有人问张板桥："张民觉先生的科研成果造福全人类，给无数人带来好处。他给自己的家庭带来了什么呢？"

张板桥说："作为孩子，我们当然希望父亲多关怀我们，给我们讲故事，带我们去玩。但他总是工作、工作，实在抽不出时间，对我们的关爱的确有点少。后来，他对我的孩子照顾反而多一些，这对我的孩子的健康成长非常重要。爷爷更疼爱孙子，是不是老人都这样。"

张板桥又说："父亲交往的人，大多是专家学者，而不是大款富豪。父亲的科研成果造福全人类。（笔者插话：张先生有许多研究成果，从没有申请过一项专利。他一生淡泊名利。）是的，父亲留给家庭的最大礼物，并不是金钱和社会地位，而是巨大的精神财富，包括对知识和教育重要性的深刻认识，对未知世界孜孜不倦的探索精神，对一切工作严肃认真一丝不苟的敬业态度,对他人长处善于学习从而获得启迪的宽阔心胸,等等。这就是父亲留给我们的宝贵遗产。"

谈及张民觉先生对中国事情的关心,张板桥说:"在我们小的时候,父亲经常对我们讲中国的事情。在我们长大独立之后,父亲还经常把报刊上有关中国的文章剪下来寄给我和我的妹妹。"

不过,子女们对父亲的一些作为,有一个逐渐理解的过程。张民觉先生生前经常寄钱资助家乡办学或抗灾,而他自家并不富裕。张板桥在《父亲留给我们的财富》一文中这样说:"过去,父亲对家乡予以多次热情的帮助,我们都不甚清楚。在美国,父亲的积蓄都到哪里去了?给我们的为什么会越来越少?我们感到非常疑惑。当我们长大成人,了解到中国当时的政治背景,并且得知家乡的父老乡亲连吃饭都有困难,才理解了父亲寄钱给家乡是多么的重要!我们还了解到,他的部分汇款是用于资助艾蒿沟小学时,我们才真正感悟到:父亲的举动是那样的雪中送炭,那样的难能可贵!那样的让人钦佩!父亲是想让家乡的人民和美国人民一样受到同等的教育,过上同等富裕的生活。父亲还要我们以他为榜样,日后更多地热爱祖国,关怀亲友。"

重提往事,张板桥动情地说:"现在,我是真正理解了我的父亲,从而也就更加热爱父亲。"

两次访晋的深切感受

此次张板桥专程来华,是为了参加"纪念张民觉先生魂归故里10周年"系列活动的。这是他第2次访问山西了。一位老侨务干部向他提出了两个问题:1、你两次来中国,哪一方面留下的印象最为深刻?2、中国正在积极推动改革开放,建设小康社会,你对中国和家乡的建设事业有什么看法和建议?

在山西期间,张板桥有两次讲话,回答了这个问题。

2004年10月10日上午,在岚县县城文化广场举行的"张民觉先生铜像揭幕仪式"上,在4000多名群众关注的目光中,张板桥发表讲

张板桥在岚县发表讲演

话。他说:"10年前,我和我的妻子及孩子们,带着先父张民觉的骨灰,安葬在他的出生地——山西岚县艾蒿沟村。10年后,我非常荣幸地又重返故里。在这10年中,许多事情都发生很大的变化。10年前,我带着数字手表和录像照相机。10年后,你们都带着手机,而我甚至都没有手机。你们的进步速度真快!我看到的每个地方,都起了很大的变化。岚县变化也很大,这座大楼是新盖的。'西气东送'工程也经过你们这里,这将会促进岚县面貌的改变。我和我的妹妹深知,倘若我们的父亲地下有知,一定会为岚县的巨变感到欣慰。他从来没有忘记他来自何方。他清楚地知道:通过良好的教育,人民能够改变他们的命运。我的父亲就是如此。他捐款给艾蒿沟小学,就是希望家乡越变越好。他一直牵挂着家乡。去世时,他桌子玻璃板下,压着两张

照片，一张是艾蒿沟的村景，另一张是（民觉小学）孩子们的照片。今天，我们的家庭给岚县和艾蒿沟村带来了一点礼物（按：指张板桥代表全家捐赠给岚县"张民觉奖学基金会"人民币4000元），就是帮助孩子们的。我们希望，岚县的教育和本地的好食品——醋和面条，将培育出更多像张民觉这样的人才，他们可能是男孩，也可能是女孩。"张板桥精彩的讲话，博得了全场热烈的掌声。

10月11日下午，"纪念张民觉先生暨生殖医学进展研讨会"在太原迎泽宾馆隆重举行。张板桥再次发表了精彩的讲话。他说："谢谢你们邀请我参加这次研讨会！遗憾的我不是一位科学家，我通常是一

张板桥在岚县展览馆

个健康部门的经济主管，只知道如何计算收入和支出。但我还是很欣赏召开这样的研讨会。"他在讲话中，中肯地提到几个问题：政治家（各级领导）要重视生殖医学研究，为此尽自己的一份责任；科学家要不断改进技术，降低计划生育的成本；全社会都要纠正不正确的思想观念，在男性中也要推广避孕，不要以为避孕只是女人的事。最

后,张板桥希望山西在这方面做得更好。他的讲话,与科学家的发言一样,受到全体与会人员的热烈欢迎。

对于侨务部门对张氏家族的国内亲属的关照,张板桥心怀感激,专门在一位老侨务干部的笔记本上题词:"以崇敬和真挚之情感谢和赞美您的全部工作!"

相处了几天,张板桥就要和大家分手了,彼此都恋恋不舍。在武宿机场候机大厅,大家再一次合影留念。他再三希望山西的朋友有机会到美国去,说他在美国等着大家。

据悉,张板桥已与中国有关部门达成交流合作意向,2016年将再访问北京各地,届时也会回故乡山西、岚县。家乡人期待和他团聚,重叙乡情亲情。大家都表示了共同的祝愿:祝在海外的炎黄子孙,个个都事业有成,犹如棵棵参天大树,枝繁叶茂,硕果累累。

> 任峻瑞博士在山西找到了"根"

任峻瑞观看厨师技艺

"我懂事的时候,爸爸就告诉我,我的祖籍在中国山西省。爸爸说,山西过去很穷,但山西人很有志气,刻苦能干,像崇山一样扎实顽强。这次回来看看,对山西的印象更加深刻了。山西人民果然不简单,通过苦干巧干,正在一步步走向富裕。"

这是1986年夏天一位生长在美国的山西姑娘对山西侨务干部说的话,至今仍在大家耳边回响。她,就是闻名海内外的华裔物理学家任之恭教授的女儿任峻瑞。她这次随父母访问中国,就是为了到山西寻根访祖的。

1986年5月上旬的一天,任峻瑞跟随父母来到日思夜想的故乡——山西沁源县城关镇河西村。这个村位于太岳山脉的中麓,距离省会太原约150公里。全村父老乡亲热情地欢迎这些来自太平洋彼岸的游子。

年过古稀的任之恭教授,一下汽车就急切地寻找记忆中景

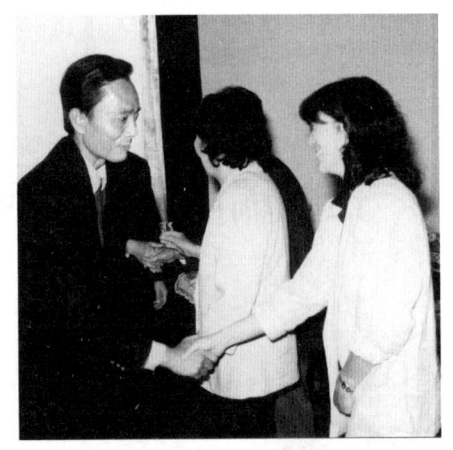

山西省侨办负责人接见任峻瑞

物。然而,昔日凋零的旧貌业已荡然无存,展现在面前的,是一派蓬勃的崭新景象。乡亲们住房宽敞,衣着漂亮,孩子们个个有就学的机会,能够买起电视机之类的高档家用电器,不少人还有储蓄。陪同人员介绍,沁源县人均收入已比十一届三中全会以前翻了一番。老教授连声赞叹说:"了不起,了不起,这都是政策好的结果。"

在旧居庭院里,任之恭教授看到仅存的旧时的半壁门洞和一眼水井,顿时兴奋不已,童年生活的往事顿时在脑海里闪现。他激动地对女儿说:"我就出生在这里。这是我的'根',也是你的'根'!"任峻瑞捧起了家乡的一把泥土,兴高采烈地说:"我找到我的'根'了!我找到我的'根'了!"秀气的双眼,充满了晶莹的泪花。

任峻瑞专攻数学,受到著名华裔学者林家翘教授的热情关怀和指导。她刻苦钻研,进取不懈,终于在1981年获得了数学博士学位。她在美国南加州大学任教,并且在罗舍洛莫斯国家实验室从事数学研

究。

　　任峻瑞太热爱自己的事业了！至于饮食穿着向来非常简朴。青春年华，不施粉黛，不戴珠宝，比起大陆城市的年轻女子，甚至显得有点"土气"。至于交朋友谈恋爱，她也是一拖再拖，不急不忙。任峻瑞对事业的专注和执着，很像她的父亲任之恭教授，她说："我爸爸不顾年迈力衰，努力学习和做事，有山西人的顽强精神，我很敬佩他。"

　　问起任峻瑞最难忘的经历是什么，她说是周总理接见和在北京大学留学。

　　原来，她从小听父亲介绍中国，萌发了强烈的向往之情。在耶鲁大学上学时，她主动地阅读了马克思和恩格斯的著作，对中国如何运用马克思学说和毛泽东思想建设社会主义，产生了浓烈的兴趣，并进行了一些探索研究。她渴望到中国去，亲自去考察，去实践。

　　1972年，任之恭教授联络了12名美籍华裔学者，组成"美籍中国学者参观团"访问中国。任教授亲任团长，并偕夫人陶葆柽、三女峻斐和四女峻瑞同行。临行前，峻瑞对爸爸说："这次我到中国，不仅要参观，还要留在那里学习。"任之恭教授内心很赞成女儿的安排，但又感到这种事不是个人可以保证的，于是回答女儿说："我一定尽最大努力使你的愿望实现。"

　　1972年7月14日晚9时45分至15日凌晨2时15分，周恩来总理在人民大会堂接见了美籍中国学者参观团全体成员和家属。任峻瑞望着这位举世闻名的人物，聆听他那幽默而富有巨大感染力的谈话，一种从未有过的敬仰和亲切的感情油然而生。她全神贯注，竭力要把周总理每个神态和每句话都铭刻在自己的脑海里。同总理注意到参观团中有一些年轻人，于是便把话题转到青年。他说："青年人往往比成年人更富于理想。当他们不断成长，可能被迫在这方面或那方面作些妥

协，有时甚至要放弃自己的理想。在越南战争期间，许多美国青年留起长头发，反叛他们的社会，举行示威反对这场不道德的战争和军事占领。"周总理没有评价这些美国青年是对是错，只是肯定他们的精神。接着，周总理问了任峻瑞一些关于美国的政治和中国人的意识形态方面的问题，任峻瑞大胆而率直地作了回答．周总理听了很满意，悄悄地对在场的译员说："这个姑娘相当聪明，并且有才识。"

在谈话中，周恩来总理提出了一个问题："哪些人是中国政府中的反革命集团的头子？"参观团的专家教授们你看我，我看你，没人吭声。稍停了片刻，任峻瑞勇敢地站起来，回答说："林彪就是其中一个！"周总理立即站了起来，走到任峻瑞面前，在众人的欢笑声中热情地与她握手。然后坐下，顺着刚才的话题，谈起林彪，谈他的历史，谈他阳奉阴违的劣根性和出逃后自取灭亡的必然下场。

在谈及中国的成就时，周恩来总理力劝大家要告诉美国朋友关于中国的实际情况。他说："不要过分夸奖中国极其惊人的成就。人们会不相信你的！要介绍关于它的真实情况。"他又说："在一个拥有7亿人口的国家中，怎么可能每个人都活得那样好呢？"

就在这次会见中，任峻瑞提出留在中国学习的请求，得到了周恩来总理的特别允许。7月29日以后，任之恭教授偕夫人去中原和南方继续参观，任峻瑞同爸爸妈妈分别，进北京大学学习。

在北大校园里，任峻瑞同中国学生一样住在学生宿舍里，同他们一样吃饭、上课。几个月后，她变得同一般的女大学生难以分辨。学习了一段时间中文以后，她到北京第一机床厂劳动，学会了开车床，会使用气压锤和各种工具。经过几个月的磨炼，她得到了"像是一个产业工人"的好评。而后，任峻瑞又去中东友好人民公社劳动。她住在一户社员家里，尽量去适应中国农村的生活方式。

1974年1月，她结束了北京大学的留学生活，返回美国继续进耶鲁大学念书。中国社会主义的价值观和传统的伦理道德给予她深刻的影响。她说："中国的经历是我个人成长过程中的一个转折点。我感谢中国对我的教育。"山西的寻根谒祖之行，使任峻瑞和任之恭教授了却了一桩多年的心愿。

返回美国以后，任峻瑞在33岁那年和美国人乔治兹韦格（Mr George Zweig）结了婚，乔治也是个物理学家。他们的家庭十分美满幸福，这可能是老天成全的姻缘，也可能是人为选择的结果。在择婿方面，任之恭先生思想十分解放，完全尊重女儿们的意愿，以至于他的4个女婿全部是美国人。

数学是个宽阔而神秘的天地，任峻瑞正以山西人特有的扎实而又顽强的精神，去探索这个天地的奥秘。她在工作和研究之余，还是经常怀念中国，怀念山西。1986年那次在山西寻根谒祖时，她像老父亲一样，用讲学的方式向中国同行介绍海外的研究动态和最新信息。在山西大学，她用汉语作了《分格式的自动模型》的学术报告。一个习惯于用英语交际的人，竟然能用流利的汉语表述复杂而深奥的课题，这使听众感到兴奋和钦佩。连她母亲也说："小瑞能用汉语讲下来，出乎我意料之外。"当时，任峻瑞说："我今后还要继续为中国四化建设出一点力，这是我乐意去做的！"她确实在实践自己的诺言。

为了扶持山西的教育事业，1988年，任峻瑞联合3个姐姐，集资

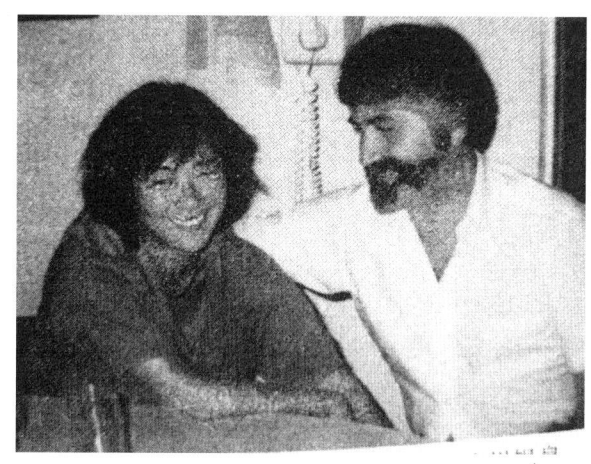

任峻瑞与丈夫

10000美元,设立了"任之恭教授数理奖学金",用来奖励山西省当年高中毕业考试成绩优秀并考入全国重点大学的理工科学生。山西省教委遵照任教授和他的子女们的意见,制订了4条获奖标准,连同评奖办法,明确地列入《任之恭数理奖学金条例》之中。从1989年度开始颁奖,至今已有一大批优秀学子获得此项殊荣。

任峻瑞在做学术报告

　　三晋儿女的血液在任峻瑞身上流淌。她的"根",不仅在黄土高原上,而且在古老而又生机勃勃的中华大地上!

> 心系桑梓的美籍华人袁振胜

　　山西省的去台人员不少。他们当中的一些人和子女后来离开宝岛台湾，到外国发展（赴美国的居多），身份变成华侨、华人。老一代的思乡情结是与日俱增，至死也难以割舍的，第二代很多人也心系桑梓，时刻不忘自己是山西人，尽管不少人并不在山西出生。美籍华人袁振胜先生，就是一个时刻也不忘自己是山西人的去台人员第二代。

　　1953年，袁振胜出生于台湾的一个山西人家庭。父亲是汾阳人，知识分子，二战时期到西南联大念书，攻读土木工程，毕业后到浙赣铁路工作，1945年去了台湾。母亲是太原人，是个知书达礼而又善良贤惠的妇女。袁振胜耳濡目染，从小就熟悉山西乡音，山西习俗，山西的母亲河汾河，山西的名酒汾酒、竹叶青，山西的名胜晋祠、双塔、天龙山……每年的除夕夜，母亲都要给他讲述家里的亲人、家乡的历史。在他4岁的那一年，母亲辗转从山西捎来一块煤和一抔黄土，对他说："孩子，咱们山西是块风水宝地，出产很多很多的煤。山西属于黄土高原，这块黄土地养育了一代又一代的山西人。自古以来，山西出了很多名人，关公就是咱们山西人，白居易、柳宗元也是山西人，记住，你以后不管走到那里，都不要忘记自己是山西人。"

从此后,这块煤和这杯黄土就成了袁家的"镇宅之宝。"从此后,"根在山西"的观念就袁振胜心田中深深扎根。

为了谋求更多的发展机会和更大的发展空间,30岁时,袁振胜到美国闯天下。他受过高等教育,又有一定的社会经验,在商海中搏击,很快在美国站稳脚跟,在加州拥有一个贸易公司,并经营一家中餐馆,在当地具有一定的影响力。

袁振胜是生意人,但并非一心向钱眼里钻的生意人。渗透在血液中的乡情时时在他身上涌动。热心公益事业的他,要把在美国的山西乡亲都联络、团结起来,为家乡山西的经济发展和社会进步添砖加瓦。于是,他积极参与美国山西同乡会的筹备工作。1996年2月11日,山西同乡会在洛杉矶正式成立。克林顿总统专门发来贺信。旅居海外的山西乡亲、当地社团领袖及各界来宾共300余人参加了成立大会。袁振胜接受理事长张安柱授印,成为美国山西同乡会的第一任会长。他激动地说:"各位对我的信任,是我莫大的荣幸!我一定不负众望,为敦睦乡谊,报效桑梓竭尽绵薄之力!"

经过努力,美国山西同乡会已在全美拥有28个分会,会员400余人,会址设在洛杉矶市。下设理事会、监事会及会务办公室3个机构。会员大会每年召开一次。曾聘请中国首任驻美大使柴泽民等4位为荣誉会长。

关于接纳会员,同乡会制定了相当"开放"的政策:凡祖籍或出生于中国山西地区,或曾在中国山西学习、工作、生活过,对山西有深厚感情的各界人士,现居住美国地区,年满18岁以上,品行端正,承认本会章程,自愿为本会会员者,不会性别、民族、职业、宗教信仰,均可申请为会员。

从此,在美国各地各行各业的山西乡亲有了自己合法的社团组织,形成了一支不可小看的力量。

关于成立山西同乡会的宗旨本意，袁振胜先生说："成立同乡会的主要目的，是使海外山西人有一个整合，为家乡的发展尽一份力。山西地处内陆，经济发展不及沿海地区。本会将成为一座桥梁，将美国最先进的知识和技术直接回馈到我们家乡。同时，每位会员也要凭着我们在美国所建立的基础，将山西介绍给美国人民，让他们了解山西是一个资源丰富、极具发展潜力的地方。"他又强调说："本会特别致力于为山西筹措教育基金，培养、联络、交流建设山西故乡的人才。此外，同乡会将协助在美乡亲，适应美国社会，帮助乡亲就业与促进事业发展，弘扬中华文化及民族传统美德。支持全美各地华人社团，加强联系，团结一致，争取华商权益与福利。鼓励并协助同乡及华裔人士参与美国公益活动，争取华裔政治地位，并与美国人民及其他族裔和平相处，共同创造进步和谐的理想社会。"

袁振胜先生已融入美国主流社会，适应美国的环境。在剧烈的竞争中，黄土高原儿女所特有的坚韧勤奋和一步一个脚印的扎实苦干精神，使他在拼搏时更能够处于优势地位。他是个忙人，一年到头奔东赴西，很难好好放松休闲娱乐一下。可是他再忙，有一个地方是必来的，这就是家乡山西。山西同乡会成立以来，他已经数次访问山西，一心一意想为山西做点实事。他在以下几方面努力：一是多介绍一些外商来山西考察、洽谈，帮助山西引进资金、技术、人才和管理经验。二是充当媒介，帮助山西同外国一些城市缔结友好城市关系，通过民间交流促进官方关系。三是筹措一部分资金，资助山西发展教育。通过同乡会的努力，美国纽约加拉墨哈电力公司已同山西汾阳市签订2350万美元的补偿贸易协议。山西有关部门也积极同袁振胜先生配合，准备在洛杉矶市创办一家山西餐馆，经营山西面食、菜肴。袁振胜先生说："山西人很优秀，过去有过很辉煌的历史，例如晋商曾称雄天下，山西曾经是中国最富的省份。但是我们不能只限于缅怀

过去,封闭保守只会永远落后。山西必须全方位开放,吸收外国最先进的知识技术,才能赶上发达地区,达到兴晋富民的目的。"他说:"山西人现在也提'外商发财,山西发展'的口号了,这说明山西的各级领导的思想观念已经发生很大的变化。"1996年6月上旬,袁振胜带领美国环球能源集团公司投资顾问福特博士、麦修先生和国际投资服务经理钱庆华等一行访问山西,主要探讨为汾阳县引进外资建设无污染的焦化厂之事。6日下午,全国人大常委李立功在太原会见了袁振胜先生。袁先生向李立功赠送了"美国山西同乡会荣誉会长"的聘书。李立功对袁先生热爱、关心家乡建设表示肯定和感谢。

  1997年6月下旬,美国山西同乡会进行换届选举。6月27日晚,在南加州蒙特利公园湘园餐厅举行新当选的领导就职典礼。袁振胜先生完成了自己的使命后卸任。美国同乡会新的一任会长由介休籍的李猛先生担任,理事长仍由张安柱(洪洞人)担任。袁振胜先生希望山西同乡会在吸收新的血液之后会越办越好。悠悠乡情是割不断的,同乡会社团事业也会薪火相传延续下去。

> ## 海外晋人参政先锋王小选

王小选

　　1955年5月3日，山西省晋南洪洞县一户革命干部家庭，诞生了一个取名为王小选的男婴。王小选之所以叫"小选"是因为他的哥哥出生在中华人民共和国成立后第一次选举人民代表的时候，因而起名为"大选"。两年后他出生时,也许是爷爷和父亲实实在在地珍视这来之不易的人民当家做主的选举权,于是便从他哥哥名字里划过来一个字，自然而然地称呼他"小选"了。当时，王小选在兄弟姐妹中并无多少特殊之处。谁也没有想到他日后会走出国门，会在异国他乡拼出自己的一片天地；其命运还真的就与"选举"结缘，会成为新西兰国会议员。

　　随着年龄增大，王小选才知道他的家乡洪洞名气是多么的大。提起洪洞，居住在世界各地的华侨华人，几乎都会随口说出一句顺口溜："若问家乡是何处，山西洪洞大槐树。"王小选就会自豪地说："洪洞，那是我的老家！"

　　洪洞是晋南大县。1948年5月17日，临汾解放以后，设晋南区，属陕甘宁边区。1950年设临汾专区。1954年与运城专区合并为晋南专区。1971年，两区分置，恢复为临汾地区。临汾古称平阳，相传为唐尧古都。洪洞在中国乃至海外，名气都相当大。其原因不仅仅人口众多（全省第一大县）、物产富饶（山西商品粮重要生产基地），也不仅因为它属于唐尧古都范围，更重要的是它曾经中国明代洪武年间大迁民的集散地。大迁民的遗址，经历了数度衰亡、重生的大槐树，成了无数华夏儿女魂牵梦绕故乡的象征。此外，洪洞县还发生过不少历史故事。例如位于旧县衙附近的古迹明代监狱（又称"苏三监狱"），记载着北京名妓苏三蒙冤受难在此关押、后又获救与丈夫破镜重圆的故事，被后人编成戏曲《玉堂春》，代代传唱，使洪洞更加遐迩闻名。再如位于县城东北17公里的广胜寺，是中国著名的佛教寺院之一。寺中弥陀殿里原存有《赵城金藏》，至为珍贵。抗战时期，侵华日军企图掠夺。八路军太岳军区派出部队，配合地方武装和爱国僧众，冒死保护国宝，经过惊险曲折的斗争，将4000多卷金藏，安全转移到根据地。惊心动魄的护宝故事，也成为影视作品的热门题材。

红色后代

　　王小选，强悍、豪迈、粗犷、豁达、敢作敢为，是洪洞人的性格特征。在国家有难时，洪洞县的老百姓很多挺身而出参加革命。抗日战争时期，活跃在洪洞一带的"洪赵支队"，是战斗力极强的抗日地方武装，令日本鬼子闻风丧胆。洪洞境内的日军据点，经常遭"洪赵支队"袭击，有整个班整个排的日军莫名其妙地被击毙或被扔到井里。在抗日战争中，洪洞县没一人软骨头当汉奸。因为参加革命的人多，英勇善战的人多，所以在抗日战争、解放战争中，洪洞人牺牲的也多。这都不是偶然巧合，而是与崇武、尚勇的民性有关。

　　王小选的祖父是赫赫有名的王世英（1905—1968），字子杰，出生于山西洪洞县杜戍村。是党和军队军运和情报工作的卓越领导人之一。他于1925年2月秘密年加入中国共产党。同年8月进入黄埔军校第四期学习，1926年11月毕业，参加了北伐战争。大革命失败后，被党组织派到国民党部队从事兵运工作。1931年10月去上海，被党中央派到南京，以特派员身份开展秘密工作，在国民党中央机关内部发展党员，并获得大量重要情报。1933年2月调回上海，任中共上海中央执行局军委委员，负责情报部工作。1934年后任中共上海临时中央局军委代理书记，主持党在国民党统治区的军事、情报和联络工作。1936年2月去延安向中共中央报告工作。4月到天津成立华北联络局（即中央北方局情报部），任局长，专做军事统战工作。抗日战争时期曾入延安中央党校学习。曾给中央上书，如实反映江青在上海时的表现，尽力阻止江青和毛主席结婚。1938年10月任八路军驻山西办事处

处长。负责同第二战区进行抗日统战工作。1942年初调到军委总部工作,任中共中央军委敌军工作部部长兼八路军总部副参谋长,晋冀鲁豫军区副参谋长兼敌工部部长。中华人民共和国成立后,曾任中共山西省委书记兼山西省省长等职。"文化大革命"中受到江青、康生的诬陷迫害,于1968年3月26日在北京不幸逝世。1979年中共中央决定为他平反昭雪,恢复名誉。

王小选的父亲是王敏清,被誉为"红墙医生"、"共和国尊贵老人"。他生于1929年。幼年与在白区从事秘密工作的父母过着颠沛流离而艰苦危险的生活。1941年春在延安大学中学部学习并参加革命。1947年春参加中国人民解放军,1948年春毕业于北方大学医学院后,作为军医参加了解放临汾和太原的战役。1954年7月于山西大学医学院毕业后,调入北京任内科医生。曾任职中南海门诊部主任;中央保健委员会委员、中央保健委员会办公室主任兼卫生部保健局局长。长期从事中共中央和国家领导人的医疗保健工作。曾服务过的中共元老有:杨尚昆、邓小平、朱德、毛泽东、张闻天、董必武、陈云、叶剑英、习仲勋、乌兰夫、林伯渠、谢觉哉等等。1979年9月24日,王敏清在《人民日报》第三版发表了7000余字的文章《爸爸的眼睛》,率先向世人揭露康生、江青的罪行。文章结尾写道:"康生和叛徒江青一伙将永远钉在历史的耻辱柱上。"此文比党中央1980年10月16日公布康生的罪行并开除其党籍提前了一年有余。

1990年王敏清离休后,经常应邀参加社会保健活动。他除了发表保健科普文章以外,还主编了图书《中南海保健医生谈保健》,《真金不怕火炼》。撰写了保健图书《健康第一》等等。

拜师学艺

从1960年至1970年,跟随父母进京生活的王小选,在北京完成了小学到中学的学业。父母希望他多接触工农群众，多接受实践锻炼。于是，他在1970年12月进入北京丝绸厂当工人，同时在苏丝绸工学院美术系学习美术设计。

王小选渴望提高自己的美术素养，夯实专业基础。于是，从1971年开始，他登门拜董寿平先生为师，学习中国画。

董寿平先生（1904—1997）是当代著名画家、书法家。原名揆，字谐柏，后改名寿平。他是洪洞县杜戍村人，与王小选是同村乡亲。董寿平生于1904年，比王小选的爷爷王世英年长一岁，两家本来就相互熟知；定居北京后继续来往。董寿平出身于诗画之家，从小受到艺术熏陶。早年毕业于北京东方大学经济系。后专攻绘画、书法，其艺术造诣非常高深。曾为中国书法家协会顾问，中国美术

向董寿平大师请教

家协会会员，全国第五、六届政协委员。1956年他沿二万五千里长征路线写生，创作了《长征》画卷。曾3次应邀赴日进行艺术交流，在东京等地举办个人水墨画展览。出版有《董寿平书画集》、《董寿平画辑》、《荣宝斋画谱·董寿平画集》等。1997年董寿平去世后，其作品成为珍贵藏品。最近他的一幅《墨竹》在上海的中国书画拍卖会上，以150万高价落锤。

能够得到董寿平大师的指教，是王小选人生中一大幸事。王小选拜师时，董寿平虽年近古稀，但思维清晰灵敏，艺术状态甚佳。对于这位既聪颖又谦恭的老乡弟子，自然是偏爱有加，毫不保留悉心指点。王小选本来悟性就好，经过大师指点、教诲，艺术水准顿时快速

提高。

1977年，王小选获得苏州丝绸工学院美术系毕业文凭，返回北京丝绸厂担任美术设计师。

走出国门

1986年，31岁的王小选由北京自费赴新西兰，进入奥克兰大学攻读艺术设计硕士学位。

明朝洪武年间的洪洞大迁民，是靠行政命令施行的政府行为。迁离家乡的老百姓是被迫的，因而是无奈、痛苦的。而在实行改革开放政策以后，中国出现的出国潮（实际上也是移民潮），则是自愿的，目的是追求自己的理想，追求施展自己才华的更大空间，追求更美好的生活。对于王小选来说，出国留学的目的更为具体。他说："我学的是美术设计，我出来的时候已经工作了有七八年了。我当时的目的就是要寻求更广阔的空间，来扩展我的艺术创作天地。另外，作为年轻人，自然想到一个更大的世界去闯荡一番。这是那一代的年轻人的很自然的想法。"

与绝大多数在那个时期来新西兰求学、创业的华人一样，王小选最初的留学生活是艰辛而苦涩的。他当时入境以后，挤在朋友的地铺里过了两夜，就自己出来了，租了一个小房子，预交了两月的房租，兜里马上就没钱了。为了缴纳高昂的学费和生活费，在勤奋学习之余和宝贵的假期里，王小选拼命地打工，有时一天要打3份工。他说："我到新西兰进的第一个课堂不是留学生的校门，而是中国餐馆。这是生活的第一课，教我怎么去生存。"除了在餐馆端盘子洗盘子，他还利用周末帮别人刷油漆、做园艺、教中文、教绘画等等。从中了解下层民众的生活，结识到很多的朋友。他说："这一点是关在校门里所得不到的，这是社会给我的无形的回报，远远比我能挣到的那一点生活费要多得多。"

凭着对设计专业的热爱，更凭着对生活的追求和对美好未来的憧憬，王小选知难而进，咬牙承受。

用电脑搞设计，在今天是再普通不过的一项技术。可是在20世纪80年代，却是十分先进和稀罕的。当时，连奥克兰大学专业教授、讲师，都还是用传统的方式搞设计教设计，没有人知道如何将电子计算机技术与设计结合起来。1986年夏季的一天，王小选的导师将一台简陋的电脑搬进了王小选的宿舍，从此王小选就和电脑结下了不解之缘。当时谁也想不到，就是这台电脑彻底地改变了王小选一生的学习和职业生涯，使他的设计水平一下子达到一个更高的层次。天资聪颖而又性格倔强的王小选对此产生了兴趣。他边摸索边实践，几个月后，他就用那台简陋的电脑完成了第一件设计作品。他因此成为新西兰第一代使用计算机进行设计的先驱者之一。

王小选在学业上的突飞猛进，使他成为导师最青睐的学生之一。通过导师不断的介绍，王小选结识了越来越多的本地的朋友，开始迈步融入新西兰的主流社会。1988年，王小选毕业于新西兰的奥克兰大学美术学院设计系，获美术设计硕士学位。

拓展事业

1988年，一家大型印刷制版公司引进了一套全新西兰最先进的计算机制版系统，老板正因为找不到熟悉计算机设计的人才而大伤脑筋。王小选经导师推荐，结识了的这位老板。老板如获至宝，马上任命王小选为公司艺术设计部主管，全权负责组建公司的艺术设计部。就这样，王小选开始了他在新西兰的职业生涯。从招聘员工、选购材料到调试机器、设计作品，王小选大展拳脚，短短几个月后，他负责的艺术设计部就成为全公司公认最出色的部门。

　　1989年,第十四届全英联邦国家运动会筹委会在新西兰全国范围内征集运动会宣传海报的设计方案。初出茅庐的王小选力克群雄,以全套十几张体育题材的海报设计中标。一时间,他设计的别致精彩的海报贴满了奥克兰的大街小巷,轰动一时。这个年轻的华人设计师以自己独特的构思和深厚的功力,赢得了主流社会的交口称赞。当年ASB银行面向全球发行的运动会纪念金币,采用了王小选的设计;所有有关这次运动会的纪念品也几乎都采用了他的设计。1990年,新西兰最大的电话公司Telecom选用了他设计的这套作品,作为当年电话白页的封面。全新西兰18个地区的电话本封面分别选用了他这套作品的18个独立的设计。这在新西兰历史上是第一次,也是唯一的一次在全国范围内使用同一个人的作品。王小选的设计作品以及他的名字,随即走进了新西兰的千家万户。

　　1990年圣诞节前夕,王小选做出了一个至关重要的决定:组建一家属于自己的公司,迈出独立发展的第一步。1991年初,一间以广告设计和产品包装设计为主的公司注册成立。几年后,公司逐渐发展壮大,客户遍及全新西兰各地,服务对象多为大型的公司。随着公司业务的不断扩大,客户的要求也越来越多、越来越高,单纯的设计业务已开始不能满足市场的需求。1997年,王小选将公司更名为Brand Works,开始向专业化、高层次公司的迈步。客户群体由单一的商业客户,扩展到政府部门和社会公益部门,公司逐渐发展成为一间以创立、推广各类组织、公司和产品品牌为核心的广告代理和市场营销专业公司。

　　1998年,奥克兰市政府的战略发展部全权委托王小选的公司为其进行全年计划和长远发展规划做策划和推广。在王小选的带领下,公司全体人员夜以继日地苦干了半年时间,进行了整个项目的前期的推广策划,中期的宣传和信息反馈处理和后期的整体规划的落实工作。

这个计划着意增加和突出了奥克兰多元文化的特色。终于如期出色地完成了任务，并得到奥克兰市政府的感谢状。他牵头制定的计划，也确定在1999年继续实施，继续改善奥克兰市百万居民生活的方方面面。

作为一个来自中国大陆的华人王小选，落地生根，向新西兰回馈自己的才华，为新西兰整体社会的发展做出自己应有贡献。他的宏愿得到很大的满足。

竞选议员

早期移居海外的中国人，大都不问政治，一心埋头做工挣钱，只想改善家人的生活条件，有朝一日落叶归根，荣宗耀祖。现在走出国门的华侨华人，早已摈弃"落叶归根"的老观念。他们不仅要"落地生根"，开拓、发展，融入主流社会，要出人头地，维护自己的正当权益，还要踊跃参政从政。性格果敢坚韧的洪洞人王小选，就是这样一个人。在事业有了基础以后，他还要参政从政。2002年，他参与创建华人环保教育信托基金会。自这一年开始，他以新西兰行动党的身份正式参加新西兰的国会选举。

谈起王小选从政，他身边的朋友丝毫不感到奇怪，都认为是"水到渠成"的事。从学生时代起，王小选就十分关心时政。1989年，工党进行国内改革时，他已结识了很多关心新西兰前途的主流社会的朋友，对新西兰社会有了更全面更深入的了解。从那时起，他就更关心本地政治经济的发展，把自己视为这个国家的一分子。他热衷于华人社区的公益事业。2000年和2001年，王小选两度当选为"中华联合会"会长。在任职期间，他多次组织有影响力的、代表中国传统文化的文艺演出。并多次组织和领导了为华人排忧解难的公益活动，帮助有需要的华人，如组织参与"黄丝带华人声援印度尼西亚华人活

动",组织当地华人为中国大陆水灾赈灾捐款活动和台湾地震赈灾活动。还组织了向本地遇害华人家属的慰问抚恤活动。同时,他还积极横向联络各当地主要的华人社团,如"中国团体联合会"、"艺妍会"、"狮子会"等,与许多华人社团共同举办了大量的联谊活动,增强华人社区的团结。

周围来自各行各业的朋友很多,耳闻目睹,就自然知道普通百姓,尤其是华人百姓是怎么生活的,又是怎样看待这个国家的。而多年在新西兰商业圈、政界圈的活动,也使王小选深刻了解到主流社会对华人社会的看法。这一切都使他渴望能有一个机会,在这个国家的政治舞台上,代表华人的利益,喊出华人的心声,并通过自己的努

王小选在竞选活动中

力，促进新西兰政治经济的发展，为这个国家，和这个国家的百姓，实实在在地做一点事情。注重事实、尊重事实、不带偏见、坚持原则，这是王小选做人的原则，也是他从政的原则。他待人真诚忠厚，希望自己成为一个为百姓谋利益的政治家，而不是政客。

媒体记者曾经问王小选："你是带着一个艺术的梦想出去的，最后怎么走上了从政这样一条道路呢？"王小选回答说："这也是很自然的发展的一个结果。"

开始，王小选走的是艺术道路。他觉得艺术太美妙了。创作的过程无论多么累多么苦，都是一种享受。他立志在艺术世界里度过一生，视为这是自己最大的满足。后来他创办了自己的公司，闯入了商场。不仅为社会、也为自己的客户闯天下，开市场，打造品牌。这也是打造自己的一个过程，把艺术创作与社会实践结合起来。这又是一个广阔的天地。在新西兰生活了将近20年之后，之所以能走到这条路上来，他认为是一个人的人生观和生活方式的一个自然的过渡和发展。他在新西兰生活，关注新西兰的社会，把自己当作这个社会的一分子，自己生活的一切都是这个社会的一个组成部分。

由此可见，王小选参政从政，是出于"落地生根"、"关注社会"的理念。由于有这样的理念，他就能非常主动地进入和融合到这个环境中去，他在新西兰就有了归属感和社会责任感。他有一个信念：认为生活的一切都是人生当中的一份值得珍惜的礼物。他珍视周围的一切。在生活中王小选也有过挫折和失败，但他把挫折和失败也当作一份收获，当作生活给他的一份礼物，一个让他成长的平台。他说："所以我要去享受人生的每一天，享受每时每刻，享受我过去所没有的东西。我结交了很多朋友，生活得很愉快，没有感到有什么不舒服的地方。大概是我的人生观使我能够很快地进入状态。"

王小选终于在激烈的竞选中胜出。新西兰国会议员管理办公室

于2004年11月22日上午11时20分正式宣布：王小选（英文名Kenneth Wang）国会议员身份自即日起生效。他同时成为商务立法委员会委员和行动党中小企业发言人。

王小选以自己的聪明才智和各方面的实力，成为新西兰历史上第二位华人议员及首位来自中国大陆的国会议员，也是改革开放以后中国大陆移民在海外世界的第一位国会议员。

王小选接受选民祝贺

在接受媒体采访时，主持人问王小选："在您走过的人生路途当中，成为新西兰的国会议员对您来说，是人生的一个很大的亮点，可以这么说吗？"王小选回答："是这样的。作为移民，我本人能够进入国会确实是一个亮点。但是更有意义的是，我是中华民族的一分子，是从中国大陆来的，从五千年文明的古国，走到了西方，走到了这么一个陌生的社会，我能成为国会议员，我认为是我们民族的一个亮点。"

不负众望

成为新西兰国会议员以后，王小选不负众望，在许多方面发挥了议员的积极作用。下面略举数项。

一是为新西兰中小企业的发展呼吁代言

新西兰90%以上企业是中小企业，是国民经济的主要支柱。王小选自己创办的企业在新西兰也算是一个中小企业。所以王小选对于中小企业的情况特别熟悉，对于中小企业发展中存在的障碍和问题体会也特别深刻。无论是在理论上还是在实践中，中小企业都有许多问题，例如劳资关系问题、政策问题、立法问题等等，需要认真进行讨论和解决。他经过调查研究，发现国家对于中小企业的政策有需改进的地方，中小企业所处的环境也需要改善，并决心要去改变它。

王小选进了国会以后，行动党的领袖拍着他的肩膀说："你在国会里可是个宝贝了，你是当过雇主的人。国会里像你这样的人非常少，数得过来。国会里大部分都是动嘴的人，动手的人太少了，特别是当过雇主的人太少了。你知道支付工人工资是多么的艰辛。老板每天早上班，晚下班，这种艰辛国会里大部分人都不知道。传统观念上，总说中小企业的老板就知道赚钱，欺压工人。所以很多政策都是在限制他们，抑制他们的发展。所以说，你的加入实际上是一个很好的事情，不但对我们政党，而且对国会，对新西兰的立法的公正一些，是有很好的作用的。"由于王小选在国会里的呼吁代言，中小企业发展问题的确有所改善，事实证明行动党的领袖对王小选的评价和期待是符合事实的。

二是举办音乐会筹款赈灾

2004年12月26日，印度洋安达曼海发生大地震和海啸。这场突如

其来的灾难给印度尼西亚、斯里兰卡、泰国、印度、马尔代夫等国造成巨大的人员伤亡和财产损失。17万5千人葬身巨浪，50多万人受伤，100多万人失去了家园。这场惨烈的世纪大灾难，瞬时震撼了全世界。王小选从电视看到有关新闻，震惊之余，心情格外沉重，他觉得自己应该为灾区做点什么。随即，奥克兰华人社团的朋友们同他联系，希望他作为国会议员出面召集一场奥克兰地区亚裔族群的赈灾音乐会。

正在度假中的王小选感到义不容辞，立即放弃了休假，飞回奥克兰。马上联络华人社团热心赈灾的朋友们，走访各亚裔社团的负责人，发动大家一起参与到这场奥克兰亚裔社区为东南亚海啸赈灾义演的组织工作中来。印度尼西亚、韩国、菲律宾、马来西亚……一个个社团，一双双热情的手，一颗颗牵挂灾区的心，使他被深深地感动，他在这项活动中越来越感到其中的意义深远，因为灾难主要发生在亚洲国家，而亚裔移民在纽西兰是少数民族，这样一场音乐会可以让亚裔移民们抒发情系灾区的心声，增强亚裔社区的凝聚力，同时也给大家一个表现爱心与力量的机会，向主流社会展示亚裔族群的整体素养，树立正面的形象。

时间紧迫，任务繁重。第一次要筹办跨社团跨种族这样一场大型音乐会，却只有十来天的时间，要排演节目，租借场地，组织拍卖……工作之庞杂浩繁可想而知。在新西兰亚裔社区，这样大规模的联合行动前所未有，无任何经验可供借鉴；组织者和参与者肤色不同，习俗有异，语言不通，第一次大家要携起手来联合行动，谈何容易！但奇迹终于出现，看起来似乎办不成的事情终于办成了。2005年1月22日傍晚，新西兰亚裔组织的"亚洲海啸赈灾音乐会"如期开演。

节目异彩纷呈——有华人歌唱家的独唱、有韩国小提琴手的独奏、有菲律宾男歌手的英语情歌、有斯里兰卡姑娘的民族风情独舞、有菲律宾小朋友的舞蹈，还有印度演员的生动的小舞剧……此外还有合唱、现代舞表演、古筝独奏等等。而国际钢琴比赛获奖者、马来西亚华人John Chen的钢琴独奏将这次演出推上了世界级水准。幕间休息时，组织者还举办了现场艺术品拍卖，所得款项将与音乐会的门票收入以及现场捐款一起，由政府指定福利机构Tear Fund送交灾区。

音乐会演出结束后许多天，王小选的心情都无法平静。他强调说，这次音乐会的成功，说明大家只要有一个共同的愿望，是可以把事情做好的。作为一名国会议员，他展示了自己的号召力和凝聚力，做了一件意义重大的善事。他感到欣慰。

三是推动新西兰和中国的经贸交流

2005年4月，王小选带领了一个新西兰商贸访华团，访问了北京、上海、广州和内地一些城市。此举对于新中两国企业界的交流合作都有很好的推动作用。大家发现：中国目前的经济地位以及她走过的经济发展道路和改革过程，确实有很多值得海外国家学习、借鉴的地方。王小选说："以前我们说要借鉴国外的先进经验，现在反过来了，我觉得海外特别是新西兰，应该借鉴中国的先进经验。所以我也希望我能在这个领域起到一个积极的作用。"而中国方面对于新西兰的经济发展经验，也表现出浓厚的兴趣。许多企业乐意与新西兰的企业建立长久的交流合作关系，还有一些企业表示愿意到新西兰投资的意向。这正是王小选乐意见到的效果。

四是维护华人和所有公民的合法权益

新西兰号称"世界上最后一块净土"，未必其然——亚裔移民特别是华侨华人，多受盗贼觊觎之害的。王小选自身也不例外，办公室被盗，汽车里的物品被偷；而警察对此既不关心又无能为力。这令素

常谦逊平和的他，也会愤然之情溢于言表。而促使他拍案而起的，是"李满朝事件"。

华人移民李满朝一家在不到一年时间内3次被盗。尽管他先后安装了最先进的自动报警系统、加固门窗、安置保险柜，甚至人不敢离家，但小偷真如"道高一尺魔高一丈"，还是一而再，再而三地得手，甚至将他四处筹措的准备用于创业的3万新币洗劫一空。李满朝报了警。警察抓住了作案的4名惯犯，但均不满17岁，按现行法律不能被判入狱，有关处罚与赔偿只能通过家庭会议协商解决。令李满朝气愤的是，几次会议，每名小偷都有家长、政府提供的免费律师以及社会工作者陪同，阵容强大，气焰嚣张，有恃无恐。他们甚至面带嘲笑地看着孤立无援的李满朝，谅他也奈何他们不得。最后，此案由青年法庭判决：小偷们由社会工作者陪同参加学习，然后去找工作，等找到工作有了收入再做出赔偿决定。这样下来，所谓给受害者赔偿就成为天方夜谭。李满朝终于明白了新西兰的小偷为何如此猖獗，"就因为有这样的政府，有这样的法律为他们撑腰！"他气愤地说。于是，他先后上书总理、司法部长、警察部长等政府高官，包括，申诉自己的不平，然而得到的回音大多是敷衍塞责，他感到忍无可忍。他还陆续在中文媒体上发表了题为《我要求与小偷权利平等——致国会的公开信》等文章，他写道："如此现实，作为一个守法公民，生活在新西兰，我还敢奢求什么？我只要求在法律面前与小偷的权利平等，我的要求算高吗？！"他愤怒的呼声，一时引发了华人社区强烈的反响。大家以各种方式纷纷表达对李满朝的同情与声援。

当然，新当选国会议员不久的王小选，也收到李满朝的投诉。他再一次的感到震惊和气愤。显然，新西兰现行法律制度存在着不合理之处，而人们对此熟视无睹或麻木不仁。王小选感到震惊和气愤之余，立即回信，建议李满朝向有关部门继续反映；同时写信给总理和警察部长，请他们就李满朝事件关注民意。他还在国会开会时向他们进行了质询，但得到的答复依然是支吾推托。现实种种使得王小选再次感到，政府行为的软弱与无效，根本原因还是在于法律本身。于是，他与李满朝等人联合起草了致国会的《严惩犯罪、修改现行法律请愿书》，发起征集签名活动。王小选旗帜鲜明地向华人与亚裔移民呼吁："新西兰是一个民主国家，我们的权益要靠我们大家的行动来争取、来维护。同胞们，让我们快快行动起来，用我们的一个个签名来表达我们的呼声和呐喊，让这种呐喊汇集聚成一股强大的社会潮流，形成一种让政府、让国会无法回避的社会压力，从而最终令国会修改现行法律，增强对罪犯的惩罚力度，增加对受害者的援助和赔偿。"在惠灵顿国会大厦门前，王小选与李满朝一起郑重其事地将请愿书递交国会。一时主流媒体纷纷报道，引发了国人对现行法律制度的深刻反思。

事情发展到这一步，也影响了审理李满朝案件的青年法庭。虽然审理过程不能向媒体公开，但李满朝表示，他的境况已经大为改观。事后他感慨地说："华人若想在新西兰生活，就一定要扶植自己的政治力量。这次若不是有王小选在国会，不要说我的问题得不到解决，就是我们的声音也没有人能够听到。国会里有没有华人议员，是大不一样的！"法律的重新修订需要时间，社会风气的扭转就更短期内就能奏效。正如西方格言所说"天助自助者"，新西兰的华侨华人深刻体会到：要想在这里生活得安定舒心，就要自己努力争取自己的权力，发出自己的声音。

"李满朝事件"余波未平，王小选趁热打铁，就在国会提出了他的第一个法律修正提案——《假释法修正案》。主要内容如下："罪犯一经宣判，必须服满刑期，不得假释；短期服刑犯也必须服满刑期，取消刑期自动减半的法令。"

　　王小选提出这样的提案，是经过深入调查和周密思考的。在新西兰犯罪分子肆无忌惮、有恃无恐，受害人往往得不到政府提供的任何法律援助和经济补偿，其根源在于法律的纵容。2002年工党执政期间通过的判决及假释法案的有关法令为：刑期为两年以下的罪犯服刑时间都自动减半；恶性暴力罪犯服满三分之一的刑期后，即可申请假释。而据官方统计数字显示：有37%的假释犯人在出狱之后的6个月内再次作案；有58%的假释犯人在出狱之后的12个月内再次作案；有73%的假释犯人两年之内重新作案。而在所有的再次作案的假释犯人中仅有10%被重新送监服刑。

　　新西兰现行法律对罪犯本来就量刑过轻，加上有了假释，法律不但起不到对罪犯的惩戒、威慑作用，还会让罪犯在假释期间，伺机再次作奸犯科、危害社会，令犯罪案件不断上升。假释法律的弊端，过于照顾罪犯权益、忽视受害人权益的法律制度，对犯罪分子失掉了震慑力，对民众起不到保护作用，这种现象如果得不到治理，只会进一步助长犯罪，令更多无辜的人成为罪犯的牺牲品。

　　"合法不合理的事情太多了，过度保护罪犯权益的法律制度该结束了！作为国会议员，我一直视为民请命为己任，用人民赋予我的权利和信任来回馈民众和社会。从立法等根本上解决社会存在的不合理现象，争取我们应有的利益！"——王小选如是说。在政府要员竭力掩盖真相粉饰太平、主流媒体散布社会治安"一片大好"的情况下，王小选挺身而出，提出《假释法修正案》就更显得振聋发聩，表明了行动党一直坚持对于犯罪"零容忍"的立场和态度。

　　王小选竞选新西兰国会议员，在海外华人社会中是一件大事。除了当地媒体密切关注进行报道以外，中国主流媒体也大力宣传。2006年4月2日，中国中央电视台9频道播出英语专题采访片"人物聚焦——王小选"。2007年3月22、23日，中国中央电视4频道"华人世界"栏目播出人物专题报道"议员来自北京——王小选"。在互联网上,只要输入关键词"新西兰王小选",有关王小选的报道就会铺天盖地呈现,映入我们的眼帘。

在海外晋人中,凭自己实力通过竞选当上国会议员的,目前只有王小选一人。他是三晋儿女的杰出代表。称之为"参政先锋",一点也不为过。但愿新一代海外晋人中,涌现更多像王小选这样的英才。

2014年4月15日上午,新西兰行动党在奥克兰Epsom总部举行发布会,宣布由王小选(Kenneth Wang)出任副党魁。

> 在美国稳扎稳打的钱小东

在美国,一提起活跃在各个领域的中国新移民佼佼者,新闻媒介称他们是"不可轻视的一群"。现供职于美国辉瑞制药公司的山西人钱小东,便是其中的一员。

钱小东1955年生于山西长治,父母都是山西有名的医学专家。父亲钱启东,退休前,担任山西医科大学第一医院副院长兼内科副主任,内分泌研究所所长,享受国务院特殊津贴。尤其擅长糖尿病、垂体、肾上腺等内分泌疾病,特别专长身材矮小及甲状腺等疾病的诊治。长期致力于甲状腺疾病的研究,工作卓有建树,曾数次在国际学术会议上发言,其研究课题《内陆高碘地方性甲状腺肿》、《地方性亚临床克汀病》等曾获奖并在权威知名杂志发表。

父亲是儿子的老师和榜样。钱小东从小耳濡目染,对医疗卫生行业情有独钟。但是,因为遇上"文化大革命",他曾中断学业,经历了"上山下乡"的插队生活。1977年冬天,他幸运地参加了中断了10年的第一次高考,被自己钟爱的院校——北京医学院(今北京医科大学)中药系录取。从此,父辈跟医药行业结下了的缘分便由他延续下来。

1982年，钱小东以优异的成绩大学毕业，通过严格的考核，获得了公派赴美留学的资格。

拥有3亿多人口的美国，白人占80%，被称为"儿童的天堂，青年的战场"。黄皮肤黑头发的钱小东，怀着壮志豪情和对未来的憧憬，勇敢而稳健地踏上这片充满竞争的土地。30多年过去了，他在这里站稳了脚跟，争得了一片属于自己的天地。

钱小东潜心天然药物的开发和利用的研究，从滋阴补阳的佳品人参，到毁人前程的毒品罂粟，他都拿出一项项富有创见、令人信服的成果。1987年，他获得了明尼苏达大学天然药物博士学位。接着，他又念了两年博士后。终于以厚实的基础在美国立足，进入美国波士顿巴斯福药业公司，从事从海洋生物中开发抗癌药物的试验和研究。

钱小东介绍说：美国对新药的开发研究十分重视，其投入的研究经费约占销售总金额的50%以上；同时，它对药物的管理和审批也是十分严格的。因此，一种新药要投入市场，需要一个比较长的过程。近几年来，中医中药在美国已经有了一定的影响。当今在美国最为流行的两种抗肿瘤药物，其主要成分都是天然生物的提取物。其中一种叫"喜树碱"的药物，还是中国上海率先研究开发的。钱小东博士说：中医中药不仅是中国的瑰宝，也是世界的财富。用科学的方法和手段去揭示中药治病的秘密，是一项艰苦的工作，也是有益于人类的事业。他说："我作为一名炎黄子孙，作为一名科技工作者，应该勇担重任，努力去做。"

钱小东在美国不仅事业有成，物质生活也有很大的改善，收入丰厚，拥有自己的别墅和高档汽车。这令旧时的同窗好友大为羡慕。对此，钱小东解释说："美国是个竞争的社会，也是个奉行个人主义的社会。在美国要获得成功，全凭个人拼搏、奋斗，没人来帮你，你也没有依靠的。你干出了成绩，就能得到社会的承认，什么名呀利呀别

墅呀汽车呀自然就有了。你干得不好，社会就会无情地淘汰你。"他又说："我是做研究工作的，没日没夜地做实验，非常辛苦。在陌生的地方从事新的工作，没得借鉴，成功的机会很有限。在这样一个强手如林、竞争激烈的环境中，每个科技工作者经受的压力更是可想而知。所以，只能前进，不能后退，只能拼搏，不能懈怠。"

2012年，钱小东进入美国辉瑞制药有限公司（Pfizer）工作，依然从事新药的研究和开发。这家世界上最大的跨国制药公司，之所以向钱小东敞开了大门，当然是看中他知识基础、研究实力和良好信誉。进入辉瑞，是钱小东研究生涯的新起点，也创造了山西人问鼎世界最大制药企业的新纪录。

钱小东赴美定居后，多次回中国山西探亲观光。所见所闻令他感动不已，他再三赞叹："家乡的变化确实太大了！"每次回来，他都特别注意观察、搜集当地经济建设和文化建设的发展变化、特别是制药行业的有关信息。回美国以后积极向有关机构和人士宣传，与亲朋好友分享。他自豪地说："这就是生我养我的山西！"

钱小东的夫人是江西人，也是从事生物工程研究的旅美学者。他们有一子一女，都是在美国出生的。儿子随父姓叫钱瑞，女儿随母姓叫王晶晶。平常在家里，钱小东和妻子坚持用中文与孩子交流，还送孩子上中文补习学校。天长日久，孩子在熟悉英文的同时，也熟悉中文，能够用中文交谈、阅读和讲故事写文章，懂得尊敬长辈、礼貌谦让。他回山西探亲，总要带上孩子。他要孩子从小就记住中国，记住山西。

令钱氏家族欣喜的是：钱小东的儿子钱瑞在良好的家庭环境和社会环境中，健康茁壮地成长，拥有高学历的他，最近也进入一家有名的医疗机构工作。看来，钱家与医药行业的缘分延续下来了，中华文化的"根"也在他们身上留住了！

> # 日本山西商会理事长李扩建

旅居日本的中国人已经接近100万人了。改革开放以后赴日的新华侨,因其知识水平高、思想观念新、活动能力强而备受人们关注。其中,日本山西商会理事长、日本山西同乡会名誉会长李扩建就是他们当中的佼佼者。在促进中日友好交往方面所做出的成绩尤为突出,曾多次被国务院侨办邀请回国参加国庆观礼,也曾多次作为旅日华侨代表在东京会见访问日本的中国领导人。

李扩建

李扩建1956年7月出生于山西省太原市。他经历了到农村插队、在工厂当工人的磨炼,于1977年考上北方交通大学(现北京交通大学)电信系有线通信专业,随后直接考入该大学本专业的研究生。1985年2月,李扩建受铁道部派遣,自费公派赴日本留学。1986年4月至1990年3月,在日本名古屋大学研究生院工学研究科攻读博士课

程,进行了语音信号处理的研究;之后在南山大学、爱知学泉大学等大学教授信息科学;1991年10月,就职于日本大丰建设株式会社等公司,一直担任信息系统工作。他全家于1999年12月首批获得了"永住者"签证,正式成为了日本新一代的华侨。

日本大丰建设株式会社,是由原在中国吉林建造丰满发电厂的日本技术人员回日本后成立的公司。李扩建以严谨的科学态度和所掌握的知识,将日本先进的技术导入丰满发电厂,为中国节约了十几亿日元的外汇,同时使松花江水对吉林和哈尔滨的威胁得以避免。另外,李扩建还参与了上海地铁DOT工程、台湾的新干线工程。

早在1985年,李扩建就从名古屋华侨的东明公司仓库里得到一箱沉睡多年的老陈醋,发给了在名古屋留学的山西老乡们,在日本开始了团结山西同乡的活动。1995年5月,李扩建就在互联网中开设邮件列表,为旅日山西同乡提供ML服务,极大地方便了乡亲们的联络和交往。

自1996年开始,他与许并社、李晨晓、贾晔等进行了筹建同乡会的各种活动。2000年初,旅日新一代华侨力量终于合为一体,成立了山西在日华侨同乡会组织——山西同友会。2003年5月23日,山西同友会主要成员召开总会,决定更名为"日本山西同乡会",将会的性质定位为在日华侨华人公益团体,采用非营利公益法人的运营形式,并选举了理事会成员,李扩建被推举为理事长。李扩建将同乡会的宗旨定为继承和发扬以诚信忠勇著名的关羽为代表的山西优良传统,努力融入日本主流社会,加强山西老乡和全日本华侨华人之间的相互联系、团结协作,促进山西和日本在各方面的交流和发展,培养后代对中国和山西的感情、使其健全成长,利用日本的福利条件保证会员父母的健康,在日本建立山西会馆,增进和全世界的各种山西会的友谊。

山西同乡会自筹建以来,坚持"先求生存、再求发展、立足海外、造福家乡"的原则,在促进中日理解这个大前提下,为家乡的建设贡献旅日侨胞的赤子之情和聪明才智。

李扩建(前排左五)率日本山西同乡会代表团访问山西

日本山西同乡会成立以来,不论已回国的,还是新加入的会员,大家与同乡会保持着密切的联系,都积极从事着促进中日交流的活动。同乡会通过自办及参加各种活动、进行定期联谊,为会员间的信息沟通、向日本介绍山西、促进山西与日本之间的了解和交往,发挥着越来越大的作用。例如"非典型性肺炎"流行时期,李扩建作为同乡会理事长,在积极参加日本华侨组织主办的筹款活动的同时,积极组织同乡会成员在网上发起筹款,加上贾晔和吕婷等在东京国际大学主办了"援助山西战胜非典"的义演,共筹集捐款30万日元。2003年9月,李扩建受太原市政府的邀请,率领日本山西同乡代表团24人参加了太原市建城2500周年庆典活动,加深了旅日侨胞对山西省和太原

市经济和社会不断发展的了解,促进了彼此的沟通和交往。其间还直接捐赠给太原市红十字会24万日元。

李扩建积极组织了各种有益于中日友好交往的社会公益活动。他在1994年11月1日创立"ＣＯＭ编辑部",发行《华声和语》日文网上周刊,并担任了第一任编辑长;他在1995年4月至1997年11月期间担任了日中儿童教育基金理事,积极募捐,为中国国内捐款几千万日元;为了在日本推广中文,促进中日的交流,他还在1999年6月创办"大宫中文学校"(后成为日本同源中文学校大宫分校);为了利于社会活动和中日交流,他在2000年5月1日创立"华侨ＮＰＯ法人",并担任了第一届理事长;为了融入日本主流社会,2004年2月又与在日本的大学里晋升为教授职务的新华侨们一起申请组建ＮＰＯ法人中日学术交流中心,被选为了监事。考虑每年约有5000名中国人的孩子需要上小学一年级,而现有的中华学校只能招收约190名学生,其他的约4800名孩子不得不接受日本的教育。为了解决这个问题,李扩建利用业余时间组建筹委会,建立网站,为了建立新的中文全日制学校而四处奔走。新老华侨组织也已经联合组建了"日本华文教育研究会",开始寻求解决问题的方案。李扩建还利用自己的信息通信技术,在日本推广着高质低价的国际电话通信服务,为筹建学校积极筹措初期基金。

李扩建充分利用掌握的IT技术,自1994年11月1日在微机通讯网里设立了"中国论坛",义务担任主管;他多次利用网络先后为神户地震、东北洪水、河北地震、台湾地震、陕西四川洪水和山西非典捐款;他还利用拥有的网络域名,为中日两国的民间交流提供平台,为中国驻日本大使馆领事部提供网页服务,为中国教育部《神州学人》网站和国务院侨办《华声龙脉网》网站提供过日本镜像服务,为百度进军日本进行了准备工作,为共同通信社中文网站等日中两国的许多友好团体免费提供IT咨询和网络服务。

2005年8月，李扩建代表山西同乡会参加了日本的华侨华人团体"日本新华侨华人会"，即现在的"全日本华侨华人联合会"，任理事兼网页管理部会长，2009年7月任副会长。

李扩建还与原为山西官费留学生的老华侨华人四家人（东京的罗漾明先生和杨名时先生，札幌的曲学礼先生和席占民先生）及其后代建立了友好的关系，聘请他们作同乡会的顾问，促进了新老华侨华人之间的团结。

2006年6月20日，李扩建召集山西同乡会中的经营者，组成了"日本山西商会"，日文全称为"特定非营利活动法人日中晋商会"，任理事长（法人代表）兼秘书长，请田原晨晓和高原龙一担任会长，与山西省和太原市、全国各地、世界各国的晋商和同乡组织进行着各种友好的交流活动。

此外，由于在日山西人数有限，应各方面的要求和同乡会发展的需要，李扩建采取"一套人马、多块牌子"的方法，先后组建了山西之友会、山西大学日本校友会、太原理工大学日本校友会、山西医科大学日本校友会、埼玉山西人会、北海道山西人会、青年联合会、九州岛山西人会、日本晋中人会、北京山西人会、关西山西人会、日本大同人会、日本运城人会、冈山山西人会、宫城山西人会等关联和下属组织。

2010年李扩建回国工作后，为了能使更多的山西出身的年轻人有锻炼的机会，李扩建主动地辞去了"日本新华侨华人会"的理事和副会长之职，力荐田原晨晓和高原龙一进入了理事会。之后，山西同乡会选举高原龙一任会长，田原晨晓任秘书长，李扩建任名誉会长。

在李扩建的积极倡议下，日本山西同乡会与海外山西发展促进会（美国）及国内有关机构合作，并联系了澳大利亚山西同乡会以及其

他国家的山西侨胞,一起创立了多个关于山西海外同乡的微信群。

李扩建在2010晋商年会发表讲演

现在,李扩建结束了在国内的有关工作,也结束了职业信息总监的生涯,又回到了日本。2015年3月起,李扩建又投身于观光产业,在日本周游列岛,在各地体验各种各样的温泉,并找到了一个可以治疗万病的灵水神泉。他现在富士山静冈机场附近管理一个名为旅笼屋的FamilyLodge旅馆,专门接待开车旅行的家族,为中国人去日本自驾旅游开创了一条新的路子。李扩建衷心欢迎有更多的山西老乡去了解日本,体验日本,吸取日本先进的技术和服务,为山西、为中国的发展而贡献力量。

澳洲山西同乡会首任会长杨晓榕

杨晓榕

1994年8月,从世界上最大的岛国——澳大利亚,传来一个振奋人心的消息:澳大利亚山西同乡会成立了!该会是旅澳山西籍人士在澳洲政府正式注册的民间社团组织,旨在广泛联络、团结旅澳的山西籍人士,为山西和澳洲的合作交流起桥梁纽带作用,以推动晋澳两地人民的友谊和经济的发展。

海外华侨华人,特别是广东、福建籍人士,为了生存发展和共谋福利,一旦在异国他乡落脚,便纷纷成立了血缘性的、地缘性的和业缘性的会馆。他们的联谊意识十分强烈,几乎所有聚居的地方,都有宗乡会馆的社团组织。现在,很少在海外组织社团的山西人,也亮出

了"澳大利亚山西同乡会"的牌子,这真令人欢欣鼓舞!

澳大利亚山西同乡会的成立,顺应世界发展潮流,符合海内外广大三晋儿女的心愿,现在拥有的会员已成为澳洲华人社会中一支不可忽视的力量。1994年11月,乔石委员长访问澳洲,在接见华侨、华人代表时,山西同乡会的领导人也光荣地收到了请柬。回顾山西同乡会从酝酿到成立的过程,不能不提到一个乡情浓郁的热心倡导者——澳大利亚速迈达有限公司的董事长杨晓榕。

杨晓榕出生于1958年,是山西太原人。1982年毕业于山西农业大学园艺系,曾在太原和北京工作,1985年定居澳大利亚。山西拥有丰富的自然资源和人文资源,有厚实的历史文化积淀,但山西的经济还比较落后。如何让山西经济繁荣起来,让乡亲们尽快富起来,这是杨晓榕和其他在澳晋籍人士经常议论的话题。"成立同乡会!"经过一段时间的酝酿之后,大家终于取得共识并付诸实践,一致推举杨晓榕担任同乡会的会长。

杨晓榕(右二)接受山西省侨办、侨联采访

杨晓榕曾受澳大利亚山西同乡会的委托，专程返乡看望父老乡亲，并与有关部门接触，开展联谊和交往。在迎泽大街国际大厦，他接受了省侨办、侨联有关人员的采访。

杨晓榕中等个子，身躯略胖，思维敏捷，能言善谈，一看就知道是一个富有才华、精明能干的人。话匣子一打开，他就诚挚地说："我们虽然成为澳洲公民，但'根'在中国，在山西，永远是中华民族的儿女，是黄土高原的儿女。"

杨晓榕开门见山地说明这次返乡之行的目的：想为家乡的发展做点贡献。他说："我们同乡会所从事的主要工作是：对澳大利亚有关部门和各阶层人士介绍宣传山西，提高山西在海外的知名度和影响力，争取更多的工商企业界人士到山西投资；协助山西开展对外交往，特别是经贸、科技和人才方面的交流，促进山西的进出口贸易；组织晋澳两地人民互访、观光，推动两地旅游业的发展，并相机推动、建立友好城市关系。"

谈及这次回乡之行的收获，杨晓榕说："我已经同省外办、省侨联、省贸促会、太原市政府以及一些公司、工厂的领导人，进行联系接触，对共同感兴趣的问题进行探讨和交流。山西在出口方面，有很大的潜力，例如大理石、红枣、核桃仁、山楂膏、手工地毯等等，在海外都有市场。我回澳洲以后，会对市场进行调查。我想会有许多事情可以做，所以不虚此行。"

谈起回国的感受，杨晓榕说："有两点感受最深，一是家乡的建设面貌变化很大，二是大力搞经济，把它放在主要的位置，党政领导机关都为经济建设大开绿灯，这些都是非常可喜的现象。"

当被问及家乡还有什么不如意的地方，他停顿了一下，坦诚地说："环境污染还是相当严重。环境保护方面还要做很多工作。"

我们请杨先生介绍一下自己的情况，他爽快地答应了。

他说："我们属于新移民，大部分是中国改革开放以后出去的。比起老移民来说，我们没有多少物业、资产，并不富有。但我们有比较高的文化素质。在澳洲山西同乡百分之九十以上都有学位，大部分是做学问的。目前，同乡会的成员中，只有我一个人是做生意的。我联络的面比较广泛，又可以比较灵活地支配自己的时间。我定居在悉尼，所以同乡会的总部就设在悉尼，而不设在首都堪培拉或墨尔本。因为在别的城市里，找不到像我这样的山西人。"

"老乡之间平时靠什么联系？"记者问。

他答："大家都有电脑、电话和传真机，就靠这些联系，非常方便。"

记者见他随身提了个密码箱，西服革履，一副"款爷"模样，便开玩笑地问："你成了大老板了吧？"

他笑了笑说："我创办了速迈达有限公司，事业正在起步、发展中。我经营进出口贸易，也搞一些别的，譬如创办了一家澳洲最大的国语录影带商店，委托200多家杂货店替我出售中文杂志，我还担任澳大利亚中国影视商会副会长。"

"在中国有投资吗？"

"我在太原独资兴办了一家山西速迈达印业有限公司，交给我的妹妹杨晓林经营。我们引进了先进的制版印刷设备和优质纸张，承印各种高级礼品卡、请柬、名片、台历等。"

杨晓榕在言谈中，充满着乐观和自信。我们请他代问山西乡亲们好，并祝他财源茂盛，心想事成！他连声道谢，最后又不无感叹地说："咱们山西人并不比其他人笨，可惜走出国门的还是太少了！"

新西兰侨领和志耘

和志耘

新西兰著名侨领和志耘（英文名：Jim He）1959年8月9日生于北京。他的父亲和兰华是山西祁县人，母亲胡锦莲是文水人，因此他说自己"根在山西"。他现任新西兰中国团体联合会秘书长、新西兰太平洋文化艺术交流中心主席、新西兰中国和平统一促进会秘书长、新西兰—中国电影节主席、新西兰七彩中国文化传媒集团执行董事、新西兰—中国国际贸易促进委员会会会长、"都市之声"广播电台台长，同时担任了20多个省市侨联海外委员/顾问，海外交流协会海外理事，海外联谊会海外理事等职务。

1984年，和志耘毕业于首都师范大学化学系，在北京农垦局下属的职工大学从事教育工作，曾担任教务处长。1991年获得奥克兰大学化学专业硕士学位，后定居新西兰，担任新西兰一家生产农药、化肥、除草剂的大型化工公司的质量管理部的经理职务。

和志耘伉俪近影

和志耘除了热爱和钻研化学专业、在完成繁忙的本职工作以外,还热衷社会活动公益事业,不计得失、不辞辛劳。他秉承"说实话,办实事"的理念,扎扎实实、一步一个脚印地从事华人社区服务、中西文化交流和国际经济贸易合作。

和志耘在留学期间,就利用课余时间,于1990年创办新西兰第一家面向当地华人华侨的"都市之声"中文电台,每天提供一小时的新闻、文化、体育和访谈的综合性节目,广受华侨华人欢迎。其中"生活在第二故乡"栏目影响尤为广泛,为华人留学生和移民提供了一个难得的交流平台。

1996年8月,和志耘又与3位朋友携手,创立了一个非营利性民间文化艺术交流机构——新西兰太平洋文化艺术交流中心。成立的宗旨是:促进中国、澳大利亚、新西兰等亚洲太平洋国家民间以及政府之间的文化艺术交流合作;加强新西兰,澳大利亚与亚洲国家之间的文化艺术交流。目前,太平洋文化艺术交流中心已由和志耘一人独立运作,曾先后独立或与其他机构合作,成功举办了多次大型活动,例如:1996年中国著名歌唱家4人演讲会;1997年盛中国小提琴演奏会、中国国家杂技团新西兰之旅、首届中国图书音像展览、澳新华人卡拉OK大奖赛、第一至九届新西兰澳大利亚中国电影节;1999年中国文化节及国庆晚会;2000年中国杂技团太平洋千禧之旅、第一至七届中国新西兰电影节、第一至十三届新西兰华人美术作品联展、第一至八届新西兰华裔优秀青少年钢琴小提琴表演者音乐会等等,均获得巨大成功。

另外,由和志耘担任秘书长的新西兰中国团体联合会成立于1999年,现为新西兰规模最大的华人社团联合体。先后举办的大型春节、中秋晚会,圣诞节花车游行,联合杯乒乓球比赛等等,在奥克兰引起轰动,并为官方所认可,显示了新西兰华人凝聚力和发展前景。由和志耘担任理事的新西兰中国和平统一促进会成立于2001年,为中国大陆水灾地区捐款,为抗击"非典"义演募捐等一系列的意义深远的活动。每次大型活动,都可以看到和志耘忙碌辛劳的身影。

近几年来,以和志耘为会长的新西兰——中国国际贸易促进委员会也频频组团访华,积极与中国有关省份开展经济贸易合作交流。他亲自率团访问广东、广西、江苏、湖北、山东等地,均受到热烈欢迎,高层领导亲自接见、座谈。每到一地,和志耘就介绍了新西兰畜牧业、林业、文化及旅游产业有关情况,并推介了一批投资和贸易重点项目。双方就合作推介投资及贸易项目、加强信息交流、组织企业家代表团互访、开展文化周活动、组织专业展览会等议题,进行了沟通和交流。在和志耘的推动下,新西兰中国国际贸易促进委员会与包括山西省贸促会在内的22个副省级贸促和3个省级工商联签署了合作协议书。为实现中国省市与新西兰商贸往来搭建桥梁,编织纽带。

　　对于祖籍山西，和志耘更是怀有特别亲切的感情。《山西省志·外事侨务志》编委看到了海外刊物报道和志耘事迹的信息，立即通过中国驻新西兰使馆了解到他的联系方式，从此建立了电子邮件联系。2009年上半年，省侨办、侨联有关人员得知他有访问山西的热切愿望，立即将和志耘的有关信息报告省侨联领导和省外侨办领导，尽牵线搭桥之绵薄，协助和志耘实现了回故乡访问的愿望。当年6月22日，和志耘在参加上海国际电影节后来祖籍山西访问。6月23日上午，与黄河电视台有关负责人进行座谈，共同探讨在新西兰、澳大利亚举办"山西文化周"以及在山西拍摄《西方人眼中的中国》有关事宜。黄河电视台常务副台长、黄河电视孔子学院院长张敬民介绍了黄河电视台及黄河电视孔子学院的相关情况，希望和志耘回去以后多多宣传，并希望可以与澳、新国家的电视台取得联系，推广汉语教学和儒家学说教育，在澳新偏远地区的人们也可以通过当地的电视台接受远程教育来学习汉语。当天中午，和志耘一行访问了山西省外事侨务办公室，田亦军副主任会见了代表团，介绍了山西省的侨情，表示欢迎海外侨胞常回祖籍地走一走看一看，为家乡的发展多提建议，多做贡献。省侨办一定会本着"以人为本，为侨服务"的原则，大力牵线搭桥，让山西的品牌文化走向世界。

　　2012年9月，和志耘再次率团访问山西。9月22日，省政协主席薛延忠在省城亲自会见，对和志耘一行来晋参观访问表示热烈欢迎，对新西兰中国团体联合会、新西兰—中国国际贸易促进委员会多年来给予山西建设发展的支持表示感谢，并向客人简要介绍了山西省经济社会发展情况。薛延忠主席说，今天的山西已经站在一个新的发展起点。当前，全省上下正按照省委、省政府转型跨越发展、再造一个新山西的战略部署，坚持科学发展主题，大力推进发展方式转变,加快工业新型化、农业现代化、市域城镇化、城乡生态化建设。他希望新西兰中国团体联合会、新西兰—中国国际贸易促进会进一步扩大与山西在经贸、农业、科技、教育、文化、环境保护等领域的交流合作,欢迎新西兰更多企业来山西投资兴业,在合作交流中实现互利共赢;希望新西兰中国团体联合会、新西兰—中国国际贸易促进委员会进一步加强与山西政协及有关方面的交流联系,为扩大中新两国人民友好往来、深化中新友谊、促进世界和平发展做出积极贡献。

和志耘对山西经济社会发展取得的新成就予以充分肯定。他表示,新西兰中国团体联合会、新西兰—中国国际贸易促进委员会将积极发挥自身优势,进一步拓展新西兰与山西合作交流的层次和领域,尤其要在发展现代农业、高新技术应用、生态环境治理和文化交流等方面加强合作,为山西转型跨越发展贡献力量。

鉴于和志耘对居住国和祖籍国均做出了突出的贡献,因而无论

和志耘(左)和新西兰总理John Key

在官方还是在民间,都享有崇高的声誉。2012年4月25日,第二届北京国际电影节表彰活动仪式上,国家广电总局电影管理局为和志耘颁发"中国电影优秀推广人"荣誉证书。2013年6月3日,新西兰总理和总督授予和志耘新西兰国家荣誉勋章。6月28日,近150名奥克兰华侨华人为此举行庆祝晚宴。新西兰各界名流、社团领导人以及中国驻奥克兰总领事馆副总领事汤文娟等均到场祝贺。山西省归国华侨联合会也发函致贺。在山西省归国华侨联合会的推荐下,和志耘于2015年中国侨联中国华侨第四届国际文化交流促进会大会上,当选为副会长。

和志耘在致山西省侨联的邮件中表示:这不仅仅是我个人的荣誉,而是我们海外华人和山西人的殊荣和骄傲!

新西兰总督授勋(右四为和志耘)

奥地利华丽大转身陈安申

陈安申

2015年10月中旬,海内外众多媒体发布了一条消息:旅奥地利的华人企业家陈安申,日前荣获奥地利联邦商会维也纳餐饮理事会颁发的金质奖章,以表彰他为奥地利传统餐饮业做出的杰出贡献。陈安申对媒体记者说,自2012年以来,其团队先后成功接手、经营了奥地利多个具有悠久历史传统文化的餐饮企业,这是对奥地利传统文化的交接与传承,因而引起了奥地利当局的广泛关注。

陈安申原籍山西省闻喜县,1961年出生于礼元镇槐林村,现定居奥地利首都维也纳。鲜为人知的是:目前在餐饮业获得巨大成功和荣誉的陈安申,原来竟是一位出色的科技专家。

陈安申在事业上经历过一次华丽的大转身。

陈安申1983年毕业于北京林业大学,公派留学奥地利,获博士学位。毕业后,他起初在德国一个城市的水利局供职,后来在奥地利国家农业部任职,主要从事水土保持、防控"泥石流"工作,同时担任农业部科学部门的理事会主席。他是一位杰出的科技专家,取得多项科研成果。由于出色的工作成绩,荣获奥地利国家级"青年专家"称号。奥地利总统瓦尔德海因亲切地接见了他并亲自为他颁奖。

陈安申(中)在颁奖大会上

这位来自山西的农民之子，本来可以按部就班地沿着"杰出科学家"的道路一直往前走，去迎接更大的辉煌。但是，他的事业却在面前来了个大转弯：他硬闯入奥地利华人产业的主流——餐饮业，开辟出一条路子，一跃成为奥地利餐饮界的翘楚！他创办了"太阳升集团公司"，亲任主席，成功地营造了他自己的"餐饮王国"，仅在维也纳就经营了十来家餐馆。除了传统的中餐馆以外，其中有数家奥地利餐馆和意大利餐馆。有人甚至把他的成功，比成"李嘉诚式"的成功。

陈安申的"华丽大转身"，缘起于他的爱妻张宁。张宁本是大家闺秀，却不乏吃苦耐劳的精神。她是自费来奥地利留学的，学习期间曾在餐馆打过工，耳濡目染，对餐饮业有了相当的认识并积累了一些经验。后来机缘巧合，她在维也纳郊区盘下来一家刚装修好的门店，开始做起中餐生意。她在这方面似乎特别有天赋，生意竟一天天红火起来。陈安申最后不得不辞去工作，放下科学家的身段，帮助妻子打理起餐馆生意。人们没想到，涉足餐饮行业以后，"晋人善贾"的潜质在陈安申身上竟然一下子迸发出来；而且作为留奥博士，他又具备了老一代晋商所欠缺的与时俱进的知识架构和国际化视野；因而他在餐饮业方面施展拳脚，也竟然同科技研究一样左右逢源，游刃有余。

奥地利华侨华人经营的餐馆约有2000多家。陈安申属于"后来者"。他摒弃了一般华商开餐馆喜欢"扎堆"的习惯以及竞相压价恶性竞争的做法。一开始就把餐馆都开在了当地的大商业中心繁华地带，在保证饭菜质量和服务到位的前提下，制订比一般餐馆高的价格，实际上就是打"品牌"牌而不打"价格"牌。在这样一个把健康看得高于一切的西方国家里，他的经营理念和具体做法，很快被公众接受，结果是名声大振顾客盈门，使他获得长久的信誉和利益。他还摒弃了家族式的管理模式，在实践中建立了一套行之有效的管理模

式。由总经理全权负责和协调,每个店都配有得力的厨师长,并注意从员工中选拔和培养管理人员,各司其职。另一方面尽可能提高员工的收入待遇,让绝大多数员工感到工作舒畅开心,让那些有能力、并且刻苦肯干的员工感到有奔头,看得见自己的职业前景。

陈安申对员工进行人性化的管理,不仅有严格而合理的要求,更有贴心而温馨的关爱,这也是他成功的重要因素。多年来,他对于企业员工的子女上中文学校,一直为他们支付学费。开始涉足餐饮业时,夫妻俩曾经在奥地利北部边陲小镇的优雅环境中,经营一家中餐馆"翠华楼",聘用一个浙江人担任大厨。这个大厨敬业聪敏,天天变出新花样,客人和老板都喜欢吃。每到周末,总有几位留学生从维也纳过来帮忙。收工后,老板和员工围坐大方桌一起吃饭,无拘无束,亲密无间。大厨工作稳定以后,陈安申还支持他把妻子和两个宝贝女儿带过来团聚。妻子也安排在餐馆工作,两个女儿则进入由陈安申联系好的学校就读,姐妹俩同班;学校还特地为她们安排德语辅导老师。"翠华楼"静谧的午后,大家不愿出去,围坐那张大方桌听老板娘张宁侃京都趣闻,陈安申则拉上大厨对弈,就像一家人那样,其乐融融。大厨生活增添了天伦之乐,把这些称作是"贵人相助"。后来,这位大厨离开了"翠华楼",全家随着工作的变动移居他处。事隔20多年,他还念念不忘当时情景,专门撰文回忆陈安申夫妇,称他们是令人难忘的"贴心知己的老板"。

陈安申开在"新千年"商业中心的意大利餐馆,曾接受媒体记者采访、考察。记者看到:其管理、经营的都是当地人,一切运作,都井然有序,符合国际规范。除了员工以外,极少有人知道这家意大利餐馆的老板是华人陈安申。陈安申坦言:管理外国员工并不容易。一是公司要规范经营,二是老板要有管理才能,让他们服你,否则是"玩不转"的。

由于经营有方信誉良好，陈安申在餐饮业生意场上如鱼得水，越做越大。他于是成为奥地利华人餐饮服务总会的顾问。现在他的触角已伸到了房地产、投资等行业。但是他始终保持清醒的头脑，他说："我只是维也纳餐饮行业的晚辈。有不少前辈是以从事餐饮业起家的，积累一定的资金后，现在都开始投资祖国大陆的房地产及金融产业了。事业和生意永远是无止境的，任何人都难以把事业和生意做到极致。我的选择是，在照顾好孩子和家庭的前提下，尽最大能力把事业和生意做好。"

扎根奥地利多年，有一个情结伴随着陈安申夫妇打拼的整个历程，这便是对中国和家乡的热爱和牵挂。华丽大转身后的陈安申，已具有了相当的人脉和经济实力。但时空的变化从未冲淡他对中国和家乡眷念之情。

1996年3月下旬，陈安申拨冗回国探亲。当他看到本村的小学校房屋破烂不堪，毅然捐资10万元人民币兴建新校舍；看到村中道路仍是泥土路，又捐款10万元兴修道路。他还投资修建闻喜县畜牧种牛养殖场，安置本村富余劳动力就业。运城市农业经济考察团赴奥地利考察时，陈安申给予了热情的接待，并积极帮助联系考察项目。他还为运城市与奥地利建立友好城市关系牵线搭桥，四处奔走。家乡人对陈安申夫妇所做的善举大加称道，说这是"富贵不忘本"。

奥地利共有华侨华人3万余人，成立了大小社团30余个。成立于1991年9月的奥地利华人总会是历史最长、影响最大的华侨华人社团组织，会员遍布全奥9个州。出类拔萃的陈安申被推举为奥地利华人总会的副会长。只要对促进中奥友好关系有利，只要对推动中国经济建设和祖国和平统一有利，他竭尽全力都积极参与。中国驻奥地利大使馆的官员高度评价华人社团说："他们在团结旅奥华侨华人，为侨胞排忧解难、提供服务，促进华侨华人融入当地社会，支持祖国经济

建设等方面做出了积极的贡献。"还特别提到：在中国遭受巨大自然灾难时，旅奥华人众志成城、伸出援手、踊跃捐献，写下了绚丽篇章。

2005年8月15日，"纪念世界反法西斯战争胜利60周年暨全球促进中国和平统一大会"在奥地利维也纳的国际会议中心举行，来自世界66个国家的华侨华人代表近800人参加了这次会议。全国政协、国务院侨办、国务院台办、中国侨联、台盟的领导，中国驻奥地利大使及俄罗斯大使等，参加了这一和平、友谊盛典。

在此之前，海内外华侨华人先后在柏林、华盛顿、东京、悉尼、莫斯科、巴拿马、圣保罗、曼谷等地举办过16次全球及洲际性的"反独促统大会"，这与全球上百个"和平统一促进会"和上千个爱国侨团对大会的支持是分不开的。而这次在维也纳举办的全球"反独促统大会"，是历史上规模最大的一次。"东道主"奥地利的华侨华人为顺利召开这样一个大会，付出巨大的努力。除了筹措足够的人力、财力之外，还需要精心组织有序运作，还需要招募许多人来从事招待嘉宾的工作，工作量十分巨大。他们提前几个月就开始了准备工作，不少人连续一个月工作在组委会临时租来的办公室里忙碌，休息时间很少，但是大家始终保持高涨的热情。陈安申作为奥地利华人总会副会长，为了筹备和成功举办这次盛会，总是事事一马当先，不辞辛劳。

大会召开期间，中国"央视国际"全程进行现场报道，并对陈安申进行了专访。陈安申发表讲话说："维也纳的华侨华人除了热心大陆的经济建设外，也非常关心中国的统一事业。这次'纪念世界反法西斯战争胜利60周年暨全球促进中国和平统一大会'能够在维也纳召开，这里的华侨华人都深感荣幸，大家有钱的出钱、有力的出力。参与具体服务项目的人有60多人，随时听候调遣的也有几百人。大家不为别的，只是想尽一点微薄之力，表达一份爱国之心。"

"央视国际"主持人还对陈安申的餐饮业发展进行介绍:"中国餐馆在当地很受欢迎。具有代表性的要数奥地利华人总会副会长陈安申先生经营的亚洲餐馆了。陈安申先生的餐馆大都开在百货公司或商务娱乐综合楼内,由于这样的地方客流量大,所以生意也是异常的红火。陈安申先生告诉记者,他只用了10年的时间,就在维也纳开了6家连锁店。"

奥地利联邦商会维也纳餐饮理事会日前为陈安申颁发金质奖章,对于陈安申和全体华侨华人来说,无疑是一次巨大的荣耀和鼓舞。相信他会在此基础上再接再厉,创造更大的辉煌!这也是家乡人民对他的期待和祝愿。

> "黄河的儿子"旅美文学家朱琦

朱琦

美籍华裔文学家朱琦,是山西永济市人,1962年出生在黄河边一个叫"葫芦庄"的地方,是个"黄河的孩子"。天资聪颖而又勤奋刻苦的他,从永济中学毕业后,先考入山西大学中文系,获学士、硕士学位。后又考入北京大学,于1990年获文学博士学位。

1991年春,朱琦跨出国门,游学日本东京。1992年秋到美国发展,曾任教于加州伯克利大学东亚语言文学系。在此期间,他凭借自己学术研究的优势,曾担任《星岛日报》的专栏作家,旧金山中文电视"古诗欣赏"系列节目主讲人。

自1999年至今,朱琦任教于斯坦福大学亚洲语言文化系。十多年来,朱琦在教学之余,一方面著书立说,创作出版了《东张西望》、《十年一笑》、《黄河的孩子》、《东方的孩子》、《读万里路》等散文随笔集。朱琦的散文作品主要是文化随笔和人生散文。这可说是朱琦作品的"品牌"。作为作家，他观察力敏锐，善于在生活中发现美；他的文学功底深厚，善于表现生活中的美。因此他的作品所勾勒出的人物形象、生活场景以及所传达出来情感理念，是十分鲜活、接地气的。读者（或听众）极易被感染、打动，很快就被带入作品的意境之中。

朱琦倡导的"文化旅游"也在海外享有盛名。所谓"文化旅游"，实际上是利用旅游机会传播文化，每年组织几次随团讲座，每次讲座把一路走过的旅游景点、名胜古迹用文化的线串起来讲，上可追溯到数百年甚至上千年，下可结合当代描绘未来，大大开拓了每个参与者的眼界和知识面。参与聆听、分享的人，不少是知名人士和各行业精英，视此为"盛宴大餐"，趋之若鹜。

在美国立足以来，朱琦除了在美国大学任教和写作以外，还为传播和弘扬中华文化做了许多工作。在当地华人电视台主讲"唐诗系列"和"中国文化系列"，并在高科技人才云集的硅谷开办讲座。可谓应者云集，弟子无数。他深有体会地说："大量的商业机会和就业机会，吸引了越来越多不同肤色的各国人民来关注和学习汉语言和中国文化。这不仅源于汉语言和中国文化的强大魅力，更源于中国国力的日益强大。在传播和弘扬中华文化方面，我们可做事情，其实还有很多很多。"他还说："文化是博大精深、深邃不言的。无论世界格局如何变化，也无论呈现的方式千变万化，它始终存在，并且一直在延续，在发扬光大。而中国文化更是世界民族文化中的佼佼者，亘古不息，绵延不绝。"此外还出版有系列录音带讲座《神思神韵神游》和录影带《古诗欣赏》等。

在文学圈里，朱琦属于德艺双馨、作品人品俱佳的人士。

先说朱琦的作品。特别是人生散文，可谓风景这边独好，文采飞扬，意味绵长。例《故乡黄河中原》，给读者描绘出一幅地理位置奇

特的黄河流域小村庄的原生状态图景,在抒发对于故乡山川风物的怀想与感念的同时,又对河东大地众生的保守、落后与观念闭塞,进行了解剖和分析:"因为吃惯了苦,他们惊人地能吃苦,但辛苦换来的还是苦,甚至更苦,不可思议的辛勤换来的却是不可思议的贫穷。"在给予读者美的享受的同时,也给读者予警醒。又如《窗对沧海》,朱琦以充满灵气的笔,写海浪,写夕照,写晨风,写海边上戏水踏浪的少年,带给了读者以满含大海气息的浩然之气和美妙的阅读快感。又如《没看见的背影》,则写父亲对儿子的舐犊之情。儿子已入中年而父亲的牵挂仍丝毫未减。父亲盼儿子来信心切,竟翻窗进入收发室寻找。这样的细节描写,确实令人动容动心。再如《荒山盛宴》,记述了作者当年到偏僻贫穷的农村采访时,一位县长秘书,竟在自己家中偷偷把自己心爱的黑狗杀死以款待作者。明明是"山秃河枯、水贵如油"的穷山恶水之地,款待"最高党报"记者的,却偏偏是美味佳肴;而这个"珍贵的远客",并不是他的莫逆之交。说马雨川的残忍之举,是出自淳朴的民风,还不如说是出于一个基层官场小人物的愚昧和悲哀。试想:一个屠爱犬而娱生客的人,如果当官也断然不会是什么好官,反而将淳朴的古风和善良的德性一笔勾销。在朱琦的人生散文中,还有怀想青春岁月的篇章《八十年代的火车》、《看着二十岁的面孔》、《远游无处不销魂》,以及记述故乡民俗的散文《葫芦庄的年戏》,还有回忆温馨师生之情的散文《修竹子摇翠镜春园》、《诗与情的生命》等等,都是立意幽远、语言亲切、情思丰盈的佳作,令人研读再三爱不释手。

不久前,台湾尔雅出版社为朱琦出版了两本随笔散文集《黄河的孩子》、《东方的孩子》。对于台湾读者来说,朱琦是个陌生的名字,能认可朱琦的作品吗?是个未知数。但尔雅出版社负责人心中有数。他读过朱琦的几篇作品,认为他的文章大气磅礴、酣畅淋漓,是

"继余秋雨之后的另一实力派作家"。果然,朱琦的散文集推出以后,大受欢迎,嘉评如潮。《黄河的孩子》荣登《联合报》"每周新书金榜",被一些高校列为好书推荐。

朱琦的散文《回乡日记》作为电视文学片,由中国中央电视台拍摄,获广播电视部星光奖。朱琦的随笔集《读万里路》获中国首届"中山杯华侨文学奖"。

再说朱琦的人品。他为人慈善、谦和、平实、儒雅,人品备受称赞。他常说:虽然自己已加入美国国籍,但心还是中国心,梦还是中国梦,常进梦里的还是祖国。他很关切国内发生的一切。比如近些年大陆农村凸显的"留守"现象,他认为如果从文化的角度来看,是中国传统文化的一个缩影,值得深入探究和反思;又比如引起强烈反响的电视剧《蜗居》,他认为其实也代表着中国当下文化走向的一个节点。

朱琦念旧情,父老乡亲,亲戚朋友,同乡同学,都是他经常的挂念。前些年他曾返乡探亲观光,每天重要的日程安排,就是和许多当年故交见面畅谈。金秋时节,他在永济市举办《高科技社会下的人文视野》文化讲座,几位同学和当年的老师也赶来听讲。他一一近前握手,拥抱,对多年未曾谋面的人都能一口叫上名来,怀旧之情溢于言表。家乡人说:他在家乡举办讲座,除了一解思乡之情外,更多的是对家乡的眷恋和回报。

朱琦孝敬老人也是有口皆碑。他的父亲朱福来,曾任永济市委宣传部副部长。在世时,屡屡叮嘱他要记得为祖国和家乡的文化事业多做奉献。对此朱琦时刻铭记在心。身为人子,他常以报恩尽孝欠缺为憾。其实这也是很无奈的事。因为他虽为人子,但更是国家之子,民族之子。他要求学攻读,要拼搏上进,有事业的担当和社会的责任。他在美国扎根发展、娶妻生子、置办产业之后,他本想好好尽尽孝,

让劳累多半生的老人过几天舒心的日子，谁想到父亲却查出罹患肝癌病至晚期。此时，朱琦做出了一个令所有人都吃惊的举动：在父亲弥留之际，千方百计几经努力把父母接到他美国的新家。那些日子里，每天他都陪着父亲聊天谈心，看海看景。父亲累了，就陪父亲坐一会儿；父亲困了，就看着父亲睡一会儿。20多天后，父亲即带着满意的笑容离开了人世。朱琦虽有"子欲养而亲不在"的钻心之痛，但总算弥补了一些心灵上的缺憾。这件事也让家乡人看到朱琦的至孝至纯。

有粉丝称朱琦先生是一座"文学宝库"，朱琦谦虚地说："不见得。我不过是喜欢文字、喜欢文学、喜欢文化而已。我们都是初学者。"

回顾自己走出国门的经历，朱琦觉得获益匪浅。他说："我觉得只有走出去，遍访世界各地名山大川，真正与古老文明和各种文化全身心的接触，方能领略到每一种文明、每一种文化的特质和真谛，才能真切感受到每一种文化与其他文化的共同处和差异，也真正能去发现前人所未能发现的。而这些，对于文化的传承、传播、交融、发展，对一个文化研究者和传播者来说，可能是更为重要的。"

蜚声国际的美籍华人科学家张亚勤

张亚勤

张亚勤1966年1月出生于太原一个知识分子家庭。5岁时,担任太原工学院电子系教师的父亲由于"文革"的折磨不幸过早辞世。他在母亲(西山二中教师)和外祖母的抚养和教育下成长,从小养成吃苦耐劳的精神,学会独立学习、生活的能力。

1977年,我国恢复高考制度。1978年,勤奋好学、志向远大的张亚勤上初中3年级,经过半年的准备,报考中国科技大学"少年班"第2期,在1200多名报考者中脱颖而出,成为当年中国年纪最小(只有12岁)的大学生。大学毕业后,他考取中国科大电子技术部电子工程专业研究生。1985年,他获得电子工程专业硕士学位。

1986年,20岁的张亚勤硕士出国留学深造,进入美国名校乔治·华盛顿大学攻读电子工程。1989年,以优秀的成绩完成全部课程,获得电子工程专业博士学位。在此之前,曾发表多篇高质量论文,都是在电子工程领域具有领先水平的课题。

张亚勤在工作

1990年,经过导师的推荐,张亚勤博士到美国麻州GTE电话通讯公司从事研究工作。在不到5年时间内,他发表了100余篇关于视频压缩、数字电视、数字电话等电子工程方面的论文。由于他的杰出表现,1995年被"挖"到有"世界电子技术摇篮"之称的桑纳福公司(位于新泽西州),从事高科技研究工作。先担任部门主管,两年后被提升为公司多媒体技术实验室主任,领导几百名美国计算机专家和华裔科学家。他负责领导和监督实验室下属的数字电话、多媒体工作网和多媒体信息系统等3个部门的科技开发工作。

1997年,年仅31岁的张亚勤博士,当选为美国电气电子工程学会院士,是美国电气电子工程领域的最年轻的科学家。他拥有60项美国专利,其中有多项专利已成为ISO(国际标准化组织)和ITU(联合国国际电信联盟)的国际标准。

1999年,张亚勤博士加盟微软,出任微软中国研究院首席科学家,致力于数据压缩、视频、多媒体及国际互联网等方面的研究工作。2000年8月,他接替李开复出任研究院院长。2001年11月,微软中国研究院升级为亚洲研究院,张亚勤博士担任院长兼首席科学家。在他任职的5年中,亚洲研究院已发展成为微软全球4大研究院之一。这里汇集国内外170多位优秀的研究人员,在数字、影像、视频技术、多媒体通讯等方面取得重大的研究成果。在世界权威学术会议和刊物上发表论文700余篇,有70多项技术转移到微软的核心产品当中。张亚勤博士不仅在科研方面一直处于世界领先地位,在管理方面也表现出卓越的才能。他的导师夸他是"世界的财富",更多人说他是"比尔·盖茨的智囊","中国的骄傲"。

张亚勤在讲演

2004年1月7日,微软公司宣布,原微软亚洲研究院院长张亚勤博士升任微软公司全球副总裁,负责微软移动通讯部。中国中央电视台也及时广播了这个消息。38岁的张亚勤博士成为继李开复之后,进入微软核心层的又一位华人。2006年1月18日,微软中国研发集团宣布成立,张亚勤出任集团主席。同时他还是全球20所知名大学的客座教授或名誉教授。

2014年9月,张亚勤出任百度公司总裁。同时兼任香港科技大学教授。

> 坚强晋女马世红在美国拼出一片天地

马世红

定居在美国西海岸圣迭戈市的美籍华人马世红女士,于1966年出生在山西省汾阳一个教师家庭。大概是受"书香"的熏陶,幼年时她看到小朋友背着书包去上学,很是羡慕,成天吵吵闹闹要求父母送她去读书。6岁时,她终于如愿以偿,上了汾阳五七小学(今南门小学)。1972年,她以全年级最高成绩从小学毕业。

马世红的初中和高中学业是在汾阳中学完成的。汾阳中学在山西中学教育历史上,是首屈一指的百年老校。其前身铭义中学,是美国卡尔顿大学及基督教公理会于1915年创办的教会学校,底蕴基础自然是深厚坚实。加之从北京内务部下放的父亲曹宪章,就在这里当教师,学习环境对她来说格外方便有利。但最重要的是她天资聪颖，考入汾阳中学快班，高中只读了两年。

学习成绩好不等于就是埋头读书，相反，马世红自幼就是个活泼好动的女孩，喜欢打篮球，是学校篮球队的主力，曾代表汾阳参加地区和省里的比赛。

1983年，17岁的马世红即以高考总分全汾阳第二的优异的成绩，考进北京大学化学系。上北大是她个人的意愿，也是父亲帮她做出的选择。

拿到北大录取通知书去了北大以后，她查出患上了肺结核。于是，只好将读书搁置，安心在家养病。一年之后，她身体康复，高高兴兴地跨进北京大学校门。对于她来说，这次小小的挫折，确实不算什么。

在北京大学，马世红每次考试都名列前茅，年年都获得奖学金。大学毕业后，她留校读研究生，攻读结构化学。

1991年，马世红走出国门，赴加拿大多伦多大学留学，攻读有机化学。多伦多大学是世界知名的研究型大学，无论是在教师队伍里，还是在来自五大洲的不同肤色的学子中，都是高手云集。在中国拥有很高知名度的白求恩、钱伟长、大山等都是这所大学的校友。来自山西黄土高原的中国女子马世红，在看似平静实则竞争激烈的校园里，珍惜机会，奋力攻读。留学初期，她在学习上遇到不少困难，比如，在国内学习的英语跟国外流行的英语差别甚大；又如，由结构化学转攻有机化学，有些方面感到陌生不解等等。但她知难而进，几经拼搏，终于迎来柳暗花明。1993年，多伦多大学化学系举行硕士、博士研究生科研课题讲座，马世红毫无悬念地摘取桂冠。她的导师称赞说："这对于英语是母语的同学来说，都是很困难的事情。我作为马

世红的导师,感到非常欣慰和骄傲!"在留学期间,马世红在美国权威刊物上先后发表了8篇有学术价值的论文,受到导师教授的青睐。1996年,她顺利地获得博士学位。

1997年,马世红来到美国。说来也巧,马世红生长地汾阳,在历史上就与美国有"缘",马世红中学母校前身铭义中学,是美国人创办的;她一家就医的汾阳人民医院,是美国基督教华北公理会于1916年创建的;曾任美国驻华大使的恒安石是在汾阳出生的;从小在美国读过书,后来曾任中国驻美大使馆公使衔参赞和联合国副秘书长的冀朝铸是汾阳人。现在,汾阳人马世红踏上这片到处飘扬着星条旗的土地了,汾阳与美国的"缘"又延续了。她在这里可谓如鱼得水,开始谱写在美国拼搏和创业的人生乐章。

马世红来到美国西海岸加州圣迭戈市,在世界知名的Scripps研究所做博士后。在短短的一年半里,她有3篇高水平的论文在美国和国际重要刊物上发表。1999年,她成为圣迭戈一家制药公司的研究员。由于她有扎实的理论基础和实践经验,为人宽厚和善,人缘又好,因而深得上司和同仁的好评和喜爱。此时她的光景——称心的工作、丰厚的收入、优越的环境、和美的家庭等等,无不令人欣羡。

然而,正如古人所说"天有不测风云,人有旦夕祸福",仿佛上苍有意考验马世红的意志和承受能力,一场场重大的家庭变故毫无先兆地向马世红袭来。

马世红有两个女儿,大女儿健康美丽,聪明可爱,二女儿却出现了问题。2001年小女儿在圣迭戈拉荷亚一家医院降生,在新生儿阶段,由于医院的医疗事故,患上了"核黄疸"(属于中国俗称"脑瘫"的一类)。在成长过程中,她的一切生活——包括吃饭、喝水、睡觉、翻身、走路、换衣服、上卫生间等等都不能自理。她的四肢无法自主活动，耳朵也完全失聪。

2005年，在圣迭戈一家科技公司负责产品质量的主管的丈夫张欧文，突然查出罹患肠癌，确诊之后不到一个月时间就撒手人寰，终年才40岁！而平时，丈夫看起来总是健健康康的，谁也想不到会有这样意外。

这样的变故，无论发生在任何家庭，都是如同天塌地陷，割肉剜心！马世红的心灵一度被悲痛占据，思绪经常被烦恼所萦绕。但是，面对已过耄耋之年的父母，一个右眼失明，一个因患肺癌而切掉一半肺叶，需要有人照顾；两个女儿，一个正值青春年华亟须关爱引导，一个患病瘫痪时刻需要精心护理。她爱家人，家人爱她。她没有任何理由消极沉沦，而必须把千斤重担勇敢地挑起。为了家人，也为了自己，她必须好好地活下去，还要活得更精彩！

小女儿患病后的头两年，马世红照常工作，原以为工作和家庭可以兼顾。后来事实证明，工作和家庭是无法兼顾的。于是，她在2004年毅然辞去在杜邦公司制药研究所的工作，以便腾出更多的时间和精力来处理家庭的事情。在小女儿两岁时，马世红送到医院为她安装了人工电子耳蜗，使她恢复了一些听力。女儿从5岁开始，马世红每周带她去骑马、游泳，通过不懈的锻炼使她逐渐地获得一些活动的功能。到七、八岁时，借助代步车学会了走路。她还训练小女儿用脚趾头敲击键盘，智力也得到开发，能够利用计算机与大人交流。在一家子的努力下，小女儿的身体得到改善，变得越来越结实了，越来越少生病了。

马世红的事迹流传开以后，加州一家中文媒体对她进行了专访。

马世红讲述了小女儿的顽强:"我们大人要做一个动作很轻松就能完成,我女儿要完成一个动作,必须把它分解成几百个小步骤,经过无数次

马世红(左二)为父亲祝寿

的锻炼合成起来才能完成它。她需要付出多少啊!"她又说:"从我小女儿身上,我也得到启发和感悟。过去总是认为一切所得都是理所当然,其实不是的;凡事是要经过不懈的努力,才能得到,才会成功。"当记者问她如何能够渡过这一道道难关时,马世红说:"其实我小女儿也教会我太多太多的东西,教会我坚强坚强再坚强,还教会我感恩。同时,我还很感谢我的父母。我先生病故后,他们就对我说:咱们共同来应对,来承担。我们永远陪伴你!他们这样说,也这样做。每天我从外边回到家里,看到的是温馨的一家人,幸福的一家人,我心里是多么宽慰啊!"

人生在世面临的挑战可以说是持续不断。小女儿发生医疗事故后,医院方依法给予马世红一笔赔偿金。如何把它计划好,经营好,让它增值,以持久地提供家庭的庞大开支,这是摆在马世红面前的又一个难题或者挑战。

马世红虽然攻读的是化学,但对金融投资也很感兴趣。她曾经做过股票投资,不过股票市场风险太大,难以保障。2009年,马世红经

朋友介绍，开始涉足土地投资。经过考察和研究，她发现土地投资是一个安全系数比较高回报率也比较高的金融投资项目。于是抓住机会，果断投资，拿下第一块土地。这可以说是马世红华丽大转身，由科技精英转变为地产商的转折点。2010年，马世红考取了加州房地产经纪人执照，并加盟加州一家有40多年历史的"土地银行"——伟洛公司（Velur Enterprises, INC）。伟洛公司有坚强的科研开发团队，为投资土地的人提供精准的信息，确保投资者拥有一块高质量的，以后可被开发的土地。在伟洛公司旗下，她在土地投资方面大展拳脚。她把个人的资产，大部分转移到土地投资上来。迄今为止，在她的名下，已拥有多块土地，每块土地面积在1.25英亩（7.5亩）至5英亩之间。搞土地，一是要有财力，二是要有眼光。而晋女马世红恰恰就是二者皆有的人。这些年来，马世红不仅很好地经营了自己的投资，还

马世红（右二）与伟洛公司高层人员合影

帮助了很多的朋友投资了土地。投资者不仅仅局限于美国，还有加拿大和中国的朋友。中国的北京，上海，南京，温州，汾阳都有马世红帮助下的投资者。

看到每块土地都在慢慢地增值，马世红感到很踏实，很开心，也很骄傲。一些朋友感到疑惑，说："你怎么知道你的土地在增值呢？"她解释说："其实，土地增值不增值，也是有规律可循的，主要是看地块周边的环境。根据前辈土地投资的经验，根据专家研究得出的结果，如果在你的土地附近一英里（1.6公里）的地方盖起了一座医院，你的土地就增值了百分之三十；如果在附近两英里的地方建设了100幢房屋，你的土地就增值了百分之二十；如果在附近3英里的地方建了一座商场，你的土地就增值了百分之十。尽管你的土地暂时没有被收购，但别人在你的土地的周边投资，就等于把你的土地价值提升了。我购买的第一块土地附近，去年就有中国的比亚迪在那里建厂，我的土地增值前景就一目了然了。"

媒体记者问马世红："土地投资的周期一般是多长时间？"马世红回答："一般是8至10年。土地投资是长期的行为，所以要有耐心。"记者又问："你可以说说土地投资的回报率吗？"马世红说："可以。土地投资的回报率因地而异，也因人而异。5倍到10倍是可以期待的。"

"转战"美国的马世红几经拼搏，已跻身于成功人士行列。她于2007年加入美国国籍，成为美籍山西人了。对于家乡，她依然是一往情深。特别是与亲朋好友聚会时，时常会聊起往事。她说："我小时候，爸爸曾下放农村一段时间。生活虽比较艰苦，但很快乐，成天无忧无虑。我是个孩子头，指挥着一帮小朋友做游戏，那情景至今难忘。"她又说："汾阳是产核桃的地方，成熟的核桃下来时，我们小孩经常去砸核桃取核桃仁吃，弄得双手染成黑黄色，想起来真有趣！……。"

马世红得知山西在改革开放以后，贫穷面貌大为改观，城乡涌现了大批富裕人士，经常到外地去购房。她特别寄语家乡人："加州圣迭戈环境优美，治安也不错，是个宜居城市，欢迎外国人来旅游、投资。如果家乡人来这里投资房地产，需要我这个老乡帮忙，我一定提供最优质的服务。"

> ## 深怀山西情结的美国记者李淑珊

李淑珊在虎头山上

她其实只有四分之一的山西人血统，却坚称自己是山西人；她明明有个英文名字，却要给自己起个中文名字，还要随着山西姥姥的姓；她20世纪60年代出生于美国，从小学到大学都在美国就读，却要一趟又一趟到中国走亲戚，甚至来中国留学、工作。她就是抗战老兵、宝塔山下的英语翻译李效黎的外孙女，定居在美国的英国人李淑珊，英文名苏珊·劳伦丝（Susan Lawrence）。

从外表看，李淑珊还是欧美女郎的特点多一些：金发碧眼，高鼻梁，白皮肤。说到思想、内心，李淑珊却有浓厚的中国味。除了英语以外，能说满口流利的汉语，还能听懂山西离石方言（也能说一些）。她对中国的国情和民情风俗了解的程度，甚至超过一般的中国大学生。

这一切都源于她的生活背景。

李淑珊的母亲艾丽佳（中文名林海文）1942年出生于晋察冀抗日根据地一个小村庄，是中共高层领导人和广大抗日军民喜爱的"战地之花"。她的舅舅詹姆斯（中文名林建倍）1945年出生于延安，也是人见人爱的"宝贝"。姥爷和姥姥在中国人民遭外敌入侵陷入水深火热的艰难时期，能够用自己的独特方式帮助中国人民，这使李淑珊深感自豪并引以为荣。她与中国就有了骨肉关系，有了一份难以割舍的感情。

1983年，李淑珊考上美国哈佛大学，开始是学习"欧洲古代史"，不久因为她对中国的兴趣不断增加，而改读"东亚研究系"。她在哈佛大学撰写的毕业论文是《抗日战争时期的太原、太原女子师范学校》。太原和太原女子师范学校，当年姥姥生活和读书的地方，成了李淑珊研究的课题。后来，她到北京大学留学时，则选择了历史系，着重研究中国近代史。她的硕士论文是《清代山西寿阳、盂县等县的地方志》，研究范围依然离不开山西。

　　1989年夏天，李淑珊到《美国新闻与世界报道》周刊工作，总编了解到她精通汉语熟悉中国，于是让她专管中国报道，1990年又派她常驻北京。她采访过不少中国政要。她的报道量不太大，但颇有分量，确实直率地抒发了自己一些有见解的观点。她曾说：西藏是中国领土不可分割的一部分，而有些美国人对西藏的知识很贫乏，根本不知道西藏在新中国成立前还有奴隶制的存在。她还说：在英国也存在着男女不平等的现象，在许多招聘启事上公然标明只要男性不要女性。而在这个问题上美国就比较平等。她还说：中国的接待部门对外国游客和国内游客采取两种不同的收费标准，对外国人收费高于中国人，这种做法有些不妥。

　　作为记者，李淑珊十分勤奋。正式采访时，对什么问题都要问个一清二楚。走路、乘车、吃饭、参观等等场合，也是采访本和笔不离手，随问随记，恨不得把一切都"吞"进肚子里。1992年赴昔阳大寨采访时，一路上她对标语表现出浓厚的兴趣，见一条记一条，不明白就问。当郭凤莲介绍说大寨有一座化工厂因为原料和市场都远离大寨、年年亏损，最近决定将其关闭，李淑珊提出一定要到现场看看。晚饭以后，宋立英同志带领大家步行上虎头山看那座化工厂。那知道值班的人不在，正发愁进不了门，李淑珊观察了一会，对宋立英说："从大门爬进去看看好吗？"老宋说："好吧！"李淑珊将照相机递给别人，很利索地爬上铁门，从顶端翻了进

李淑珊在宋立英家中

去。其他人把照相机从门缝里递给她,紧跟其后也翻了进去。里面的一切都证实了郭凤莲所言。

1998年11月2日至6日,李效黎女士应邀回故乡访问、观光。担任《远东经济评论》驻北京记者的李淑珊直接从北京赶回吕梁陪伴姥姥。在故乡离石市,李淑珊和姥姥参加当地举办的"乡情乡爱座谈会"。她们再次表达对故乡的热爱和思念,并通过几次访问山西所见所闻的比较,充分肯定家乡在改革开放以来所取得的巨大成就。最后,给离石东关小学和离石第一中学各捐款5000元人民币,用于发展教育培养人才。李淑姗说:"我也是离石人,再次亲眼看看这一片让我和姥姥经常思念的地方,我非常高兴!"她们祖孙二人还接受了山西人民广播电台、《吕梁日报》和《交流时报》记者的采访。

李淑珊(左三)陪姥姥访问故乡,并捐资助学表达乡情乡爱

> 从山西农民到美国侦探赵伟

美国洛杉矶全美侦探调查公司董事长赵伟，原名赵学武，1973年出生于运城市临猗县关原村一个贫困的农民家庭。

一个农民的儿子，如何成为美国的侦探？这得从他的国内经历说起。

赵伟兄妹6人，他排行老小。因无力交纳学费，在就读临猗双塔中学时，中途辍学打工，先后做过交警大队协警、二手车生意，有了一点储蓄。

不料在22岁那年，赵伟陷入了人生的第一场骗局。他经朋友介绍，偶然结识一个自称是"国际贸易公司总裁"的南加州商人冯某。一次，冯某急于签约一宗生意，缺乏周转资金，求赵伟帮忙。生性直爽的赵伟找到在国有企业担任出纳的朋友阿军，由阿军挪

赵伟

赵伟（前）与哥哥

用公款借给冯某30万元。谁知冯某得到这笔巨款后，即音讯全无，似乎从人间蒸发。

赵伟和阿军心急如焚，仅凭手头一张冯某名片，苦苦寻找半年多毫无结果。期间阿军因挪用公款面临刑责，痛不欲生，3次自杀又被救回。对朋友阿军深感愧疚的赵伟，实在咽不下这口气，一怒之下决定赴美国讨债；几经周折办了护照和签证，于1996年11月踏上跨洋追债之路，而他的国际航班机票钱，也是找朋友凑的。

赵伟抵达洛杉矶以后，辗转找到冯某位于Main街上的公司办公室——一处破旧公寓。原来，这个自称"国际贸易公司总裁"的冯某，竟是一个嗜赌如命的穷光蛋，早已将骗来的钱财挥霍一空。赵伟斩钉截铁对冯某说："要嘛一起死，要嘛一起活，你不还钱我绝不离开！"冯某万没想到这位一身正气的山西小农民，竟然是会万里迢迢到洛杉矶找他，顿时目瞪口呆，于是答应慢慢还款。

冯某用自己的银行卡在超市买了彩电、冰箱、微波炉等生活用品，提供给赵伟，以物品计价顶账；同时，负担留宿在自己公寓里的赵伟的电费、水费、房费、电话费等费用；另外再归还部分现款。半年后，冯某总算还清在国内所欠赵伟的款项。冯某的这种还款方式对赵伟大为不利，原来的一大笔款项，经过这么一折腾已经大大缩水；但面对冯某这个穷光蛋，赵伟也无可奈何。到头来，他连回国的费用都不够，更别说归还朋友的欠款了。

在讨债期间，眼看着签证居留的期限快到了，赵伟通过同住在公寓里面的天津大学生某某，在他的主动介绍下，一同来到一家律师楼缴纳了1万美金的费用，委托律师办理了签证延期。一个月后，赵伟从一家报纸上了解到办理延期只需1000美金。赵伟没想到，刚从冯某讨回公道后，又陷入了另一场骗局！律师楼告诉了赵伟真相：其实他们只收了1000美元，其余的钱都被那个天津大学生拿走了。赵伟愤然

找那个天津大学生，在拿到一张他亲手写的道歉信和欠条后，他毅然离开。此时已是1996年末，他真正沦落为洛杉矶的流浪汉。

当时他身上的钱所剩无几，再廉价的旅馆或公寓，他也没有能力入住。与他为伴的，只有一辆破旧汽车。夜晚在马路边停车还被警察驱赶，只能找地下停车场栖身过夜。深夜，他蜷缩于车座上，冷得无法忍受时，便打开车内空调，取一阵子暖后再接着睡。生活的艰难，却无法磨灭他业已确立的一个信念——为受骗者讨回公道，让善良者不再受骗。

赵伟在美国西海岸

为了在美国生存，赵伟做过夜间保安、仓库搬运工等杂活，并且靠看电视、查字典恶补英文。一年半以后，他毅然辞去耗力大收入低的体力工作，报名参加了一位洛杉矶退休警察开办的专业武装警卫训练班，并担任华人部的教练。1999年，他开始在一家韩裔侦探所打工。3年中，赵伟付出了艰辛的努力，除了在工作中积累侦探经验，并且将能找到的侦探方面的书籍自学读完。靠多年辛苦奋斗考取私家侦探执照，并获得持枪证。2002年，赵伟在洛杉矶创立私家侦探公司——全美侦探调查公司。

做侦探之初，洛杉矶警局对赵伟颇不以为然。赵伟毫不气馁，凭借自己良好的职业素养和敬业精神，对一系列连警察都感到棘手的疑难案件，均在不长的时间内侦破，对维护社会治安和民众正当权益和做出了贡献。至今他的公司已经聘请十多位精干侦探加盟，经手调查办理的诈骗案及各种案件已上千件。不仅华人社区对他信任和赞誉有加，洛杉矶警方也对他刮目相看。赵伟从一个受骗者成为一名为受骗者讨回公道的职业侦探的传奇经历，也受到多家媒体的关注。《世界日报》《侨报》、《星岛日报》等多家报纸，及当地的多家广播电台、电视台都对他进行了采访、报道。

对于祖国和家乡的事，赵伟当然记挂在心。多年前，他就已经归还家乡朋友当年帮助他的款项；而且在汶川大地震和台湾遭遇飓风袭击时，都慷慨解囊，资助灾民抗灾和重建家园。2011年2月，赵伟回国探亲。回到临猗家乡后，他做的第一件事情就是，将美国多家媒体报道他的近百篇文章，在父亲坟头焚化。他用这种方式告慰先辈在天之灵，当然也是表现一个游子对家乡故土的感恩及眷恋。

赵伟在家乡与老母亲在一起

紧接着，描写赵伟真实经历的电影文学剧本《赵伟的故事》，也引起影视界人士的浓厚兴趣。据知加拿大一名编剧和美国一名制片人已和中方有关部门接洽，准备合作拍摄电影《赵伟的故事》。

佛国记

——（东晋）法显

法显昔在长安，慨律藏残缺。于是遂以弘始二年，岁在己亥，与慧景、道整、慧应、慧嵬等同契，至天竺寻求戒律。

初发迹长安，度陇，至乾归国，夏坐。

夏坐讫，前行至耨檀国。

度养楼山至张掖镇。张掖大乱，道路不通。张掖王殷勤遂留为作檀越。于是与智严、慧简、僧绍、宝云、僧景等相遇。欣于同志，便共夏坐。

夏坐讫，复进到敦煌。有塞，东西可八十里，南北四十里，共停一月余日。

法显等五人随使先发，复与宝云等别。敦煌太守李浩供给度沙河。沙河中多有恶鬼热风，遇则皆死，无一全者。上无飞鸟，下无走兽，遍望极目，欲求度处，则莫知所拟。唯以死人枯骨为标识耳。

行十七日，计可千五百里，得至鄯善国。其地崎岖薄瘠。俗人衣服，粗与汉地同。但以毡褐为异。其国王奉法，可有四千余僧，悉小乘学。诸国俗人及沙门尽行天竺法，但有精粗。从此西行所经诸国，类皆如是。唯国国胡语不同，然出家人皆习天竺书、天竺语。

住此一月日。复西北行十五日到乌夷国。

乌夷国僧亦有四千余人，皆小乘学，法则齐整。秦土沙门至彼都不预其僧例。法显得符行堂公孙经理，住二月余日。于是还与宝云等共为乌夷国人，不修礼义，遇客甚薄。智严、慧简、慧嵬遂返向高昌，欲求行资。法显等蒙符公孙供给，遂得直进。

西南行，路中无居民，涉行艰难，所经之苦，人理莫比。

在道一月五日，得到于阗。其国丰乐，人民殷盛。尽皆奉法，以法乐相娱。众僧乃数万人，多大乘学，皆有众食。彼国人民星居，家家门前皆起小塔，最小者可高二丈许。作四方僧房，供给客僧，及余所须。

国主安顿法显等于僧伽蓝。僧伽蓝名瞿摩帝，是大乘寺。三千僧共犍槌食。入食堂时，威仪齐肃，次第而坐。一切寂然，器钵无声。净人益食，不得相唤，但以手指麾。

慧景、道整、慧达先发向竭叉国。

法显等欲观行像，停三月日。其国中十四大僧伽蓝，不数小者。从四月一日城里便扫洒道路，壮严巷陌。其城门上张大帷幕，事事严饰。王及夫人采女皆住其中。瞿摩帝僧是大乘学，王所敬重，最先行像。离城三四里，作四轮像车，高三丈余，状如行殿。七宝庄校，悬缯幡盖。像立车中，二菩萨侍，作诸天侍从，皆金银雕莹，悬于虚空。像去门百步，王脱天冠，易着新衣，徒跣持华香，翼从出城迎像。头面礼足，散华烧香。像入城时，门楼上夫人才女，遥散众华，纷然而下。如是庄严供具，车车各异。一僧伽蓝则一日行像。四月一日为始，至十四日行像乃讫。行像讫，王及夫人乃还宫耳。其城西七八里有僧伽蓝名王新寺。作来八十年，经三王方成。塔后作佛堂，庄严妙好，梁柱户扇窗牖皆以金薄。别作僧房亦庄丽整饰，非言可尽。岭东六国诸王，所有上价宝物，多作供养，人用者少。

既过四月行像，僧韶一人随胡道人向罽宾。

法显等进向子合国，在道二十五日便到其国。国王精进。有千余僧，多大乘学，住此十五日已。

于是南行四日，入葱岭山，到于麾国安居。

安居已，山行二十五日到竭叉国，与慧景等合。值其国王作般遮越师。般遮越师汉言五年大会也。会时请四方沙门皆来云集，集已，庄严。众僧坐处，悬缯幡盖，作金银莲华，著僧座后，铺净坐具。王及群臣如法供养。或一月二月或三月，多在春时。王作会已，复劝诸群臣设供供养。或一日二日三日五日。供养都毕，王以所乘马鞍勒百副，使国中贵重臣骑之。并诸白毡，种种珍宝，沙门所须之物，共诸群臣，发愿布施。布施已，还从僧赎。

其地山寒，不生余谷，唯熟麦耳。众僧受岁已，其晨辄霜，故其王每请众僧，令麦熟然后受岁。其国中有佛唾壶，以石作，色似佛钵。又有佛一齿，国人为佛齿起塔。有千余僧，尽小乘学。自山以东，俗人被服，粗类秦土，亦以毡褐为异。沙门法用转胜，不可具记。其国当葱岭之中。自葱岭已前，草木果实皆异，唯竹及安石榴甘蔗三物与汉地同耳。

从此西行向北天竺，在道一月得度葱岭。葱岭冬夏有雪，又有毒龙，若失其意，则吐风雨雪，飞沙砾石，遇此难者万无一全，彼土人即名为雪山也。度岭已到北天竺。始入其境，有一小国陀历，亦有众僧，皆小乘学。

其国昔有罗汉，以神足力将一巧匠上兜率天，观弥勒菩萨长短色貌，还下刻木作像。前后三上观，然后乃成。像长八丈，足趺八尺。斋日常有光明，诸国王竞与供养，今故现在于此。

顺领西南行十五日，其道险阻，崖岸险绝。其山唯石，壁立千仞，临之目眩。欲进则投足无所。下有水名新头河。昔人有凿石通路施傍梯者，凡度七百。度梯已，蹑悬絙过河。河两岸相去减八十步。九译所记，汉之张骞、甘英皆不至此。

众僧问法显，佛法东过其始可知否？显云："访问彼土人皆云：古老相传，自立弥勒菩萨像后，便有天竺沙门赍经律过此河者。像立在佛泥洹后三百许年，计于周氏平王时。由兹而言，大教宣流，始自此像。非夫弥勒大士继轨释迦，孰能令三宝宣通边人识法。固知冥运之开，本非人事。则汉明之梦有由而然矣。"

度河，便到乌苌国。其乌苌国是正北天竺也。尽作中天竺语，中天竺所谓中国，俗人衣服饮食亦与中国同。佛法甚盛，名众僧住止处为僧伽蓝。凡有五百僧伽蓝，皆小乘学。若有客比丘到，悉供养三日。三日过已，乃令自求所安。常传言佛至北天竺，即到此国也。佛遗足迹于此。迹或长或短，在人心念。至今犹耳尔。及晒衣石，度恶龙处，亦悉现在。石高丈四尺，阔二丈许，一边平。

慧景、道整、慧达三人先发向佛影那竭国。法显等住此国夏坐。

坐讫，南下到宿呵多国。其国佛法亦盛。昔天帝释试菩萨，化作鹰鸽。割肉贸鸽处。佛既成道，与诸弟子游行。语云：此本是吾割肉贸鸽处。国人由是得知，于此处起塔，金银校饰。

从此东下五日行到犍陁卫国，是阿育王子法益所治处。佛为菩萨时，亦于此国以眼施人。其处亦起大塔，金银校饰。此国人多小乘学。

自此东行七日，有国名竺刹尸罗。竺刹尸罗汉言截头也。佛为菩萨时，于此处以头施人。故因以为名。

复东行二日，至投身餧饿虎处。此二处亦起大塔，皆众宝校饰。诸国王臣民竞与供养，散华然灯，相继不绝。通上二塔，彼方人亦名为四大塔也。

从犍陁卫国南行四日，到弗楼沙国。

佛昔将诸弟子游行此国,语阿难云:吾般泥洹后,当有国王名罽腻伽于此处起塔。后罽腻伽王出世,出行游观时,天帝释欲开发其意,化作牧牛小儿,当道起塔。王问言:汝作何等?答曰:起佛塔。王言大善。于是王即于小儿塔上起塔,高四十余丈,众宝校饰。凡所经见塔庙,壮丽威严,都无此比。传云阎浮提塔,唯此为上。王作塔成已,小塔即自傍出大塔南,高三尺许。

佛钵即在此国。昔月氏王大兴兵众,来伐此国,欲取佛钵。既伏此国已,月氏王笃信佛法,欲持钵去,故大兴供养。供养三宝毕,乃校饰大象,置钵其上。象便伏地,不能得前。更作四轮车载钵,八象共牵,复不能进。王知与钵缘未至,深自愧叹。即于此处起塔及僧伽蓝。并留镇守,种种供养,可有七百余僧。日欲中,众僧则出钵与白衣等,种种供养,然后中食。至暮烧香时复尔。可容二斗许,杂色而黑多,四际分明,厚可二分,莹彻光泽。贫人以少华投中便满。有大富者欲以多华而供养,正复千万斛,终不能满。

宝云、僧景只供养佛钵便还。慧景、慧达、道整先向那竭国供养佛影佛齿及顶骨。慧景病,道整住看。慧达一人还于弗楼沙国相见。而慧达、宝云、僧景遂还秦土。慧景应在佛钵寺无常。

由是法显独进,向佛顶国所。西行十六由延,便至那竭国界醯罗城。中有佛顶骨精舍,尽以金薄七宝校饰。国王敬重顶骨,虑人抄夺。乃取国中豪姓八人,人持一印,印封守护。清晨八人俱到,各视其印,然后开户。开户已,以香汁洗手,出佛顶骨,置精舍外高座上。以七宝圆碪。碪下琉璃钟覆上,皆珠玑校饰。骨黄白色,方圆四寸,其上隆起。每日出后,精舍人则登高楼,击大鼓,吹螺,敲铜钹。王闻已。则诣精舍,以华香供养。供养已,次第顶戴而去。从东门入,西门出。王朝朝如是供养礼拜,然后听国政。居士长者亦先供养,乃修家事。日日如是,初无懈倦。供养都讫,乃还顶骨于精舍中。有七宝解脱塔，或开或闭，高五尺许以盛之。精舍门前，朝朝恒有卖华香人，凡欲供养者种种买焉。诸国王亦恒遣使供养，精舍处方四十步，虽复天震地裂，此处不动。

从此北行一由延，到那竭国城。是菩萨本以银钱贸五茎华，供养定光佛处。城中亦有佛齿塔，供养如顶骨法。城东北一由延，到一谷口，有佛锡杖，亦起精舍供养。杖以牛头旃檀作，长丈六七许。以木筒盛之。正复百千人，举不能移。入谷口四日西行，有佛僧伽梨精舍供养。彼国土亢旱时，国人相率出衣礼拜供养，天即大雨。那竭城南半由延有石室，博山西南向，佛留影此中。去十余步观之，如佛真形。金色相好，光明炳著。转近转，仿佛如有。诸方国王，遣工画师模写莫能及。彼国人传云：千佛尽当于此留影。影西百步许，佛在时剃发剪爪。佛自与诸弟子共造塔，高七八丈，以为将来塔法，今犹在。旁有寺，寺中有七百余僧。此处有诸罗汉辟支佛塔乃千数。

住此冬三月，法显等三人，南度小雪山。雪山冬夏积雪。山北阴中遇寒风暴起，人皆噤战。慧景一人不堪复进。口出白沫。语法显云：我亦不复活，便可时去，勿得俱死。于是遂终。法显抚之悲号，本图不果，命也，奈何。

复自力前得过岭南，到罗夷国。近有三千僧，兼大小乘学。住此夏坐。

坐讫，南下十日到跋那国。亦有三千许僧，皆小乘学。

从此东行三日，复渡新头河，两岸皆平地。过河，有国名毗荼，佛法兴盛，皆大小乘学。见秦道人往，乃大怜愍。作是言：如何边地人能知出家，为道远求佛法，悉供给所须，待之如法。

从此东南行，减八十由延，经历诸寺甚多，僧众万数。过是诸处已到一国，国名摩头罗。

又经蒱那河，河边左右有二十僧伽蓝，可有三千僧，佛法转盛。

凡沙河已西天竺诸国，国王皆笃信佛法。供养众僧时，则脱天冠，共诸宗亲群臣，手自行食。行食已，铺毡于地，对上座前坐。于众僧前，不敢坐床。佛在世时，诸王供养法式相传至今。

从是以南名为中国。中国寒暑调和，无霜雪。

人民殷乐，无户籍官法。唯耕王地者，乃输地利。欲去便去，欲往便往。王治不用刑斩，有罪者但罚其钱，随事轻重。虽复谋为恶逆，不过截右手而已。王之侍卫左右，皆有供禄。举国人民，为业悉不杀生，不饮酒，不食葱蒜，唯除旃荼罗。旃荼罗名为恶人，与人别居。若入城市，则就击木以自异。人则识而避之，不相搪突。国中不养猪鸡，不卖生口。市无屠估及酤酒者。贷易则用贝齿。唯旃荼罗渔猎师卖肉耳。

自佛般泥洹后，诸国王长者居士为众僧起精舍供养。供给田宅、园圃、民户、牛犊。铁券书录后王王相传，无敢废者，至今不绝。众生住止房舍，床蓐、饮食、衣服，都无缺乏。处处皆尔。众僧常以作功德为业，及诵经坐禅。

客僧往到，旧僧迎逆，代担衣钵，给洗足水，涂足油，与非时浆。须臾息已，复问其腊数次第，得房舍卧具，种种如法。众僧住处，作舍利弗塔、目连阿难塔，并阿毗昙律经塔。

安居后一月，诸希福之家，劝化供养僧。行非时浆。众僧大会说法，说法已，供养舍利弗塔，种种香华，通夜然灯。使伎人作舍利弗，本婆罗门时诣佛求出家。大目连大迦叶亦如是。诸比丘尼多供养阿难塔，以阿难请世尊听女人出家故。诸沙弥多供养罗云。阿毗昙师者供养阿毗昙。律师者供养律。年年一供养，各自有日。摩诃衍人则供养般若波罗蜜、文殊师利、观世音等。众僧受岁竟，长者居士婆罗门等各持种种衣物，沙门所须，以布施僧。众僧亦自各各布施。佛泥洹以来，圣众所行，威仪法则，相承不绝。自渡新头河至南天竺，讫于南海四五万里，皆平坦无大川，止有河水耳。

从此东南行十八由延，有国名僧伽施。佛上忉利天三月为母说法来下处。佛上忉利天，以神通力，都不使诸弟子知。未满七日乃放神足。阿那律以天眼遥见世尊，即语尊者大目连，汝可往问讯世尊。目连即往，头面礼足，共相问讯。问讯已，佛语目连，吾却后七日当下阎浮提。目连既还，于时八国大王及诸臣民，不见佛久，咸皆渴仰。云集此国，以待世尊。

时优钵罗比丘尼自念，今日国王臣民皆当奉迎佛。我是女人，何由得先见佛。即以神足化作转轮圣王，最前礼佛。佛从忉利天上来向下，下时化作三道宝阶。佛在中道七宝阶上行。梵天王亦化白银阶，在右边执白拂而侍。天帝释化作紫金阶，在左边执七宝盖而侍。诸天无数从佛下。佛既下，三阶俱没于地，余有七级观。

后阿育王欲知其根际，遣人掘看，下至黄泉，根犹不尽。王益信敬，即于阶上起精舍。当中阶作丈六立像。精舍后立石柱，高三十肘，上作师子，柱内四边有佛像，内外映彻，净若琉璃。有外道论师与沙门诤此住处。时沙门理屈。于是共立誓言：此处若是沙门住处者，今当有灵验。作是言已，柱头师子乃大鸣吼见证。于是外道惧怖，心伏而退。佛以受天食三月，故身作天香，不同世人。即便浴身，后人于此处起浴室。浴室犹在。优钵罗比丘尼初礼佛处，今亦起塔。佛在世时，有剪发爪作塔，及过去三佛并释迦文佛坐处，经行处，及作诸佛形像处尽有塔，今悉在。天帝释梵天王从佛下处亦起塔。此处僧及尼可有千人。皆同众食。杂大小乘学。住处一百耳龙，与此众僧作檀越，令国内丰熟。雨泽以时，无诸灾害，使众僧得安。众僧感其惠，故为作龙舍，敷置坐处，又为龙设福食供养。众僧日日众中别差三人到龙舍中食。每至夏坐讫，龙辄化形作一小蛇。两耳边白。众僧识之，铜盂盛酪，以龙置中。从上座至下座行之，似若问讯。遍便化去。年年一出。其国丰饶，人民炽盛，最乐无比。诸国人来，无不经理供给所须。

寺北五十由延，有一寺名火境。火境者恶鬼名也。佛本化是恶鬼，后人于此起精舍，布施阿罗汉以水灌手，水沥滴地，其处故在。正复扫除，常现不灭。此处别有佛塔，善鬼神常扫洒，初不须人工。有邪见国王言：汝能如是者，我当多将兵众住此，益积粪秽，汝复能除不？鬼神即起大风，吹之令净。此处有百枚小塔，人终日数之不能得知。若至意欲知者，便一塔边置一人已，复计数人。人或多或少，其不可得知。有一僧伽蓝可六七百僧。此中有辟支佛食处，泥洹地大如车轮。余处生草，此处独不生。及晒衣地处，亦不生草，衣条著地迹，今故现在。法显住龙精舍夏坐。

坐讫，东南行七由延到羼饶夷城。城接恒水，有二僧伽蓝，尽小乘学。

去城西六七里，恒水北岸，佛为诸弟子说法处。传云：说无常苦，说身如泡沫等。此处起塔犹在。

度恒水南行三由延，到一村名呵梨，佛于此中说法，经行，坐处，尽起塔。

从此东南行十由延，到沙祇大国。出沙祇城南门道东，佛本在此嚼杨枝，刺土中即生长七尺，不增不减。诸外道婆罗门嫉妒，或斫或拔远弃之，其处续生如故。此中亦有四佛经行坐处，起塔故在。

从此南行八由延，到拘萨罗国舍卫城。城内人民希旷，都有二百余家，即波斯匿王所治城也。大爱道故精舍处，须达长者井壁及鸯掘魔得道般泥洹烧身处，后人起塔皆在此城中。诸外道婆罗门生嫉妒心，欲毁坏之，天即雷电霹雳终不能得坏。

出城南门千二百步，道西，长者须达起精舍。精舍东向开门户。两厢有二石柱。左柱上作轮形，右柱上作牛形。池流清净，林木尚茂，众华异色，蔚然可观，既所谓祇洹精舍也。佛上忉利为母说法九十日。波斯匿王思见佛，即刻牛头栴檀作佛像，置佛坐处。佛后还入精舍，像即避出迎佛。佛言还坐，吾般泥洹后，可为四部生作法式，像即还坐。此像最是众像之始后人所法者也。佛于是移住南边小精舍，与像异处，相去二十步。

祇洹精舍木有七层，诸国王人民竞兴供养。悬缯幡盖，散华烧香，燃灯续明，日日不绝。鼠衔灯柱，烧华幡盖，遂及精舍，七重都尽。诸国王人民皆大悲恼，谓栴檀像已烧。却后四五日，开东小精舍门，忽见本像，皆大欢喜，共治精舍，得作两重，还移像本处。

法显道整初到祇洹精舍，念昔世尊住此二十五年。自伤生在边夷，共诸同志游历诸国，而或有还者，或有无常者。今日乃见佛空处，怆然心悲。彼众僧出问显等言：汝从何国来？答云：从汉地来。彼众僧叹曰：奇哉！边地之人，乃能求法至此。自相谓言，我等诸师和上相承以来，未见汉道人来到此地也。

精舍西北四里，有林名曰得眼。本有五百盲人依精舍住此。佛为说法尽还得眼。盲人欢喜，刺杖著地，头面作礼。杖遂生长大。世人重之，无敢伐者，遂成为林。是故以得眼为名。祇洹众僧中食后，多往彼林中坐禅。祇洹精舍东北六七里，毗舍佉母作精舍，请佛及僧，此处故在。

祇洹精舍大院落有二门，一门东向，一门北向。此园即须达长者布金钱买地处。精舍当中央佛住此处最久。说法、度人、经行、坐处亦尽起塔，皆有名字。及孙陀利杀身谤佛处。

出祇洹东门，北行七十步道西，佛昔共九十六种外道论议，国王、大臣、居士、人民皆云集而听。时外道女名旃遮摩那起嫉妒心，乃怀衣着腹前似若妊身，于众会中谤佛以非法。于是天帝释化作白鼠，啮其腰带断，所怀衣堕地，地即劈裂，生入地狱。

及调达毒爪欲害佛，生入地狱处，后人皆标识之。又于论议处起精舍，精舍高六丈许，里有坐佛。

其道东有外道天寺，名曰影覆，与论议处精舍夹道相对，亦高六丈许。所以名影覆者，日在西时，世尊精舍影则映外道天寺。日在东时，外道天寺影则北映，终不得映佛精舍也。外道常遣人守其天寺。扫洒、烧香、然灯供养。至明旦，其灯辄移在佛精舍中。婆罗门恚言：诸沙门取我灯，自供养佛为尔不止。婆罗门于是夜自伺候。见其所事，天神持灯绕佛精舍三匝，供养佛已，忽然不见。婆罗门乃知佛神大，即舍家入道。传云近有此事。绕祇洹精舍有九十八僧伽蓝。尽有僧住，唯一处空。此中国有九十六种外道，皆知今世后世。各有徒众，亦皆乞食，但不持钵。亦复求福于旷路侧立福德舍。屋宇床卧饮食供给行路人及出家人来去客，但所期异耳。调达亦有众在，供养过去三佛。唯不供养释迦文佛。舍卫城东南四里，琉璃王欲伐舍夷国，世尊当道侧立，立处起塔。

城西五十里，到一邑名都维，是迦叶佛本生处，父子相见处，般泥洹处，皆悉起塔。迦叶如来全身舍利亦起大塔。

从舍卫城东南行十二由延，到一邑名那毗伽，是拘楼秦佛所生处，父子相见处，般泥洹处，亦有僧伽蓝，起塔。

从此北行减一由延，到一邑是拘那含牟尼佛所生处，父子相见处，般泥洹处，亦皆起塔。

从此东行减一由延，到迦维罗卫城。城中都无王民，甚如丘荒。只有众僧，民户数十家而已。白净王故宫处，作太子母形像。及太子乘白象入母胎时，太子出城东门，见病人回车还处皆起塔，阿夷相太子处，与难陀等扑象掷射处。箭东南去三十里入地令泉水出，后世人治作井，令行人饮之。佛得道，还见父王处五百释子出家向优波离作礼地六种震动处。佛为诸天说法，四天王守四门，父王不得入处。

佛在尼拘律树下东向坐。大爱道布施佛僧伽梨处，此树犹在。

琉璃王杀释种子，释种子先尽得须陀洹，立塔今亦在。

城东北数里有王田，太子树下观耕者处。城东五十里有王园，园名论民。夫人入池洗浴，出池北岸二十步，举手攀树枝，东向生太子。太子堕地行七步。二龙王浴太子身，浴处遂作井。及上洗浴池今众僧常取饮之。凡诸佛有四处常定。一者成道处，二者。

转法轮处，三者说法论议伏外道处，四者上忉利天为母说法来下处，余则随时示现焉。

迦维罗卫国大空荒，人民希疏，道路怖畏白象师子，不可妄行。

从佛生处东行五由延，有国名蓝莫。此国王得佛一分舍利。还归起塔，即名蓝莫塔。塔边有池，池中有龙，常守护此塔，昼夜供养。阿育王出世，欲破八塔，作八万四千塔。破七塔已，次欲破此塔，龙便现身，持阿育王入其宫中，观诸供养具已。语王言：如供若能胜是，便可坏之持去。吾不与汝争。阿育王知其供养具非世之有，于是便还。此中荒芜，无人洒扫。常有群象以鼻取水洒地，取杂华香而供养塔，诸国有道人来，欲礼拜塔，遇象大怖，依树自翳，见象如法供养。道人大自悲感。此中无有僧伽蓝可供养此塔，乃令象洒扫。道人即舍大戒还作沙弥，自挽草木，平治处所，使得净洁。劝化国王作僧住处。已为寺主。今现有僧住，此事在近。自尔相承至今，恒以沙弥为寺主。

从此东行三由延，太子遣车匿白马还处，亦起塔。

从此东行四由延到炭塔，亦有僧伽蓝。

复东行十二由延到拘夷那竭城。城北双树间希连河边，世尊于此北首而般泥洹，及须跋最后得道处，以金棺供养世尊七日处，金刚力士放金杵处，八王分舍利处。诸处皆起塔，有僧加蓝，今悉现在。其城中人民亦希旷，止有众僧民户。

从此东南行十二由延，到诸梨车欲逐佛般泥洹处面佛不听。恋佛不肯去，佛化作大深堑不得渡。佛与钵作信遣还其家。立石柱上有铭题。

自此东行五由延，到毗舍离国。毗舍离城北大林，重阁精舍，佛住处及阿难半身塔。

其城里本庵婆罗女家为佛起塔，今故现在。城南三里道西，庵婆罗女以园施佛，作佛坐处。佛将般泥洹，与诸弟子出毗舍离城西门。回身右转，顾看毗舍离城，告诸弟子是吾最后所行处。后人于此处起塔。

城西北三里有塔名放弓仗。所以名此者，恒水上流有一国王，王小夫人生一肉胎。大夫人妒之，言：如生不详之徵。即盛以木函，掷恒水中。下游有国王游观，见水上木函。开看，见千小儿端正殊特。王即收养之。遂便长大甚勇健。所往征伐，无不摧伏。次伐父王本国，大王愁忧。小夫人问王，何故愁忧。王曰：彼国王有千子，勇健无比，欲来伐吾国，是以愁耳。小夫人言：王勿愁忧，但于城东筑高楼，贼来时置我楼上，则我能却之。王如其言。至贼到时，小夫人于楼上语贼言：汝是我子，何故作反逆事？贼曰：汝是何人，云是我母？小夫人曰：汝等若不信者，尽仰向张口。小夫人即以两手搆两乳，乳各作五百道，俱堕千子口中。贼知是我母，即放弓仗。二父王于是思惟，皆得辟支佛。二辟支佛塔犹在。后世尊成道，告诸弟子，是吾昔时放弓仗处。后人得知，于此起塔，故以名焉。千小儿者，即贤劫千佛是也。佛于放弓仗塔边告阿难言：我却后三月，当般泥洹。魔王娆固阿难，使不得请佛住世。

从此东行三四里有塔，佛般泥洹后百年，有毗舍离比丘，错行戒律，十事证言，佛说如是。尔时诸罗汉及持戒律比丘凡有七百僧，更检校律藏，后人于此处起塔，今犹在。从此东行四由延，到五河合口。阿难从摩竭国向毗舍离欲般泥洹,诸天告阿阇世王。阿阇世王即自严驾将士众追到河上。毗舍离诸梨车闻阿难来,亦复来迎,俱到河上。阿难思惟,前则阿阇世王致恨,还则梨车复怨,即于河中央入火光三昧烧身而般泥洹,分身作二分,一分在一岸边,于是二王各得半身舍利还归起塔。

度河,南下一由延到摩竭提国巴连弗邑。巴连弗邑是阿育王所治。城中王宫殿皆使鬼神作。累石起墙阙,雕文刻镂,非世所造,今故现在。

阿育王弟得罗汉道,常住耆阇崛山,志乐闲静。王敬心请于家供养。以乐山静不肯受请。王语弟言,但受我请,当为汝于城里作山。王乃具饮食,召诸鬼神而告之曰:明日悉受我请,无座席,各自赍来。明日诸大鬼神各持大石来,辟方四五步。坐讫,即使鬼神累作大石山。又于山底以五大方石,作一石室,可长三丈,广二丈,高丈余。

有一大乘婆罗门子名罗汰私婆迷,住此城里,爽悟多智,事无不达,以清净自居。国王宗敬师事。若往问讯不敢并坐。王设以爱敬心执手。执手已波罗门辄自灌洗。年可五十余,举国瞻此仰,赖此一人,弘宣佛法。外道不能加陵众僧。于阿育王塔边造摩河衍僧加蓝,甚严丽。亦有小乘寺,都合六七百僧众,威仪庠序可观。四方高德沙门及学问人,欲求义理皆诣此寺。婆罗门子师亦名文殊师利,国内大德沙门,诸大乘比丘皆宗仰焉,亦住此僧伽蓝。

凡诸中国唯此国城邑为大。民人富盛,竞行仁义。年年常以建卯月八日行像。作四轮车,缚竹作五层。有承栌偃戟,高二丈许。其状如塔,以白毡缠上,然后彩画作诸天形像。以金银琉璃庄校其上。悬缯幡盖,四旁作龛,皆有坐佛菩萨立侍,可有二十车,车车庄严各异。当此日境内道俗皆集,作倡伎乐华香供养。婆罗门子来请佛,佛

次第入城。入城内再宿,通夜然灯伎乐供养。国国皆尔。

其国长者居士各于中立福德医药舍。凡国中贫穷孤独残跛一切病人皆诣此舍。种种供给医师,看病随宜,饮食及汤药皆令得安,差者自去。

阿育王坏七塔,作八万四千塔。最初所作大塔在城南三里余。此塔前有佛脚迹。起精舍,户北向塔。塔南有一石柱,围丈四五,高三丈余。上有铭题云:阿育王以阎浮提布施四方僧,还以钱赎,如是三反。塔北三四百步,阿育王本于此作泥犁城。中有石柱,亦高三丈余,上有师子。柱上有铭记作泥犁城因缘及年数日月。

从此东南行九由延至一小孤石山。山头有石室,石室南向佛坐其中。天帝释得天乐般遮弹琴乐佛处。帝释以四十二事问佛,一一以指画石,画迹故在。此中亦有僧伽蓝。

从此西南行一由延到那罗聚落。是舍利弗本生村。舍利弗还于此村中般泥洹,即此处起塔,今亦现在。

从此西行一由延到王舍新城。新城者是阿阇世王所造。中有二僧伽蓝。出城西门三百步,阿阇世王得佛一分舍利起塔,高大严丽。

出城南四里,南向入谷,至五山里。五山周围,状若城郭,即是瓶沙王旧城。城东西可五六里,南北七八里。舍利弗目连初见頞鞞处,尼犍子作火坑毒饭请佛处,阿阇世王酒饮黑象欲害佛处。

城东北角曲中,耆旧于庵婆罗园中起精舍,请佛及千二百五十弟子供养处。今故在。其城中空荒无人住。

入谷搏山东南上十五里,到耆阇崛山。未至头三里,有石窟南向,佛本于此坐禅。西北三十步,复有一石窟,阿难于中坐禅。天魔波旬化作雕鹫,住窟前恐阿难。佛以神足力,隔石舒手,摩阿难肩,怖即得止。鸟迹手孔今悉存。故曰鹏鹫窟山。

窟前有四佛坐处。又诸罗汉各各有石窟坐禅处。动有数百。佛在石室前，东西经行，调达于山北崄巇间横掷石伤佛足指处。石犹在。佛说法堂已毁坏，止有砖壁基在。其山峰秀端严，是五山中最高。

法显于新城中买香华油灯，倩二旧比丘，送法显上耆阇崛山。华香供养，然灯续明。慨然悲伤，抆泪而言，佛昔于此住，说首楞严。法显生不值佛，但见遗迹处所而已。即于石窟前，颂首楞严。停止一宿，还向新城。

出旧城，北行三百余步，道西伽兰陀竹园精舍，今现在。众僧扫洒。

精舍北二三里有尸摩赊那。尸摩赊那者，汉言弃死人墓田。

抟南山西行三百步，有一石室名宾波罗窟。佛食后，常于此坐禅。又西行五六里山北阴中，有一石室名车帝。佛泥洹后五百阿罗汉结集经处。出经时铺三高座，庄严校饰。舍利弗在左，目连在右。五百数中少一阿罗汉，大迦叶为上座，时阿难在门外不得入。其处起塔，今亦在。抟山亦有诸罗汉坐禅石窟甚多。

出旧城北东下三里有调达石窟。离此五十步有大方黑石。昔有比丘在上经行，思惟是身无常苦空。得不净观厌患是身。即捉刀欲自杀。复念世尊制戒不得自杀。又念虽尔，我今但欲杀三毒贼，便以刀自刎。始伤肉得须陀洹。既半得阿那舍，断已成阿罗汉果般泥洹。

从此西行四由延到伽耶城城，城内亦空荒。

复南行二十里，到菩萨本苦行六年处，处有林木。

从此西行三里到佛入水洗浴，天案树枝得攀出池处。又北行二里得弥家女奉佛乳糜处。从此北行二里，佛于一大树下石上东向坐食糜，树石今悉在。石可长六尺，高二尺许。中国寒暑均调，树木或数千岁，乃至万岁。从此东北行半由延到一石窟，菩萨入中，西向结加趺坐。心念若我成道，当有神验。石壁上即有佛影现，长三尺许，今犹明亮。时天地大动，诸天在空中白言，此非过去当来诸佛成道处。

诸天说是语已,即便在前倡导,导引而去。

菩萨起行,离树三十步,天授吉祥草,菩萨受之。复行十五步,五百青雀飞来,绕菩萨三匝而去。菩萨前到贝多树下敷吉祥草,东向而坐。时魔王遣三玉女从北来试。魔王自从南来试。菩萨以足指按地,魔兵退散,三女变老。自上苦行六年处及此诸处,后人皆于中起塔立像,今皆在。佛成道已七日观树受解脱乐处,佛于贝多树下东西经行七日处,诸天化作七宝台供养佛七日处。文鳞盲龙七日绕佛处。佛于泥拘律树下方石上东向坐,梵天来请佛处。四天王奉钵处。五百贾客授麨蜜处。

度迦叶兄弟师徒千人处。此诸处亦起塔,佛得道处有三僧加蓝,皆有僧住。众僧民户,供给饶足,无所乏少。戒律严峻,威仪坐起入众之法。佛在世时,圣众所行,以至于今。佛泥洹以来,四大塔处,相承不绝。四大塔者,佛生处、得道处、转轮处、般泥洹处。

阿育王昔作小儿时当道戏,遇释迦佛行乞食,小儿欢喜,即以一土施佛,佛持还泥经行地。因此果报作铁轮王,王阎浮提,乘铁轮案行阎浮提,见铁围两山间地狱治罪人,即问群臣,此是何等。答言,是鬼王阎罗治罪人。

王自念言,鬼王尚能作地狱治罪人,我是人主何不作地狱治罪人耶?即问臣等谁能为我作地狱主治罪人者?臣答言,唯有极恶人能作耳。王即遣臣遍求恶人。见池水边有一长壮黑色发黄眼青,以脚钓鱼,口呼禽兽,禽兽来便射杀无得脱者。得此人已将来与王,王密敕之。汝作四方高墙,内植,种种华果,作好浴池,庄严校饰,令人渴仰。牢作门户,有人入者辄捉,种种治罪,莫使得出。设使我入,亦治罪莫放。今拜汝作地狱王。有比丘次第乞食,入其门,狱卒见之,便欲治罪。比丘惶怖,求请须臾,听我中食。俄顷复有人入,狱卒内置碓臼中擣之赤沫出。比丘见已思惟此身无常,苦空如泡如沫,即得阿罗汉。既而狱卒捉内镬汤中，比丘心颜欣悦。火灭汤冷，中生莲华，比丘坐上。狱卒即往白王，狱中奇怪，愿王往看。王言，我前有要，今不敢往。狱卒言，此非小事，王宜疾往。更改先要，王即随入。比丘为说法，王得信解，即坏地狱，悔前所作众恶。

由是信重三宝，常至贝多树下，悔过自责，受八斋。王夫人问：王常游何处？群臣答言：恒在贝多树下。夫人侍王不在时，遣人伐其树倒，王来见之，迷闷辟地。诸臣以水洒面良久乃苏。王即以砖累四边，以百罂牛乳灌树根，身四布地，作是誓言：若树不生，我终不起。誓已，树便即根上而生，以至于今。今高减十丈。

从此南三里行到一山名鸡足，大迦叶今在此山中。劈山下入，入处不容人。下入极远有旁孔，迦叶全身在此中住。孔外有迦叶本洗手土，彼方人若头痛者，以此土涂之即差。此山中即日故有诸罗汉住。彼方诸国道人，年年往供养迦叶。心浓至者，夜即有罗汉来共言论。释其疑已，忽然不现。

此山榛木茂盛，又多狮子虎狼，不可妄行。

法显还向巴连弗邑，顺恒水西下十由延，得一精舍名旷野，佛所住处，今现有僧。

复顺恒水西行十二由延，到迦尸国波罗·城。城东北十里许，得仙人鹿野苑精舍。此苑本有辟支佛住。常有野鹿栖俗。世尊将成道，诸天于空中唱言，白净王子出家学道，却后七日当成佛。辟支佛闻已即取泥洹，故名此处仙人鹿野苑。世尊成道已，后人于此处起精舍。

佛欲度拘驎等五人，五人相谓言：此瞿昙沙门本六年苦行，日食一麻一米尚不得道，况人人间恣身口意，何道之有？今日来者慎勿与语。佛到五人皆起作礼处。复北行六十步，佛于此东向坐始转法轮，度拘驎等五人处。其北二十步，佛为弥勒受记处。其南五十步，罗钵龙问佛，我何时当得免此龙身。此处皆起塔见在。中有二僧伽蓝，悉

有僧住。

自鹿野苑精舍西北行十三由延有国名拘睒弥。其精舍名瞿师罗园，佛昔住处。今故有众僧，多小乘学。从是东行八由延，佛本于此度恶鬼处，亦尝在此住经行坐处，皆起塔，亦有僧伽蓝可百余僧。

从此南行二百由延，有国名达嚫。是过去迦叶佛僧伽蓝，穿大石山作之，凡有五重。最下重作象形，有五百间石室。第二层作师子形，有四百间。第三层作马形，有三百间。第四层作牛形，有二百间。第五层作鸽形，有百间。最上有泉水，循石室前绕房而流，周围回曲，如是乃至下重，顺房流从户而出。诸层室中，处处穿石作窗牖通明，室中朗明，都无幽暗。其室四角头，穿石作梯蹬上处。今人形小，缘梯上正得至昔人一脚所蹑处。

因名此寺为波罗越。波罗越者，天竺名鸽也。其寺中常有罗汉住，此土丘荒无人民居，去山极远方有村。皆是邪见，不识佛法、沙门、婆罗门及诸异学。彼国人民常见人人飞来入此寺。于时诸国道人欲来礼此寺，彼村人则言汝何以不飞耶？我见此间道人皆飞，道人方便答言翅未成耳。达嚫国险道路艰难，难知处。欲住者要当赍钱货，施彼国王。王然后遣人送，展转相付，示其径路。法显竟不得往，承彼土人言，故说之耳。

从波罗捺国东行，还到巴连弗邑。法显本求戒律，而北天竺诸国皆师师相传，无本可写。是以远步乃至中天竺。于此摩诃衍僧伽蓝得一部律，是摩诃僧祇众律，佛在世时最初大众所行也。于祇洹精舍传其本，自余十八部各有师资，大归不异，然小小不同。或用开塞，但此最是广说备悉者。

复得一部钞律可七千偈，是萨婆多众律，即此秦地众僧所行者也。亦皆师师口相传授，不书之于文字。

复于此众中得杂阿毗昙心，可六千偈。

又得一部綖经，二千五百偈。

又得一卷方等般泥洹经，可五千偈。

又得摩诃僧祇阿毗昙。

故法显住此三年，学梵书梵语写律。道整即到中国，见沙门法则，众僧威仪，触事可观。乃追叹秦土边地，众僧戒律残缺。誓言自今已去至得佛愿不生边地，故遂停不归。法显本心欲令戒律流通汉地，于是独还。

顺恒水东下十八由延，其南岸有瞻波大国，佛经行处及四佛坐处，悉起塔，现有僧住。

从此东行近五十由延，到多摩梨帝国，即是海口。其国有二十四僧伽蓝，尽有僧住，佛法亦与。法显住此二年写经及画像。

于是载商人大舶，泛海西南行，得冬初信风，昼夜十四日到师子国。彼国人云，相去可七百由延。其国本在洲上。东西五十由延，南北三十由延。左右小洲乃有百数，其间相去或十里、二十里、或二百里，皆统属大洲。

多出珍宝珠玑，有出摩尼珠地方可十里。王使人守护。若有采者十分取三。

其国本无人民，止有鬼神及龙居之。诸国商人共市场。市易时，鬼神不自现身。但出宝物，题其价直。商人则依价直取物。因商人来往住，故诸国闻其土乐，悉亦复来。于是遂成大国。其国和通，无冬夏之异，草木常茂，田种随人，无有时节。

佛至其国，欲化恶龙。以神足力，一足蹑王城北，一足蹑山顶。两迹相去十五由延。于王城北迹上上起大塔，高四十丈。金银庄校，众宝合成。

塔边复起一僧伽蓝，名无畏山，有五千僧。起一佛殿，金银刻镂，悉以众宝。中有一青玉像高二丈许，通身七宝焰光威相严显，非

言所载，右掌中有一无价宝珠。

法显去汉地积年，所与交接悉异域人。山川草木，举目无旧。又同行分披或留或亡，顾影唯己，心常怀悲。忽于此玉像边，见商人以晋地一白绢扇供养，不觉凄然，泪下满目。

其国前王遣使中国，取贝多树子，于佛殿傍种之。高可二十丈，其树东南倾。王恐倒故，以八九围柱柱树，树当柱处心生，遂穿柱而下入地成根，大可四围许。柱虽中裂，犹裹其外，人亦不去。树下起精舍，中有坐像，道俗敬仰无倦。城中又起佛齿精舍，皆七宝作。王净修梵行，城内人信敬之情亦笃。

其国立治已来，无有饿荒散乱。众僧库藏，多有珍宝，无价摩尼。其王入僧库游观，见摩尼珠即生贪心，欲夺取之。三日乃悟，即诣僧中稽首悔前罪心，告白僧言，愿僧立制，自今已后，勿听王入其库看，比丘满四十腊然后得入。其城中多居士长者萨薄商人，屋宇严丽，巷陌平整。四衢道头皆作说法堂。月八日、十四日、十五日铺施高座，道俗四众皆集听法。

其国人云都可六万僧，悉有众食。王别于城内供五六千人。众须食者则持本钵往取。随器所容皆满而还。佛齿常以三月中出之。未出前十日，王庄校大象，使一辩说人著王衣服，骑象上击鼓唱言。菩萨从三阿僧祇劫，苦行不惜身命，以国妻子及挑眼与人割肉贸鸽，截头布施，投身饿虎不吝髓脑。如是种种苦行为众生故成佛。

在世四十九年，说法教化，令不安者安，不度者度。众生缘尽，乃般泥洹。泥洹已来一千四百九十七年。世间眼灭，众生长悲。却后十日，佛齿当出至无畏山精舍。国内道俗欲殖福者，各各平治道路，严饰巷陌，办众华香供养之具。

如是唱已，王便夹道两边作菩萨五百身已来种种变现，或作须大拏，或作睒变，或作象王，或作鹿马。如是形象，皆彩画庄校，状若生人。然后佛齿乃出，中道而行。随路供养，到无畏精舍佛堂上，道俗云集，烧香然灯，种种法事，昼夜不息。满九十日乃还城内精舍。城内精舍至斋日则开门户，礼敬如法。

无畏精舍东四十里有一山，山中有精舍名跋提，可有二千僧。僧中有一大德沙门名达摩瞿谛。其国人民皆共宗仰，住一石室中四十许年，常行慈心，能感蛇鼠，使同止一室而不相害。

城南七里有一精舍名摩诃毗可罗。有三千僧住。有一高德沙门戒行清洁，国人咸疑是罗汉。临终之时王来省视，依法集僧而问比丘得道耶？其便以实答言是罗汉。既终王即案经律以罗汉法葬之于精舍东四五里。

积好大薪，纵广可三丈余，高亦尔近。上著栴檀沉水诸香木，四边作阶，上持净好白毡，周匝蒙积，上作大轝床。似此间輴车，但无龙鱼耳。

当阇维时，王及国人四众咸集，以华香供养，从轝至墓所。王自华香供养。供养讫，轝著积上，酥油遍灌，然后烧之。火然之时，人人敬心，各脱上服及羽仪伞盖，遥掷火中以助阇维。阇维已，收捡取骨，即以起塔。法显至，不及其生存，唯见葬时。

王笃信佛法，欲为众僧作新精舍。先设大会饭食僧。供养已，乃选上好牛一双，金银宝物庄校角上。作好金犁，王自耕顷四边，然后割给民户田宅，书以铁券。自是已后，代代相承，无敢废易。法显在此国，闻天竺道人于高座上诵经云：佛钵本在毗舍离，今在犍陀卫。竟若干百年（法显闻颂之时有定岁数，但今忘耳），当复至西月氏国。若干百年，当至于阗国。住若干百年，当至屈茨国。若干百年，当复来到汉地。住若干百年，当复至师子国。若干百年，当还中天竺。

到天竺已，当上兜术天上。弥勒菩萨见而叹曰：释迦文佛钵至，

即共诸天华香供养七日。七日已还阎浮提，海龙王持入龙宫。至弥勒将成道时，钵还分为四复本频那山上时。弥勒成道已，四天王当复应念佛如先佛法贤劫千佛共用此钵。

钵去已，佛法渐灭。佛法灭后，人寿转短，乃至五岁。十岁之时，粳米酥油皆悉化灭。人民极恶，捉木则变成刀杖，共相伤割杀。其中有福者逃避入山。恶人相杀尽已还复来出。共相谓言：昔人寿极长，但为恶甚，作诸非法，故我等寿命遂尔短促，乃至十岁。我今共行诸善，起慈悲心，修行仁义。如是各行仁义，展转寿倍乃至八万岁。弥勒出世初转法轮时，先度释迦遗法弟子出家人，及受三归五戒斋法供养三宝者。第二第三次度有缘者。法显尔时欲写此经，其人云：此无经本，我止口诵耳。

法显住此国二年，更求得弥沙塞律藏本。得长阿含，杂阿含，复得一部杂藏，此悉汉土所无者。

得此梵本已，即载商人大船上，可有二百余人。后系一小舶海行艰险以备大船毁坏。得好信风，东下二日便值大风，船漏水入。商人欲趣小船，小船上人恐人来多，即斫絙断。商人大怖，命在须臾。恐舶水满，即取粗财资掷著水中。法显亦以君墀及澡罐并余物弃掷海中。但恐商人掷去经像。唯一心念观世音及归命汉地众僧。我远行求法，愿威神归流，得到所止。

如是大风昼夜十三日，到一岛边。潮退之日，见船漏处即补塞之。于是复前。

海中多有抄贼，遇辄全无。大海弥漫无边，不识东西，唯望日月星宿而进。若阴雨时为逐风去亦无准。当夜暗时，但见大浪相搏，晃然火色鼋鳖水性怪异之属。商人荒遽不知所向。海深无底，又无下石住处。至天晴已乃知东西。还复望正而进。若值伏石，则无活路。如是九十日许，乃至一国名耶婆提。

其国外道，婆罗门兴盛，佛法不足言。停此国五月日，复随他商人大船上亦二百许人，赍五十日粮，以四月十六日发，法显于船上安居。东北行趣广州。一月余日，夜鼓二时遇黑风暴雨，商人贾客皆悉惶怖。法显尔时亦一心念观世音及汉地众僧，蒙威神佑得至天晓。

晓已，诸婆罗门议言，坐载此沙门，使我不利，遭此大苦，当下比丘置海岛边。不可为一人，令我等危险。法显本檀越言：汝若下此比丘，亦并下我。不尔，便当杀我。如其下此沙门，吾到汉地，当向国王言汝也。汉地王亦敬信佛法，重比丘僧。诸商人踌躇不敢便下。于时太多连阴，海师相望僻误，遂经七十余日。粮食水浆欲尽，取海咸水作食。分好水，人可得二升，遂便欲尽。商人议言，常行时正可五十日便到广州。尔今已过期多日，将无僻耶。即便西北行求岸，昼夜十二日，到长广郡界牢山南岸，便得好水菜。

但经涉险难，忧惧积日，忽得至此岸，见藜藿依然，知是汉地。然不见人民行迹，未知是何许。或言未至广州，或言已过，莫知所定。即乘小船入浦，觅人欲问其处，得两猎人。即将归，令法显译语问之。法显先安慰之，徐问汝是何人？答言我是佛弟子。又问，汝入山何所求？其便说言，明当七月十五日欲取桃腊佛。又问，此是何国？答言，此青州长广郡界，统属晋家。

闻已，商人欢喜，即乞其财物，遣人往长广。太守李敬信佛法，闻有沙门持经像乘船泛海而至，即将人从至海边迎接经像，归至郡治。商人于是还向扬州，留法青州请法显一冬一夏。

夏坐讫，法显远离诸师久，欲趣长安。但所营事重，遂便南下向都，就诸师出经律。

法显发长安，六年到中国，停六年还，三年达青州。凡所游历减三十国。沙河以西迄于天竺，众僧威仪，法化之美，不可详说。窃惟诸师未得备闻，是以不顾微命，浮海而还，艰难具更。幸蒙三尊威

灵，危而得济。故竹帛疏所经历，欲令贤者同其所见，是岁甲寅。

晋义熙十二年，岁在寿星。夏安居末，迎法显道人，既至，留共冬斋。因讲集之余，重问游历。其人恭顺，言辄依实。由是先所略者，劝令详载。显复具叙始末。自云，顾寻所经不觉心动汗流。所以乘危履险，不惜此形者。盖是志有所存，专其愚直。故投命于不必全之地，以达万一之冀。于是，感叹斯人，以为古今罕有。自大教东流，未有忘身求法如显之比。然后知诚之所感，无穷否而不通；志之所将，无功业而不成。成夫功业者，岂不由忘夫所重，重夫所忘者哉。

（注：此版本《佛国记》摘引自中国历史学家阎宗临先生的《〈佛国记〉笺注》）

后记 *Postscript*

党的十八大以来，为了贯彻习近平总书记系列重要讲话精神，进一步激励广大华侨华人为实现中华民族伟大复兴中国梦发挥独特优势和积极作用，山西省侨联把收集、整理、编辑、出版侨史资料，宣传和弘扬华侨华人的代表人物和典型事迹，作为一项重点工作来推动。2015年编辑出版了《三晋侨英》，记录重点为20世纪20年代至80年代定居在山西的归国华侨；这次编辑出版的《海外晋人》，作为《三晋侨英》的姊妹篇，记录重点为20世纪在海外的山西籍华侨华人。

本书共收录了47位海外晋人，再现了他们身在海外，不忘桑梓、共兴中华的伟大情怀。收录文章内容详实、代表性强。内容涉及美国、德国、法国、英国、奥地利、比利时、日本、澳大利亚、新加坡、马来西亚、新西兰等国家，人物按照出生年份先后编排。本书具有很高文史价值，对探秘海外晋人成功之路、勘察一国一地的风俗民情等，都是弥足珍贵的侨史资料。

本书编撰过程中，得到林卫国先生的大力支持，在此一并表示感谢。

山西省归国华侨联合会

2016年5月